"十三五"普通高等教育本科规划教材
高等院校经济管理类专业"互联网+"创新规划教材

管理会计（第2版）

主　编　齐殿伟

内 容 简 介

本书在修订过程中,注重最新理论与新经济条件下的管理会计实务相结合,及时把教学改革和教学研究的最新成果和本学科最新发展成果引入教学,使课程内容反映出本学科的最新研究状况,力求创新。全书内容共分4篇13章,具体包括:绪论、成本性态分析、变动成本法与完全成本法、本量利分析、预测分析、短期经营决策分析、存货决策分析、长期投资决策分析、全面预算、作业成本法、责任会计、平衡计分卡、经济增加值。本书提供了与管理会计有关的案例和形式多样的思考与练习题,以供读者阅读、训练使用,便于学生对所学知识的巩固和能力的培养。本书在实用性和操作性方面都具有很强的指导作用。

本书可作为高等院校经济、管理类专业的本科教材,也可作为企业和社会培训会计人员的参考书。

图书在版编目(CIP)数据

管理会计 / 齐殿伟主编. —2版. —北京:北京大学出版社,2017.11
高等院校经济管理类专业"互联网+"创新规划教材
ISBN 978-7-301-28920-4

Ⅰ.①管… Ⅱ.①齐… Ⅲ.①管理会计—高等学校—教材 Ⅳ.①F234.3

中国版本图书馆CIP数据核字(2017)第258947号

书　　　名	管理会计(第2版) Guanli Kuaiji
著作责任者	齐殿伟　主编
策 划 编 辑	王显超
责 任 编 辑	罗丽丽　刘　丽
数 字 编 辑	陈颖颖
标 准 书 号	ISBN 978-7-301-28920-4
出 版 发 行	北京大学出版社
地　　　址	北京市海淀区成府路205号　100871
网　　　址	http://www.pup.cn　　新浪微博:@北京大学出版社
电 子 信 箱	pup_6@163.com
电　　　话	邮购部 62752015　发行部 62750672　编辑部 62750667
印 刷 者	北京溢漾印刷有限公司
经 销 者	新华书店
	787毫米×1092毫米　16开本　16.25印张　378千字 2010年1月第1版 2017年11月第2版　2017年11月第1次印刷
定　　　价	39.00元

未经许可,不得以任何方式复制或抄袭本书之部分或全部内容。
版权所有,侵权必究
举报电话:010-62752024　电子信箱:fd@pup.pku.edu.cn
图书如有印装质量问题,请与出版部联系,电话:010-62756370

第 2 版　前　言

　　本书是为满足我国高等院校经济、管理类专业本科生的专业学习以及从事企业管理的实际工作而编写的。

　　管理会计是第二次世界大战后在西方发达国家逐渐发展起来的一门新的学科。它不仅是会计学的一个主要分支，也是现代化管理的工具。管理会计是能为组织内部管理者决策提供所需要的有用会计信息的系统。管理会计的形成和发展受社会实践及经济理论的双重影响：一方面，社会经济的发展要求加强企业管理；另一方面，经济理论的形成又使这种要求得以实现。

　　20世纪70年代末期，我国开始系统地引进西方管理会计的理论和方法。部分企业在管理中已经开始应用本量利分析、变动成本法、投资决策、存货控制等管理会计方法。随着现代企业制度的建立和完善，管理会计在我国企业中应用的广度和深度均有所加强，有些企业还设立了专门的管理会计机构。1996年，我国首次将管理会计课程作为全国会计师资格考试中的独立课程进行考试。1997年，《会计研究》杂志专门就管理会计在我国的实际应用问题进行有奖征文讨论。目前，管理会计已经成为很多高校财经类专业的一门核心专业课程。

　　目前，我国管理会计已逐步从数量、定额管理过渡到成本、价值的管理，从项目、部门管理演变为全面管理、战略管理。随着理论研究的拓展和实践经验的积累，现代财务会计、财务管理、管理会计呈现出日趋融合的态势，人们的目光已从过去转向现在和未来，开始用全局的观点、战略的眼光进行财务活动管理。管理会计的发展对于指导和改进我国经营管理、提高宏观经济效益发挥了积极作用。

　　《管理会计》第1版在2010年1月出版，本书出版以来，赢得了使用者的好评。近五年，国内外经济环境发生了巨大的变化。改革开放以来，我国不断完善会计管理体制和机制，健全会计法规制度，推进注册会计师行业建设和准则国际趋同，探索构建中国特色的会计理论体系，加强会计人才培养，会计工作服务经济社会发展取得了显著成效。但总体上看，我国在会计标准建设、会计理论研究和会计实务方面，主要侧重于鉴证类会计和记账类会计，两者都是为外部相关单位和人员提供并解释历史信息的财务会计，考虑外部投资者、社会公众和外部审计较多，而利用有关信息参与内部经营决策、加强管理方面的作用发挥不够充分，行政事业单位基本上也是记账类会计，会计信息的价值创造作用未能得到充分挖掘。

　　管理会计主要是利用有关信息预测前景、参与决策、规划未来、控制和评价经济活动，为企业和行政事业单位(以下简称单位)内部管理服务。与美英等发达国家相比，我国管理会计发展相对滞后。美国具备一定规模的企业，其经营部门(如生产和销售)都设有管理会计师岗位；90%的会计人员从事管理会计工作，75%的工作时间用于决策支持。在西方公共管理领域，管理会计也得到了广泛应用。但在我国，无论是管理会计的实践应用还是理论研究都不适应当前经济社会发展的需要。加快发展中国特色的管理会计，无论对公共部门还是对企业都非常必要，不仅有利于增强市场主体的活力和创新能力，促进经济转型和产业升级，也有利于单位在保证经济社会效益的前提下，最大限度地提高资金使用效益，为深化财税体制改革、建立现代财政制度提供基础保障。

2014年11月，全球最大的管理会计师组织——英国皇家特许会计师公会(The Chartered Institute of Management Accountants，CIMA)与全球最大的职业会计师组织——美国注册会计师协会(American Institute of Certified Pubic Accountants，AICPA)共同携手，正式发布《全球管理会计原则》(Global Management Accounting Principles，以下简称《原则》)。这是继这两个职业会计组织在2012年1月合作成立世界最大的会计师组织——国际注册专业会计师协会(Association of International Certified Professional Accountants)，并在全球推广新的全球性会计资格证书——全球特许管理会计师(Chartered Global Management Accountant，CGMA)之后，两大组织又一个开拓性的举动。

管理会计(Management Accounting)作为传统会计领域的一项重要分支，日益受到国内社会各界的关注。与此同时，我国财政部于2014年2月推出《关于全面推进管理会计体系建设的指导意见(征求意见稿)》(以下简称《意见》)之后，中国管理会计更是被提到了前所未有的高度。《意见》对建设管理会计体系的目标、主要任务和措施等进行了具体的说明。就管理会计研究而言，《意见》强调应"推动加强管理会计基本理论、概念框架和工具方法研究，形成中国特色管理会计理论体系"。同年10月我国财政部发布《关于全面推进管理会计体系建设的指导意见》，文件中提出了建设"立足国情，借鉴国际"的中国特色管理会计体系的指导思想、基本原则、主要目标以及主要任务和措施，提出四个建设：理论体系建设、指引体系建设、人才培养建设、信息化建设。这是我国第一次正式提出在国内全面推进管理会计体系的建设工作。因此，2014年被称为管理会计元年。财政部于2015年12月29日下发关于征求《管理会计基本指引(征求意见稿)》，2016年6月22日正式印发实行。随着经济发展的深入，尤其是我国要在3~5年建立管理会计体系，管理会计师的培养显得尤为重要。

而且近五年，国外的管理会计不断发展，从理论方法体系上其内容不断补充。因此管理会计教材需要重新修订。与第1版相比，我们对建材进行了简化，使原来存在的一些抽象理论和问题更加浅显与直观。本着教学体系的稳定性和科学性的考虑，课程组没有对第1版的结构(如基本章节)进行改动，而是在内容和方法上进行了补充与调整。此次修订的基本思路是：①体现管理会计的超前性，增强实务操作的可行性；②体现管理会计知识的系统性，提高管理会计方法的简捷性；③增强管理会计教学的丰富性，提升学生学习的有效性；④增进管理会计学科的全面性，维持学科自身的独立性，使得管理会计成为起点高、方法用途广、内容体系精、知识结构新、实用操作强的教材。

前言

中国财政部长楼继伟 2014 年 7 月 31 日在中国总会计师协会组织的"中国管理会计系列讲座"第一讲指出"要争取在 3～5 年内建立起与我国社会主义市场经济体制相适应的管理会计体系,在全国培养出一批管理会计师,推动加快管理会计人才能力框架、资格认证制度和评价体系等方面的建设;通过 5～10 年的努力,基本形成中国特色管理会计理论体系,基本建成管理会计指引体系,为推动中国经济转型升级服务,为提高单位资金使用效益服务,实现我国管理会计跨越式发展,在较短时间内接近或进入世界先进行列。"为了达到这一目标,高校要培养优秀的管理会计人才,长春理工大学会计学专业及财务管理专业肩负着为我国和吉林省培养人才的任务,管理会计教材建设就成了重中之重。本着管理会计服务于企业管理这一基本思路,课程组从管理的层级出发,在将管理会计分为预测决策会计、规划和控制会计与业绩评价和考核会计三大环节的基础上,从三大环节的信息需要入手安排教材体系,以体现结构的系统性。将教材通过拆分和扩充,最后整合为 4 篇 13 章,第 1 篇为基本理论篇(原教材 1～3 章,修订后将第 2 章拆分为两章内容),第 2 篇为预测与决策会计篇(原教材 4～6 章),第 3 篇为规划与控制会计篇(原教材的 7 和 10 章,增加了"存货决策"一章),第 4 篇为业绩评价与考核会计篇(原教材 8～9 章)。从而使教材脉络更加清楚。

修订后教材分为 4 篇 13 章,如下:

第 1 篇包括 1～4 章,管理会计的基本理论——本量利分析和变动成本法,为整个管理会计课程奠定理论基础。本篇将原教材的成本性态分析和变动成本法拆分为两章,因为这两部分内容较多,而且是本书的难点和重点;修订这 4 章的全部导入案例和分析案例;增加实验习题和答案。

第 2 篇包括 5～8 章,预测与决策会计。本篇主要增加"存货决策"一章;在"长期投资决策"中增加了"可行性分析"一节;修订这四章的全部导入案例和分析案例;增加实验习题和答案。

第 3 篇包括 9～10 章,规划与控制会计。本篇修订了两章的全部导入案例和分析案例;增加实验习题和答案。

第 4 篇包括 11～13 章,业绩评价与考核会计。本篇增加了"经济增加值"一章;修订了 3 章的全部导入案例和分析案例;增加实验习题和答案内容。

本书提供了生动案例(包括导入案例、阅读案例和分析案例三种类型)和形式多样的思考与练习题,以供读者阅读、训练使用,便于对所学知识的巩固和能力的培养。

与国内同类教材相比,本书的具体特色主要体现在以下四个方面:

(1)"洋为中用""中西合璧"。通过多年的教学实践,在充分征求授课教师和学生意见的基础上,《管理会计》教材申请修订,教材修订既保留课程内容的基础性,又广泛参考其他国内教材的体系及特点,并吸收国外近年来在管理会计方面的变革内容,将新理论、新方法和新内容充实到教材中,以保持课程内容的先进性。

(2) 现实性和前瞻性结合。充实更新 1～13 章全部案例，以详实的内容，生动的实例展现管理会计的内容，使现实性与前瞻性相结合。

(3) 理论与实务结合。管理会计课程内容设计结合了普通高等学校本科教学要求，我校会计学专业和财务管理专业 2013 版培养方案以及管理会计课程特点，注重最新理论与新经济条件下的管理会计实务相结合，及时把教学改革和教学研究的最新成果和本学科最新发展成果引入教学，使课程内容反映出本学科的最新研究状况，力求创新。

(4) 经典与现代结合。教材编写以现代管理会计理论与方法为主线，既立足中国，保留了我国传统的经济理论与方法中的有益成分；同时又放眼国际，吸收了现代理论与方法中的精华部分，尽量使得教材内容全面完整。

(5) 方法与应用结合。管理会计作为一门经济管理应用学科，教材编写中坚持理论联系实践的原则和学以致用的培养目标，特别是本书在系统论述管理会计方法基础上突出管理会计应用六个方面（预测、决策、规划、控制、考核、评价）的功能，系统而实用。近五年来，我们在着力进行《管理会计》主教材建设的同时，对促进学生主动学习的扩充性资料的建设也投入了大量的精力。

本书由齐殿伟负责全书结构的设计、撰写提纲、组织编写和最后统稿定稿。各章具体分工如下：第 1 章由于洪编写，第 6 章由车正红编写，由王丽霞负责习题更新及制作答案，其他各章节由齐殿伟编写，刘昕负责案例修订，梁春达负责实验习题及答案编写，顾芳睿负责配套课件的编写。

本书在编写过程中，参考了有关书籍和资料，在此向其作者表示衷心的感谢！本书在出版过程中，得到长春理工大学教材建设经费支持，同时也得到北京大学出版社大力支持，在此一并表示衷心的感谢！

由于作者水平所限，书中难免存在疏漏之处，敬请广大读者批评指正。

编　者
2017 年 3 月

资源索引

目 录

第 1 篇　基本理论篇

第 1 章　绪论 1
　1.1　管理会计的形成与发展 3
　1.2　管理会计的内涵及其与财务
　　　会计的关系 13
　1.3　管理会计的假设、职能和信息质量特征 15
　1.4　管理会计职业及其认证 20

第 2 章　成本性态分析 25
　2.1　成本分类 26
　2.2　混合成本的分解 32

第 3 章　变动成本法与完全成本法 39
　3.1　变动成本法的产生与发展 40
　3.2　变动成本法与完全成本法的内涵 41
　3.3　变动成本法与完全成本法的比较 43

第 4 章　本量利分析 51
　4.1　单一品种条件下的本量利分析 53
　4.2　多品种条件下的本量利分析 56
　4.3　盈亏临界图及本量利分析的其他问题 59
　4.4　本量利关系中的敏感性分析 64

第 2 篇　预测与决策会计篇

第 5 章　预测分析 69
　5.1　预测分析概述 71
　5.2　销售预测 73
　5.3　成本预测 79
　5.4　利润预测 80
　5.5　资金需要量预测 82

第 6 章　短期经营决策分析 87
　6.1　短期经营决策概述 88
　6.2　短期经营决策分析常用的方法 93
　6.3　短期经营决策分析的具体问题 94
　6.4　产品定价决策 97

第 7 章　存货决策分析 105
　7.1　存货及存货成本 106
　7.2　存货经济订货批量决策 110
　7.3　经济批量模型的扩展 113

第 8 章　长期投资决策分析 119
　8.1　长期投资决策概述 121
　8.2　长期投资决策需要考虑的主要因素 122
　8.3　长期投资决策的主要方法 131
　8.4　投资决策分析的应用 138
　8.5　投资决策的敏感性分析 142

第3篇 规划与控制会计篇

第9章 全面预算 —— 149
 9.1 全面预算概述 —— 151
 9.2 全面预算的编制 —— 160
 9.3 预算编制方法 —— 164

第10章 作业成本法 —— 174
 10.1 作业成本法的内涵及作业成本管理 —— 175
 10.2 作业成本法的核算要素 —— 182
 10.3 作业成本法的实施步骤 —— 184
 10.4 作业成本法的特点及适用对象 —— 186
 10.5 作业成本法的应用 —— 188

第4篇 业绩评价与考核会计篇

第11章 责任会计 —— 192
 11.1 责任会计概述 —— 193
 11.2 责任中心 —— 198
 11.3 内部结算价格 —— 211

第12章 平衡计分卡 —— 219
 12.1 平衡计分卡的内涵 —— 221
 12.2 平衡计分卡的特点及适用对象 —— 229
 12.3 平衡计分卡与战略管理 —— 230

第13章 经济增加值 —— 234
 13.1 经济增加值概述 —— 236
 13.2 经济增加值的优势、功能和缺陷 —— 239
 13.3 经济增加值的计算 —— 245

参考文献 —— 252

第1篇 基本理论篇

第1章 绪论

教学目标

通过本章学习，了解管理会计的形成与发展，理解管理会计的定义及其与财务会计的关系，掌握管理会计的基本理论和方法，了解管理会计职业及其国内外认证。

教学要求

知识要点	能力要求	相关知识
管理会计的形成与发展	(1) 了解管理会计的产生和发展 (2) 把握管理会计现状	(1) 管理会计发展的3个阶段及其特征 (2) 我国管理会计的发展状况
管理会计与财务会计的关系	通过理解管理会计与财务会计的关系，把握管理会计的特点	(1) 管理会计与财务会计的联系 (2) 管理会计与财务会计的区别
管理会计的基本理论和方法	在理解管理会计基本假设基础上，把握高质量管理会计信息的深刻内涵	(1) 管理会计的基本假设 (2) 管理会计的职能 (3) 管理会计信息的质量特征
管理会计职业及其认证	对管理会计职业及其道德初步了解，积极参与管理会计师国内外认证考试	(1) 管理会计职业 (2) 管理会计师国内外认证 (3) 管理会计师职业道德

首席财务官的管理会计角色

越来越多的首席财务官(Chief Financial Officer, CFO)已经或正在由传统会计核算角色向财务管理的角色进行转变,并广泛地参与到资本运作、员工薪酬计划、战略决策、项目创新、风险防控等角色中去。

管理会计是运用会计和财务管理的相关原则,用以创造、保护、增加公用部门和私营部门的价值。广大CFO对管理会计在企业管理中的作用又有着怎样的认识和应用?本报记者就此问题进行了采访。

财务数据应靠前服务业务部门

管理会计对企业而言作用甚大,其可提供战略决策信息以及帮助制定商业战略,从而为经营决策提供信息;可以计量财务和非财务绩效并报告给管理层和其他利益相关者;可以帮助制定有效的融资和激励策略,计划长期、中期、短期的运营,并确保资源的有效利用;还可以帮助实施公司治理、风险管理和内部控制程序等。

那么,这么重要的信息需要如何使用呢?北大方正集团有限公司集团审计部总经理认为,CFO应站在整个公司的战略角度考虑问题,财务数据要能为公司发展起到决策支持作用。

总经理告诉记者,CFO要成为CEO的战略合作伙伴,财务要为业务服务,就需要CFO从核算会计角色转变为管理会计角色。业务想往哪里发展,财务需要跟上业务的脚步,以使数据同步。因为各个部门都有数据,销售有数据、采购有数据、生产有数据,销售数据和生产数据比较靠前端,相对而言财务数据比较靠后端,财务如果只从核算角度看问题就会比较滞后,对前端业务支持有限,还可能误导决策者,财务数据只有与业务实现实时联动,才能对业务起到更好的服务作用。

常规情况下,财务需要发票等凭据到达后才做记录,但是站在管理的角度,要充分运用好权责发生制原则,实时更新财务数据,这样才能对业务起到决策支持作用,才能使决策信息不滞后。"各个业务部门掌握的数据往往是片段的,只有财务掌握的数据比较全面。财务当仁不让要为业务决策提供支持,比如销售部门销售货物的时候可能只知道市场价格而不知道成本价格,如果财务不参与定价决策,就可能会定价不当,出现卖得越多公司亏损越大的现象。所以说,CFO只有跳出财务的小圈子,才能真正有效地做好财务工作。"

把握好管理会计多重角色

瑞智石油建井服务有限公司首席财务官叶军认为,管理会计人员是把握战略、目标及业务模式,平衡长期利益和短期利益的战略家。管理会计包含了多层面的角色,除了像政委一样统一思想认识,还要如同咨询师一样为企业管理层的决策提供包括财务和非财务的全方位分析建议;还要兼具审计师角色,为企业制定风险控制及保证计划;还应该通过绩效评估及价值驱动力来当好投资师的角色。

"目前我所在的公司,很多时候是财务部门领着业务部门在往前走,通过运营风险防控来防止风险。"叶军举了定制钻机和定向钻井的案例。定制钻机及一体化服务是针对非常规能源的特点定制的钻井机,而定向钻井是人可在千米外遥控钻头的方向,进行打井作业,同时将地底下三四千米的信息及时收集反馈。"我们通过定制钻机钻井完成打井,并且提供像管套、井口等材料供应服务,最后通过远程操控定向钻井可以实现24小时不停歇作业。""创新是一种手段,最后还是要落实到赚取利润上面。因此,在公司定位上我们不研发技术,而是依靠壳牌及中石油两个股东的力量。技术的推广及创新是我们服务公司的核心竞争力。"如何通过技术创新应对风险?通过签订技术设计意向书作为保护条款,然后在本国制造和

第 1 章 绪 论

采购设备,并且通过考核关键经营指标来实现运营卓越,同时通过即时调价机制确保利益的保证,如对物价指数、汇率、原材料价格、运费等的变动及时跟进。

如果仅仅看一口井和一个区块,这些技术创新可能不值得做,但目光要看到十年、二十年以后,这些技术若成功实现大规模作业,会改变世界能源的格局,这对中国的影响将非常深远。同时,为了防范风险,他所在公司一要寻求母公司投资,即得到双方股东支持;二要正确定位,不参与研发、只注重"应用和推广";三要向客户寻求支持,平衡短期利益与长期发展;四要尽快把技术创新转化为先进的生产力。最后,他提出几点建议,CFO要有企业家的思维、了解业务、发展战略与目标;CFO应该是一个有前瞻性的政治家,对企业发挥"保驾护航"的作用;CFO应该做一个冷静客观的实干家;CFO还要拥有外交家的能力,处理好各种复杂的人际关系。

资料来源:中国会计报.2013-05-10.(05)

上述案例充分说明了管理会计在现代企业经济管理中的重要作用,管理会计在提升企业经营管理水平方面意义重大。我国企业在管理会计应用实践方面进步很大,同时我国管理会计人才培养取得了一些成绩。随着世界经济以及我国市场经济的发展,管理会计就越发显得重要,市场经济的发展,尤其是资本市场的发展需要规范以对外报告为主的财务会计,但是经济的发展更需要以对内管理为主的管理会计。管理会计能从商业的各个角度考虑问题,把财务数据与各种经济规律相结合,帮助高层管理者做出更好的决策,致力于为企业的经营和发展提供决策信息和切实方案。我国目前企业发展的紧迫任务是加快企业升级转型,提高企业科学决策水平。而利用先进、科学的管理会计知识和方法,对相关信息进行过滤整合、分析、研究,可以为企业提高科学决策水平提供强有力的支撑。因此学好管理会计是提高会计从业人员职业能力和素养的必要条件,也是提高企业管理水平的前提。

本章首先讲述管理会计的形成与发展,其次分析管理会计的定义及其管理会计与财务会计的关系,接下来介绍管理会计的基本理论,最后介绍管理会计职业及其国内外认证。

1.1 管理会计的形成与发展

管理会计是第二次世界大战后在西方发达国家逐渐发展起来的一门新的学科。管理会计是一个年轻而又充满活力的学科,正如斯坦福大学著名会计学家查尔斯·亨格伦(Charles T.Horngren)所说:"自从我进入这个领域,管理会计研究和教育就一直在显著地进步,当然它还有许多路要走,但这正是值得我们所有人倾注心力之在。"[①] 管理会计不仅是会计学的一个主要分支,也是现代化管理的工具。作为会计学重要分支的管理会计是能为组织内部管理者决策提供所需要的有用会计信息的系统。管理会计的形成和发展受社会实践及经济理论的双重影响:一方面,社会经济的发展要求加强企业管理;另一方面,经济理论的形成又使这种要求得以实现。

---

① HORNGREN C T.Management accounting:some comments[J].Journal of management accounting research,2004,16:207-211

1.1.1 以成本控制为基本特征的管理会计阶段（19世纪末至第二次世界大战前）

1. 社会经济发展的基本特征

工业革命后，经济迅速发展，竞争激烈，战胜对手必须要加强企业内部管理，提高生产效率以降低成本、费用。美国和英国工业技术的巨大变革对会计理论和实务的发展带来了很大的影响，主要表现在折旧观念和成本会计的发展上。这时，会计的目的已不仅是向股东和债权人等提供财务状况的报告，更主要的是向企业管理部门提供用于内部管理的数据资料。

2. 经济理论的发展

这一阶段形成了古典管理理论。其主要理论成就有：美国的泰罗等人以研究工厂内部生产管理为重点，以提高生产效率为中心，提出了生产组织方法科学化和生产程序标准化方面的科学管理理论；法国的法约尔等人以企业整体为对象，以组织管理为核心，提出了关于管理职能和管理原则的一般管理理论；德国的韦伯等人以组织结构为对象，提出了行政组织理论。

泰罗在20世纪初创建了科学管理理论体系，他这套体系被人称为"泰罗制"，泰罗认为企业管理的根本目的在于提高劳动生产率，他在《科学管理》一书中指出："科学管理如同节省劳动的机器一样，其目的在于提高每一单位劳动的产量。而提高劳动生产率的目的是为了增加企业的利润或实现利润最大化的目标。"管理会计于20世纪初伴随着泰罗的科学管理理论的产生而产生，并随着经济和管理理论的发展在国外的企业中得到了推广运用和发展。首先是标准成本制的形成，其次是预算控制原理的引入和创新，逐步引起了差异分析和本量利分析方法的出现。

3. 管理会计的发展

科学管理理论的出现使现代会计分化为财务会计与管理会计。单就管理会计所囊括的各种方法看，其中一些方法可追溯到泰罗管理时代。泰罗在他的名著中讲到的"标准成本""预算控制"和"差异分析"等方法，直接或间接地被引进到今天的管理会计中来；如果从我国来看，可追溯到20世纪50年代，那时的国有企业就运用"班组核算""经济活动分析"等方法来降低成本，只不过当时不叫"管理会计"而叫"成本核算"。

本阶段的管理会计以成本控制为基本特征，主要内容如下所述。

(1) 标准成本。标准成本是早期管理会计的主要支柱之一。最初的标准成本是独立于会计系统之外的一种计算工作。1920—1930年，美国会计学界经过长期争论，才把标准成本纳入了会计系统，从此出现了真正的标准成本会计制度。标准成本是按照科学的方法制定在一定客观条件下能够实现的人工、材料消耗标准，并以此为基础，形成产品标准成本中的标准人工成本、标准材料成本、标准制造费用等标准。标准成本的制定，使成本计算由事后的计算和利用转为事前的计算和利用，是现代会计管理职能的体现。

(2) 预算控制。在管理控制中使用最广泛的一种控制方法就是预算控制。企业根据全面计划来组织与协调各种经济业务，授权给各有关部门实施的控制，称为预算控制。它可以分为业务预算控制、资本预算控制和财务预算控制。预算控制清楚地表明了计划与控制的紧密联系。预算是计划的数量表现。预算的编制是作为计划过程的一部分开始的，而预算本身又是计划过程的终点，是一个转化为控制标准的计划。

(3) 差异分析。预算差异分析就是通过比较实际执行结果与预算目标，确定其差异额及其差异原因。如果实际成果与预算标准的差异很大，企业管理当局应审慎调查，并判定其发生原因，以便采取适当的矫正措施。预算差异分析有利于及时发现预算管理中存在的问题，是其控制和评价职能作用赖以发挥的最重要的基本手段。

1.1.2 以预测、决策为基本特征的管理会计阶段（第二次世界大战后至20世纪70年代）

1. 社会经济发展的基本特征

第二次世界大战后，美国等资本主义国家的经济又发生了一系列重大变化。企业的规模越来越大，跨国公司普遍出现；科学技术的迅速发展促进了生产规模的扩大和企业管理现代化；市场竞争加剧，资本利润率下降等。所有这些，给传统会计工作提出了新的课题。为了便于企业领导者正确地制定经营决策，加强对生产经营活动的规划和控制，于是专门用于加强企业内部经营管理的管理会计体系便正式形成了。管理会计作为会计学的一个独立的分支也开始得到会计界比较普遍的承认。1952年在伦敦举行的会计师国际代表大会上，正式提出了"管理会计"这一术语，传统的会计则称为"财务会计"。

2. 经济理论的发展

(1) 行为科学。从历史发展来看，行为科学是西方现代管理科学的一个学派，行为科学是研究人的行为或人类集合体的行为，在心理学、人类学、社会学、经济学、政治学和语言学等的边缘领域协作的一门科学。行为科学广泛应用于企业管理，研究如何激发人的工作积极性，提高劳动生产率，改善并协调人与人之间的关系，缓和劳资矛盾。

(2) 系统理论。系统论的创始人是美籍奥地利生物学家贝塔朗菲。他指出复杂事物功能远大于某组成因果链中各环节的简单总和，认为一切生命都处于积极运动状态，有机体作为一个系统能够保持动态稳定，是系统向环境开放，获得物质、信息、能量交换的结果。系统论要求把事物当作一个整体或系统来研究，并用数学模型去描述和确定系统的结构和行为。

(3) 决策理论。决策，就是针对某一个特定问题，确定一个最合理、最有效的解决方法。决策具有普遍性。在现代市场经济条件下，企业的问题越来越复杂，在这种情况下，就不能凭经验办事，而必须利用大量信息进行分析，然后找到比较好的办法，这就是通常所说的理性决策。

3. 管理会计的发展

管理会计以标准成本为主要内容的定量控制继续得到强化，开始行使预测、决策职能，主要内容如下所述。

(1) 预测。用科学的方法预计、推断事物发展的必然性或可能性的行为，即根据过去和现在预计未来，由已知推断未知的过程。由于任何经济过程的发展趋势总有一定的规律可循，而现代数学方法和电子计算机技术又可以帮助人们深刻理解经济发展过程的本质，并能使人们认识和掌握它的规律,这就为人们对企业经营过程的变化进行科学预测提供了实际的可能性。

(2) 决策。企业管理当局做出决策正确与否,往往关系到一个企业的盛衰兴亡。从这个意义上讲,管理的重心在于经营,经营的重心在于决策。规划和控制企业的经济活动有赖于科学的决策分析,决策的正确与否关系到企业经营的成败。

(3) 预算。预算是企业未来一定时期内经营计划的数量表现形式,是一种系统的管理方法。它是用来分配企业的财务、实物及人力等资源,以实现企业既定的战略目标,企业可以通过预算来监控战略目标的实施进度,有助于控制开支,并预测企业的现金流量与利润。

(4) 控制。控制是对企业经济活动按计划要求而进行的监督和调整。一方面,企业应监督计划的执行过程,确保经济活动按照计划的要求进行,从而为完成目标奠定基础;另一方面,企业也应对采取的行动及计划本身的质量进行反馈,以确定计划阶段对未来期间影响经济活动各因素的估计是否充分、准确,从而调整计划或工作方式、确定目标的实现。

(5) 考核和评价。对未来经济活动进行计划的过程中,管理人员应提供预测、决策的备选方案及相关的信息,并准确判断历史信息和未来事项的影响程度,以便选择最优方案。在这一过程中,管理人员应对有关信息进行加工处理,去粗取精、去伪存真,以确保选用信息能够反映经济活动的未来趋势,揭示经济活动的内在关系。

1.1.3　以重视环境适应性为基本特征的战略管理会计阶段(20世纪70年代以后)

1. 社会经济发展的基本特征

买方市场的形成,企业进行"顾客化生产",科学技术的发展也为"顾客化生产"提供了可能。简单地讲,"顾客化生产"就是企业根据顾客对产品或劳务在质量、时间、技术、内容、方式等方面的差异性要求组织生产或提供劳务,它甚至可以将每一个顾客作为一个特殊的市场,让顾客参与到产品的生产过程中,保证顾客需求能够最大限度地得到满足。"顾客化生产"时代的到来对传统管理会计理论和实务产生了较大影响,为会计史掀开了崭新的一页。管理会计的发展和现代化只有顺应"顾客化生产"形势发展的大趋向,才能更好地为企业发展服务。

2. 经济理论的发展

这一阶段经济理论的代表是战略管理理论。"战略"一词源于希腊语,意思是"将军指挥军队的艺术",原是一个军事术语。20世纪60年代,战略思想开始运用于商业领域,并与达尔文"物竞天择"的生物进化思想共同成为战略管理学科的两大思想源流。

战略是直接左右企业能否持续发展和持续盈利最重要的决策参照系。战略管理则是依据企业的战略规划,对企业的战略实施加以监督、分析与控制,特别是对企业的资源配置与事业方向加以约束,最终促使企业顺利完成企业目标的过程管理。也就是说,企业战略管理是确定企业使命,根据企业外部环境和内部经营要素确定企业目标,保证目标的正确落实并使企业使命最终得以实现的一个动态过程。战略管理的一般定义为:企业确定其使命,根据组织外部环境和内部条件设定企业的战略目标,为保证目标的正确落实和实现进行谋划,并依靠企业内部能力将这种谋划和决策付诸实施,以及在实施过程中进行控制的一个动态管理过程。其特点是:指导企业全部活动的是企业战略,全部管理活动的重点是制定战略和实施战略。

3. 管理会计的发展——战略管理会计的产生

战略管理会计(Strategic Management Accounting,SMA)是对管理会计的发展,战略管理会计与企业战略管理密切联系,它运用灵活多样的方法收集、加工、整理与战略管理相关的各种信息,并据此来协助企业管理层确立战略目标、进行战略规划、评价管理业绩。

1981年,英国学者西蒙斯(Simmonds)最早将管理会计与战略管理联系起来,提出"战略管理会计"。他将战略管理会计定义为:对企业及其竞争对手的管理会计数据进行收集和分析,由此来发展和控制企业战略的会计。一般来说,战略管理会计具有以下几个主要特点。

1) 战略管理会计着眼于长远目标和全局利益

现代管理会计以单个企业为服务对象,着眼于有限的会计期间,在"利润最大化"的目标驱使下,追求企业当前的利益最大。它所提供的信息只对促进企业进行近期经营决策、改善经营管理起到作用,注重的是单个企业价值最大和短期利益最优。

战略管理会计则着眼于企业的长期发展和整体利益的最大化。当企业间的竞争已上升到高层次的全局性战略竞争时,抢占市场份额、扩大企业生存空间、追求长远的利益目标已成为企业家最为关注的问题。战略管理会计适应这一形势的要求,超越了单一会计期间的界限,着重从多期竞争地位的变化中把握企业未来的发展方向,并且以最终利益目标作为企业战略成败的标准,而不在于某一个期间的利润达到最大。它的信息分析完全基于整体利益。战略管理会计放眼长期经济利益,在会计主体和会计目标方面进行大胆的开拓,将现代管理会计带入了一个新境界。

2) 战略管理会计是外向型的信息系统

现代管理会计服务于企业的内部管理,是一种内向型的信息系统。在市场竞争不十分激烈时,企业只要努力降低成本、提高劳动生产率,就能在市场立足。因而现代管理会计致力于企业内部信息的收集、分析和各种指标的纵向比较,不太关注外部环境和竞争对手的情况,所提供的只是单个企业自身的绝对数据,而不是企业在市场中的相对优势。战略管理会计站在战略的高度,关注企业外部环境的变化,不局限于本企业这一个环节,而是围绕本企业、顾客和竞争对手形成的"战略三角",收集、整理、比较、分析竞争对手有战略相关性的信息,向管理者提供关于本企业与对手间竞争实力的信息,努力改善企业的经济环境,强调企业发展与环境变化的协调一致,以求得产业的最优效益并保持和加强企业在市场上的相对竞争优势。战略管理会计强调比较优势,从相对成本到相对市场份额,它所关注的是相对指标的计算和分析,向管理者提供的是比较竞争成本和比较竞争优势的信息。战略管理会计通过对企业内外信息的比较分析,了解企业在市场中竞争地位的变动。战略管理会计拓展了会计对象的范围,是一种外向型的信息系统。

3) 战略管理会计是对各种相关信息的综合收集和全面分析

现代管理会计研究的是货币信息,很少涉足其他种类的信息,对于企业的决策只能提供从财务分析中获取的信息,忽略了其他信息对企业的影响,因而它是不够完整、不够充分的。战略管理会计为适应企业战略管理需要,将信息的范围扩展到各种与企业战略决策相关的信息,其中包括货币性质的、非货币性质的;数量的、质量的;物质层面的、非物质层面的,以至有关天时、地利、人和等方面的信息。信息来源除了企业内部的财务部门以外,还包括市场、技术、人事等部门,以及企业外部的政府机关、金融机构、中介顾问、大众媒体等。多样的信息来源和信息种类需要多种信息分析方法,因此,不仅是财务指标的计算,而且是结合了环境分析法、对手分析法、价值链分析法、生命周期分析法、矩阵定位分析法、预警分析法、动因分析法、综合记分法等多种方法,这无疑是对现代管理会计方法的丰富。战略管理会计突破了现代管理会计财务信息的局限,在提供信息的内容和处理信息的方法上都进行了拓展,帮助企业管理层掌握更广泛、更深层次的信息,全面研究分析企业的相对竞争优势,做出正确的战略决策。

4) 战略管理会计拓展了管理会计人员的职能范围和素质要求

在现代管理会计下,由于信息范围狭小,数据处理方法有限,使管理会计人员难以从战略的高度提出决策建议,只能是计算财务指标、传递财务数据,跳不出单个企业财务分析的范围。

战略管理会计对管理会计人员的要求已不止于财务信息的提供,而是要求他们能够运用多种方法,对包括财务信息在内的各种信息进行综合分析与评价,向管理层提供全部信息的分析结论和决策建议。在战略管理会计中,管理会计人员将以提供具有远见卓识的管理咨询服务为其基本职能。随着管理会计人员职能的扩展,新型管理会计人员就总体素质而言,不仅应熟悉本企业所在行业的特征,而且更要通晓经济领域其他各个方面,具有战略的头脑、开阔的思路、高瞻远瞩的谋略和敏锐的洞察力以及准确的判断力,善于抓住机遇,从整体发展的战略高度来认识和处理问题,是一种具有高智能、高创造力的人才。

西方管理会计研究在经历了20世纪80年代以前的不断摸索和缓慢发展以后,产生了许多新的研究主题,以至于从20世纪90年代起进入了一个快速发展的时期(王立彦、陈莹,1999)。1980年4月,国际会计师联合会在巴黎举行了第一次欧洲会议,其主题是讨论如何应用和推广管理会计。会议认为,任何企业要想在复杂多变的环境中生存和发展,应用和推广管理会计是应予考虑的一个战略性问题[①]。进入20世纪90年代以后,会计作为信息系统的作用逐渐地凸显出来,财务会计为企业外部的会计信息使用者的决策提供有用信息,而管理会计为企业内部的会计信息的使用者提供决策依据,因此管理会计在企业内部扮演着越来越重要的角色。

美、英等西方国家在管理会计领域做了大量探索,形成了诸多有益经验。其中,重视管理会计标准建设指导管理会计实践这一做法,极大地推动了管理会计应用,促进了管理会计发展。比如,美国管理会计师协会先后出版了领导力与道德、技术应用、战略成本管理、企业绩效管理等四辑六大类管理会计公告,还将根据实务需要发布新的管理会计公告。英国皇家特许管理会计师公会尽管没有发布管理会计公告,但陆续发布了管理会计系列研究资料,为企业应用管理会计工具方法提供了一定的参考,2014年10月还与美国注册会计师协会联合推出了《全球管理会计原则》。这些会计组织发布的公告、原则、研究资料

---

① 温素彬. 管理会计 [M]. 大连:东北财经大学出版社,2011.

等，都是指导性的。与会计准则不同，这在一定程度上也体现了管理会计差异化特征。意在提升组织在多变商业环境以及信息过载背景之下的决策能力。CIMA 与 AICPA 应业界所需而制定全球管理会计原则，为有效的数据分析提供了蓝本，可通用于世界各地的大型、中型、小型的各类组织，不管是企业还是政府或是非营利组织。该原则体系经由 5 大洲、20 国的 CEO、CFO，学术机构以及政府监管部门的磋商及反馈而最终定稿。最终确定的全球管理会计四大原则分别是：提供相关性信息；进行有洞察、有影响的沟通；分析对企业价值的影响；履行受托责任增强企业信任。全球管理会计原则框架文件还提供了如何将此四项原则应用到包括投资评估、财资管理、预算管理、成本管理、财务战略、项目管理、风险管理等在内的 14 大企业管理领域。

1.1.4 我国管理会计的形成与发展

近年来，西方管理会计研究中，有两大趋势值得关注：第一，研究方法不断丰富，实验研究方法的地位日益凸显；第二，立足于管理会计实践，越来越多地引入行为学、心理学理论研究管理会计问题。20 世纪 70 年代末期，我国开始系统地引进西方管理会计的理论和方法。部分企业在管理中已经开始应用本量利分析、变动成本法、投资决策、存货控制等管理会计方法。随着现代企业制度的建立和完善，管理会计在我国企业中应用的广度和深度均有所加强，有些企业还设立了专门的管理会计机构。1996 年，我国首次将"管理会计"课程作为全国会计师资格考试中的独立课程进行考试。1997 年，《会计研究》杂志专门就管理会计在我国的实际应用问题进行有奖征文讨论。目前，管理会计已经成为很多高校、财务专业的一门核心专业课程。

近年来，我国管理会计无论在理论上还是实践上都取得了较大的发展。如间接费用分摊由单一数量基础分配发展到以作业的成本动因为分配基础；由单纯注重固定和变动成本的降低发展到强调全面质量管理；标准成本系统和责任成本中心的建立；投资决策中充分考虑货币时间价值和成本、风险因素；采用投资报酬率等指标作为业绩评价标准；与此同时，已开始涉足从战略总体上进行成本管理。这说明我国管理会计已逐步从数量、定额管理过渡到成本、价值的管理，从项目、部门管理演变为全面管理、战略管理。随着理论研究的拓展和实践经验的积累，现代财务会计、财务管理、管理会计呈现出日趋融合之态势，人们的目光已从过去转向现在和未来，开始用全局的观点、战略的眼光进行财务活动管理。管理会计的发展对于指导和改进我国经营管理、提高宏观经济效益发挥了积极作用。但管理会计在中国形成和发展的时间毕竟不长。立足于我国国情和社会主义建设目标，我国管理会计尚存在许多缺陷和不足。管理会计的理论结构、研究范围、实践应用等方面需要完善和充实，还存在较大的发展余地。此外，管理会计理论和实践脱钩现象较严重。具体来说，尽管一些大中型企业部分地采用了管理会计的一些预测分析、决策分析、责任会计、成本控制等专门方法，但覆盖面不大，许多企业甚至没有设置专门的管理会计人员，不注重内部成本管理，成本分配方法单一，成本报表编制不及时，成本预算和控制更是流于形式。从本质上来说，管理会计是为内部管理服务的，不注重管理会计的应用，很难说其管理工作会有多大成效。

作为会计学科的一个分支，管理会计在我国起步比较晚。20 世纪 70 年代末期和 20

世纪80年代初期，我国会计学界才开始介绍、引进西方管理会计的理论和方法并逐步系统化。但关于管理会计实践的内容，我国还是比较早的。事实上，我国20世纪50年代的班组核算和经济活动分析，20世纪60年代的指标分解、资金归口管理以及20世纪80年代的经济责任制都属于管理会计实践的范畴。班组核算作为具有中国特色的责任会计，将厂部、车间、班组三级核算统一起来，解决了西方责任会计难以解决的问题(林万祥)。20世纪80年代末，与经济责任制配套，许多企业实行了责任会计、厂内银行。20世纪90年代后，管理会计在我国企业的应用有所突破，由武钢提出、邯钢加以创新实行的"模拟市场，成本否决"成本管理制度是管理会计在我国企业成功应用、最具特色的典范。宝钢集团于1993年起推行标准成本制度，历经多年探索，不断完善，在增强员工成本意识、控制成本、支持决策等方面发挥了重要作用。21世纪，我国企业引进国外的作业成本法、平衡计分卡、经济增加值等先进的管理会计方法并应用。到目前为止，包括全面预算管理、平衡计分卡等绩效评价方法，作业成本法、标准成本法等成本管理方法在内的管理会计工具方法陆续在我国企业中运用，企业对管理会计的应用意识有所增强，应用水平有所提高。国家开发银行、中国电信、北汽福田、三一重工等一批企业专门设置了管理会计机构或岗位，积极开展管理会计工作，取得了较好成效。同时，管理会计在行政事业单位预算编制、执行、决算分析和评价等工作中也得到了一定应用。一些行政事业单位建立了适应单位内部财务和业务部门畅通联系的信息平台，及时掌控预算执行和项目进度，深入开展决算分析与评价，及时发现预算执行中存在的问题并提出改进意见和建议，财政、财务管理水平和资金使用效益不断提高。此外，工程项目、投资项目中有关问题的预测、决策和可行性分析，以及经过几十年实践经验检验的具有中国特色的成本管理、财务管理经验也都从不同侧面丰富了管理会计实践的内容。

最近几年，我国与美国管理会计师协会合作，推动了我国管理会计的发展。2009年11月国家外国专家局培训中心与美国管理会计师协会签约，正式引进了"美国注册管理会计师"(Certified Managment Accountant，CMA)职业资格认证项目并在国内进行全面推广，引起了国资委及央企的高度重视，大批总会计师加入到了CMA的学习中来。2011年11月12日，由国资委外事局、国家外国专家局培训中心共同主办，美国管理会计师协会(The Institute of Management Accountants，IMA)、中国会计报特邀主办的"2011年中国管理会计国际化人才建设大会"。到目前为止已经举办了三届，2013年和2014年为第二届和第三届。

第一届大会以"打造企业核心竞争力助推企业创新发展"为主题，与会领导、专家学者以及国内外优秀企业代表共同探讨了在新形势下管理会计在中国的发展以及国际化人才建设；并以此为契机促进我国企业财务管理的水平，打造企业核心竞争力。讨论过程中，中国航空工业集团公司财务部副部长刘光运在介绍中航集团引入CMA后所取得的巨大成就时强调，管理会计改变了以往的会计管理的模式，使会计这门专业上升到了一个新的高度，使得参与企业管理的角色发生了变化，以往公司总会计师所做的工作就是提供历史记录依据，并不参与企业的决策，而企业实行了管理会计后，管理会计师能够站在管理者的角度带着财务管理的基础来审视每一个管理项目和决策过程，为企业带来了巨大的成效，比如在北京投资商业大楼和南京投资商业大厦过程中，由于有了管理会计师的全程参与决策管理，其最终业务效果完全符合预期，使企业的管理水平提高到了一个新层次。来自福田汽车集团的原财务总监，现人力资源总监的王国柱感同身受，在企业引进CMA认证人才制度以来，企业的管理水平的确得到了明显加强，公司以往财务管理人员是无法参与董事会决策的，但管理会计师的到来，使得董事会管理层有了精通财务的管理成员，这个管理成员是CFO，是首席执行官(Chief Executive Officer，CEO)的搭档，为CEO的决策和管理提供了强有力的支撑。他希望CMA在中国迅猛发展，作为追求卓越的福田汽车集团十分看好CMA人才的未来。嘉宾们一致认为，管理会计的知识理念不仅可以帮助企业优化财务管理体系、改进财务绩效、防范投融资风险，还可以帮助企业进行财务管理创新和战略决策，促进企业创新发展。当前，中央企业已开始将管理会计的理念、工具应用于实践，以中国电信、为代表的央企相继成立了管理会计相关部门，为在企业内部会计控制、投融资决策、资产申购、价值管理和会计信息化等方面提供强有力的支持。

2013年5月18日，由国资委外事局、国家外国专家局主办、美国管理会计师协会(IMA)特别主办，《新理财》杂志特别支持、优财(中国)CMA培训中心等机构协办的"2013年中国管理会计国际化人才建设大会" 暨第二届中国管理会计国际化人才建设大会在北京全国人大会议中心举行，中央财经大学会计学院管理会计研究中心为本次大会的学术支持单位。国资委下属的近50家央企500位总会计师等出席本次大会。这次大会的目的是基于国家重视管理会计人才的前提下，推动中国管理会计人才的培养，促进企业财务领域的变革，全面提升企业绩效，向国际领先管理水平靠齐。本次大会以"管理会计创造价值"为主题，与会领导、优秀企业代表、专家学者等齐聚一堂。通过政策发布、案例宣讲、座谈对话等形式，深度阐述管理会计在中国的发展应用情况以及国际化人才培养的成果和趋势，以提升我国企业经营管理、财务领导力水平，促进企业可持续发展。

2014年10月17日，由国家外国专家局培训中心、北京国家会计学院主办，美国管理会计师协会(IMA)、优财(中国)CMA培训中心协办的第三届中国管理会计国际化人才建设大会在北京国家会计学院隆重举行。国资委财务监督与考核评价局副局长廖家生、国家外国专家局培训中心主任柳忠三、北京国家会计学院院长高一斌、美国管理会计师协会总裁兼首席执行官Jeffrey Thomson等主办单位领导、国资委下属大型国有企业的总会计师、财务总监、高级财务经理等高管人员、业内专家、学者及来自全国各大企业的财会精英、媒体代表等300余人参加了此次活动。大会旨在基于目前企业发展现状、企业经营管理需求，搭建学术界、实务界财务领袖思想碰撞的平台，通过最新政策发布与解读、成果展示、案例交流与研讨等方式，切实推进国际化财务人才培养，提升我国企业的财务领导力，为管理会计人才培养集思广益，为全面推进管理会计体系建设出谋划策，为企业探索应用管理会计指点迷津。(我国急需培养国际化高级管理会计人才；管理会计有效提升企业经营管理水平；领军人才培养，高校教育深化；多方紧密携手，共推中国管理会计发展。)

美国管理会计师协会，国家外国专家局培训中心，新理财杂志社倡导2012年起将每年的5月6日定为"管理会计宣传日"，目的在于通过举办一系列的活动，促使实务界、学术界、政府机关和媒体形成联动效应，探索管理会计的实用价值，深化业界对管理会计的理解。

在会上，国家外国专家局副局长刘延国介绍了国家外国专家局的工作职能：国家外国专家局作为中国政府主管国家智力引进的行政机构,通过引进外国专家、派出专业人士培训,以及引进国际先进知识体系等方式,借鉴人类先进文明成果,推动经济社会发展。2009年,国家外国专家局培训中心与美国管理会计师协会签署协议,合作开展美国注册管理会计师(CMA)认证项目的培训推广工作。几年来,在政府、协会、院校,合作机构(ARCP)等各方的支持和努力下,CMA在中国得到快速发展。从2009年至今,中国大陆IMA会员数累计达到6 621人,CMA中文考试量达到8 000人次,持证人员达到2 100人,为我国企业培养了一批急需的高层次、国际化管理人才。

从2009年开始,国资委与国家外国专家局合作启动了中央企业国际化人才培养系列培训计划。CMA作为国际权威认证,也被列入央企国际化人才培训计划中。目前,管理会计已获得我国央企的高度认可,中央企业涌现出一批应用管理会计方法、工具取得显著效益的案例,中国电信、中石化等纷纷成立管理会计处等相关职能部门,有效提高了我国大中型央企的运营管理效率和能力,进一步提升了企业的国际化竞争力。

据了解,根据"十二五"时期中央企业改革发展总体思路,国资委计划用两年时间在中央企业全面开展管理提升活动,企业以"强基固本、控制风险,转型升级、保值增值,做强做优、科学发展"为主题,有效提升企业运营能力和可持续发展水平。相信随着企业对管理会计应用不断深入,国际化专业人才队伍建设不断完善,管理会计将会更加有效地进入我国各类企业,全面推进企业财务精细化管理和财务信息化的进程。

同时,我国政府在管理会计发展的进程中起到了引导作用。为了贯彻落实党的十八大和十八届三中全会精神,深入推进会计强国战略,全面提升会计工作总体水平,推动经济更有效率、更加公平、更可持续发展,根据《会计改革与发展"十二五"规划纲要》,提出关于全面推进管理会计体系建设的指导意见,2014年11月财政部正式下发《关于全面推进管理会计体系建设的指导意见》(以下简称《指导意见》)红头文件,《指导意见》指出:管理会计是会计的重要分支,主要服务于单位(包括企业和行政事业单位,下同)内部管理需要,是通过利用相关信息,有机融合财务与业务活动,在单位规划、决策、控制和评价等方面发挥重要作用的管理活动。管理会计工作是会计工作的重要组成部分。自《指导意见》下发以来,为促进企业和行政事业单位加强管理会计工作,财政部在深入分析国际国内市场经济现状、单位企业实际需要以及未来会计行业发展导向的基础上,经过一年的发酵酝酿,于2015年12月29日再次下发关于征求《管理会计基本指引(征求意见稿)》意见的函,向各有关单位广泛征集管理会计体系建设意见。随后财政部发布了《管理会计基本指引》(下称《基本指引》),自2016年6月22日起施行,标志着我国管理会计体系建设取得新的重大突破。在系统比较和梳理国内外资料的框架结构,并多次进行座谈、调研、咨询,广泛听取高校、研究机构、企业、事业单位、咨询服务机构、国外管理会计专业团体、管理会计咨询专家意见,吸收财政部管理会计发展规划专项课题和部校共建课题组相关课题成果等基础上,《基本指引》形成了涵盖目标、原则、要素等的基本框架,并以要素为主线,形成基本指引主要内容,共六章二十九条。第一章为总则,包括《基本指引》的制定依据、适用范围、管理会计目标、原则、要素等内容。第二章至第五章分别对总则中提出的应用环境、管理会计活动、工具方法、信息与报告这四个管理会计要素进行了具体展开。第六章为附则,规定了《基本指引》的解释权限和施行日期等内容。

改革开放以来,特别是市场经济体制建立以来,我国会计工作紧紧围绕服务经济财政工作大局,会计改革与发展取得显著成绩:会计准则、内控规范、会计信息化等会计标准体系基本建成,并得到持续平稳有效实施;会计人才队伍建设取得显著成效;注册会计师行业蓬勃发展;具有中国特色的财务会计理论体系初步形成。但是,我国管理会计发展相对滞后,迫切要求继续深化会计改革,切实加强管理会计工作。同时提到,党的十八届三中全会对全面深化改革做出了总体部署,建立现代财政制度、推进国家治理体系和治理能力现代化已经成为财政改革的重要方向;建立和完善现代企业制度,增强价值创造力已经成为企业的内在需要;推进预算绩效管理、建立事业单位法人治理结构,已经成为行政事业单位的内在要求。这就要求财政部门顺时应势,大力发展管理会计。

因此,全面推进管理会计体系建设,是建立现代财政制度、推进国家治理体系和治理能力现代化的重要举措;是推动企业建立、完善现代企业制度,推动事业单位加强治理的重要制度安排;是激发管理活力,增强企业价值创造力,推进行政事业单位加强预算绩效管理、决算分析和评价的重要手段;是财政部门更好发挥政府作用,进一步深化会计改革,推动会计人才上水平、会计工作上层次、会计事业上台阶的重要方向。

拓展阅读

相关法规

1.2 管理会计的内涵及其与财务会计的关系

1.2.1 管理会计的内涵

1. 国外会计学界对管理会计定义的论述

在西方会计发展史上,首次提出"管理会计"是在 1922 年 H・W. 奎因坦斯出版的著作《管理会计:财务管理入门》中。而会计学界正式提出"管理会计"是在 1952 年伦敦举行的会计师国际代表大会上。此后,西方有关组织机构和会计学者根据各自的认识和把握,从不同角度对管理会计定义进行了描述,这里介绍几个主要的观点[①]。

美国会计学会 (1966) 认为,所谓管理会计就是运用适当的技术和概念,对经济主体实际的经济数据和预计的经济数据进行处理,以帮助管理人员制定合理的经济目标,并为实现该目标而进行合理决策。

英国成本与管理会计师协会 (1982) 认为,管理会计是对管理当局提供所需的信息的那一部分会计工作,使管理当局得以制定方针政策,对企业的各项活动进行计划和控制,保护财产的安全,向企业外部人员 (股东等) 反映财务状况,向职工反映财务状况,对各个行动的备选方案做出决策。

美国学者罗伯特 (1982) 在《现代管理会计》中对管理会计做了定义:管理会计是一种收集、分类、总结、分析和报告信息的系统,有助于管理者进行决策和控制。

---

① 宫昕璐,张媛.管理会计理论研究综述 [J]. 财会通信,2008(4).

美国全美会计师协会管理会计实务委员会(1986)对管理会计的定义是：管理会计是向管理当局提供用于企业内部计划、评价、控制以及确保企业资源的合理使用和经济管理责任的施行所需财务信息的确认、计量、归集、分析、编报、解释和传递的过程。管理会计还包括编制提供诸如股东、债权人、规章制订机构及税务当局等非管理集团使用的财务报告。

国际会计师联合会财务和管理会计委员会(1988)认为：管理会计是在一个组织内部，对管理当局用于规划、评价和控制的信息(财务和经营)进行确认、计量、积累、分析、处理、解释和传输的过程，以确保其资源的利用并对它们承担经管责任。

美国管理会计师协会(1997)为管理会计所下的新定义为：管理会计是提供价值增值，为企业规划设计、计量和管理财务与非财务信息系统的持续改进过程，通过此过程指导管理行动、激励行为、支持和创造达到组织战略、战术和经营目标所必需的文化价值。

美国著名管理会计学家罗伯特·S.卡普兰(1997)等合著的《管理会计(第2版)》中定义：管理会计是一个为组织的员工和各级管理者提供财务和非财务信息的过程。这个过程受组织内部所有人员对信息需求的驱动，并能引导他们做出各种经营和投资决策。

2. 国内学者对管理会计定义的论述

目前国内学者是从狭义上来定义的，一般认为管理会计是以提高经济效益为最终目的会计处理系统。它运用了一系列专门的方式方法，通过确认、计量、归集、分析、编制与解释、传递等一系列工作，为管理和决策提供信息，并参与企业经营管理。主要观点如下。

汪家佑教授指出：管理会计是西方企业为了加强内部经营管理，实现最大利润的目的，灵活运用多种多样的方式方法，收集、加工和阐明管理当局合理地计划和有效地控制经济过程所需要的信息，围绕成本、利润、资本三个中心，分析过去，控制现在，规划未来的一个会计分支。

李天民教授认为：管理会计主要是通过一系列专门方法利用财务会计提供的资料及其他有关资料进行整理、计算、对比和分析，使企业各级管理人员能据以对日常发生的一切经济活动进行规划与控制，并帮助企业领导做各种决策的一整套信息处理系统。

温坤教授对管理会计所做的定义：管理会计是企业会计的一个分支，它运用一系列专门的方式方法，收集、分类、汇总、分析和报告各种经济信息，借以进行预测和决策，制订计划，对经营业务进行控制，并对业绩进行评价，以保证企业改善经营管理，提高经济效益。

拓展阅读

综上所述，管理会计是从传统的会计中分离出来的、与财务会计并列的一门独立的新兴学科。管理会计是会计与企业内部经营管理的有机结合，它将现代管理科学、行为科学、高等数学等相关学科的成果应用于会计，为企业管理人员提供决策信息，是社会经济发展到一定阶段的产物。

1.2.2 管理会计与财务会计的关系

财务会计与管理会计，是企业会计的两个重要领域。财务会计主要是通过定期的财务报表，为企业外部同企业有经济利益关系的各种社会集团服务，以提供定期的财务报表为主要手段，以企业外部的投资人、债权人等为主要服务对象。因此，财务会计又称为对外报告会计或者说是外部会计。

管理会计不同于财务会计,它侧重于为企业内部的经营管理服务,它丰富、发展了传统的会计职能,采用灵活而多样化的方法和手段,为企业管理部门正确地进行最优管理决策和有效经营提供有用的资料。管理会计又称为对内报告会计或者说内部会计。管理会计与财务会计的主要区别见表 1-1。

管理寓言

表 1-1 管理会计与财务会计的区别

序 号	项 目	财务会计	管理会计
1	服务对象	外部使用者	内部使用者
2	针对时间	过去、当前	当前、未来
3	报告范围	整个公司	部门、单位
4	主要依据	公认会计原则	决策需要
5	核算方法	会计方法	会计、统计、数学等方法
6	核算要求	力求精确	不要求绝对精确
7	核算程序	固定	不固定,可自由选择
8	法律效力	具有法律效力	不具有法律效力

以上是二者的区别,但二者同时也具备一些共同点,例如:二者均起源于传统会计,都是传统会计的发展与分支;二者的最终目标都是为了企业实现最大利润,提高经济效益;二者的基本信息来源相同;二者的服务对象虽然各有侧重,但也有交叉,事实上,管理会计也为企业外部服务,财务会计也为企业内部服务。在许多情况下,管理会计的信息可以为外部利益集团所利用,财务会计信息对企业内部决策也至关重要。

1.3 管理会计的假设、职能和信息质量特征

1.3.1 管理会计的基本假设

按照《经济大辞典》的解释:会计假设也称会计假定,某些未被认识的会计现象,根据客观的正常情况或趋势所做的合乎情理的判断,而后形成一系列构成会计思想基础的公理或假设。按照我国的《企业会计准则》的规定,会计核算基本前提是:①会计主体;②持续经营;③会计分期;④货币计量。会计假设的作用不言而喻。然而,这一作用的正常发挥很大程度上取决于假设的科学性、合理性。当假设建立在合理、科学的基础上时,它会推动本学科的发展。但是管理会计由于主要是为企业内部管理服务的,因此管理会计假设与会计的假设有不同之处,具体如下所述。

1. 会计实体假设

会计主体又称为会计实体,指会计为之服务的特定单位,它提出了会计活动的空间范围。会计主体假设的起源,要追溯到 15 世纪业主财产与企业投资的分离,由于这种分离,使经营组织独立化,要求会计不仅记录和反映业主财产的变化,而且要视组织为一体,反

映其日常收支及经营成果，会计上第一次出现了为谁服务的问题，即需要确定会计空间范围，会计主体假设从而产生。

2. 持续经营假设

持续经营假设的基本含义是：认为企业的经营活动将无限地经营下去，即在可以预见的将来，企业不会面临破产清算。只有在这一前提下，企业的再生产过程才得以进行，企业资本才能正常循环周转，会计才可以以历史成本而非清算价格来确认。

3. 会计分期假设

会计分期假设是指可以将企业不断地经营活动分割为若干个较短时期，据以结算账目和编制会计报表，提供有关财务状况、经营成果的会计信息。会计分期假设本身是对持续经营假设的一种补充，它存在的原因与会计管理职能直接相联系。

4. 货币计量假设

货币计量假设是指会计主要运用货币对企业活动进行计量，并把结果加以传递的一个过程。在使用货币计量时，必须同时附带两个假设：①货币的币值不变（或稳定）；②币种的唯一性假设。货币计量假设对任何学科都很重要，因为它为该学科的理论和实务提供了研究出发点。货币作为会计计量的尺度，是商品经济发展到一定阶段的产物，如果没有货币的出现，货币计量假设也就无从谈起。

5. 货币的时间价值假设

货币时间价值假设是指不同时点上的货币具有不同的价值，管理会计的许多假设就是在此基础上做出的。

6. 成本性态可分假设

成本性态可分假设是指成本按照成本性态（即成本与产量之间的关系）划分为固定成本与变动成本。所谓成本性态，是指成本总额与业务量变动之间的数量依存关系。

7. 目标利润最大化假设

目标利润最大化假设是指企业在经营管理决策中，以目标利润最大化的方案为最优方案，并假定在实施最优方案时能够实现目标利润。

8. 风险价值可计量假设

风险价值可计量假设是指所有的不确定性决策都可以转化为风险性决策，风险不仅具有价值，而且风险价值可以计量。

1.3.2 管理会计的职能

管理会计的发展主要体现在管理会计职能的延伸与扩展。传统的管理会计功能主要有两个：一是计划功能；二是控制功能。20 世纪末，英国皇家特许管理会计师公会 (CIMA) 和美国管理会计师协会 (IMA) 将管理会计功能归纳为：一是成本计算与管理会计信息提供的功能；二是管理控制的功能。进入 21 世纪以来，管理会计的功能已经很难像以前那样具体划分为计划、决策等几大功能，而往往是多功能相互交叉与融合。法国管理会计界将原有的功能结构从两个视点来加以分析，即管理会计具有两种系列功能：一是经济计算功能和信号传递功能，二是生产、技术导向功能和组织结构的功能。这种功能的划分：一则包容性强，有助于拓展其发展的空间；二则为各种管理会计理论与方法的发展提供了一种分析的框架结构①。管理会计的职能，从财务会计单纯的核算（记录、反映）扩展到将解析过去、控制现在和筹划未来有机地结合起来。

管理会计的职能一般有：预测、决策、规划、控制、评价。

1. 预测

预测是为决策提供科学依据。预测就是通过数量方法和非数量方法，根据事物过去和现在的情况对其未来发展变化趋势所做的预计和推测。数量方法就是通过数学模型找出事物的发展结果随时间变化的趋势，并根据这种趋势，预测未来某个时间点或时间段事物所处的状态或基本量，进而提出解决问题的策略；非数量方法是定性预测法，主要是在资料不完备情况下强调人的判断。该法最著名的有头脑风暴法、德尔菲法。

2. 决策

所谓决策，就是针对某一个特定问题，确定一个最合理、最有效的解决方法。决策是在充分考虑各种可能的前提下，人们基于对客观规律的认识，对未来实践的方向、目标、原则和方法做出决定的过程。管理会计作为参与经济决策的职能贯穿于生产经营活动的始终，参与企业经营战略与方针的决策、经济目标与长短期计划的决策、产品品种开发决策、技术发展与投资决策、资源开发与利用决策、人力资源开发与使用决策、价格决策、资金筹措与使用决策等。

预测与决策有一定的关系。预测是为决策服务的，预测贯穿于决策的全过程。预测侧重于对客观事物的科学分析，决策侧重于对有利时机和目标的科学选择。预测强调客观分析，决策突出领导艺术。预测是决策科学化的前提，决策是预测的服务对象和实现机会。

3. 规划

规划即规划经营目标，编制全面预算。规划主要是利用财务会计的历史资料及其他相关信息，进行科学的预测分析，并帮助各级管理人员对某些一次性的重大经济问题做出专门的决策分析，然后在这个基础上编制企业的整体计划与责任预算，确定各方面的主要目标，用来指导当前和未来的经济活动。管理会计的规划经营职能是通过编制各种计划和预算实现的。它要求在最终决策方案的基础上，将事先确定的有关经济目标分解落实到各有关预算中去，从而合理有效地组织协调供、产、销及人、财、物之间的关系，并为控制和责任考核创造条件。管理会计规划不仅包括财务规划，还包括生产规划、销售规划、经营规划等各个方面。

4. 控制

控制即控制经济过程，包括预算执行过程，划分责任中心，实施责任会计制度。所谓

---

① 冯圆. 管理会计的新发展及其应用 [J]. 商业会计，2009(3).

控制，主要是根据会计规划所确定的各项目标，采取种种有效的措施，对预期可能发生的或实际已经发生的各种有关信息进行收集、整理、比较和分析，使企业的生产经营活动按既定的决策和预算进行，以便在事前或日常对各项经济活动进行调节和控制，保证计划目标的实现。

5. 评价

评价即考核评价经营业绩，进行差量分析。在现代企业管理中，管理会计的主要职能是为提高经营效率和效益而建立的各种内部会计控制制度，提供内部管理需要的各种数据、资料等。它的方法和手段视经济组织不同的需要而设计，其模式视不同的经济组织性质、规模大小、经营管理方式而异。它最重要的职能是为最优经营决策和最高经营效率提供各种有用的方案和信息。主要是事后根据各责任单位定期编制的业绩报告，将实际数与预算数进行对比、分析来评价和考核各责任单位的业绩，以便奖勤罚懒、奖优罚劣，正确处理分配关系，保证经济责任制的贯彻执行。

1.3.3 管理会计信息的质量特征

1. 会计信息质量特征

会计信息质量特征，是指为了实现会计目标而要求会计信息应具备的品质。会计的基本目标就是为使用者提供决策有用的会计信息。会计信息质量特征是对会计目标的具体化，它主要回答什么样的会计信息才算有用或有助于决策。在确定会计信息质量特征时，要首先考虑会计信息的使用者及其特点。会计信息系统所积累的信息主要是向企业内外部使用者提供。由于信息使用者的不同，由此产生了财务会计和管理会计两个子系统。财务会计主要为投资者、债权人、政府机构以及其他的企业外部使用者提供财务会计信息，即侧重于为企业外部关系人提供信息服务，发挥会计信息的社会职能，从而要受企业会计准则和会计制度的制约。财务会计提供信息的质量特征一直受到中外会计理论界和实务界的高度关注，已取得相对一致的认可，主要包括可靠性、相关性、可比性、及时性和可理解性等。

2. 管理会计信息质量特征

管理会计主要为企业内部管理人员的计划、控制、决策等管理活动提供信息服务，发挥会计信息的管理职能。管理会计信息的加工和输出，只服从管理人员的需要，不受法定会计规范和固有会计程序的束缚，它主要通过预测、计划、计算、评估、比较等程序加工信息。但管理会计信息对管理当局的用处取决于其所提供信息的质量特征。管理会计信息质量特征，是管理会计目标的具体化，而管理会计目标则是决定管理会计信息质量特征的基础。直到目前，管理会计信息质量特征尚未达成共识。根据管理会计的基本特征和侧重于为企业管理者提供信息服务这一基本目标，管理会计所提供的信息必须具备以下质量特征。

1) 相关性

相关性是指管理会计所提供的信息与管理当局的决策相联系，有助于提高管理人员决策能力的特征。无论是进行短期经营决策还是进行长期投资决策，都需要在备选方案中寻找最佳方案并做出判断和决策。只要存在可供选择的不同方案，就表明决策中存在"差别"，需要进行分析、比较和评价，以便从"差别"中选出理想的方案，作为未来行动的依据。因此，管理会计信息的相关性，就是指帮助信息使用者提高决策能力所需要的那种发现"差别"，分析和解释"差别"，从而能从"差别"中做出选择和判断的特征。故相关的会计信息必须具备两个条件：一是通过预测获得未来信息，二是在各可供选择的方案之间发生的各种用货币计量的"差别"。为此，会计人员必须熟悉企业的经营活动，并了解管理当局的信息需求，以便从大量的数据中，选择对管理当局决策有用的重要信息。

2) 及时性

及时性是指管理会计必须为管理当局的决策提供最为及时的、迅速的信息。只有及时的信息，才有助于管理当局做出正确的决策；反之，过时的信息将会导致决策的失误。强调信息的及时性，必须明确及时性与精确性的关系。在需要信息时，速度往往高于精确。信息获得速度越快，企业管理人员越能迅速解决问题。企业管理人员往往宁愿以牺牲部分精确性换取信息的立即可用。因此，在管理会计上，估计值或近似值可能比精确的信息更为有用。及时性本身不能增加相关性，但不及时的相关信息将使相关性完全消失。

在某些情况下，管理会计信息的及时性，要求会计人员定期提供计划性信息。例如，每日的现金收支报告，将有助于管理当局有效地管理安排日常现金使用。而每周的产品成本报告，则有助于管理当局对产品成本的有效控制。在另一些情况下，管理会计信息的及时性，则要求管理会计师以不定期为基础或只在需要时编制管理会计报告，为管理当局提供决策信息。

3) 准确性

准确性是指管理会计所提供的信息在有效使用范围之内必须是正确的。不准确的信息会导致管理当局的决策失误。例如，如果将一份不准确的有关客户过去的付款情况的报告提交给管理当局，就将使管理当局做出给客户提供信用的不明智决策。强调信息的准确性，必须明确信息的正确性和精确性两个不同的概念。要求提供正确的信息，并不意味着要求提供的信息越精确越好，在许多情况下，采用近似的方法，以线性关系代替非线性关系，以基于确定性分析方法代替基于不确定性的分析方法，反而可以取得较好的实践效果。例如，在制订生产计划时，有关未来销售的预测数据，比来自过去销售的精确数据更为有用。

4) 简明性

管理会计信息的价值在于对决策有用。而简明性是指管理会计所提供的信息，无论在内容还是在形式上，都应简单明确，易于理解，使信息使用者理解它的含义和用途，并懂得如何加以使用。明确而易于理解的信息，有助于管理人员将注意力集中于计划与控制活动中的重大因素上。例如，在管理当局提供有关成本控制的信息时，揭示成本差异的信息将有助于管理当局重视差异，并采取有效措施，消除不利差异，保持有利差异，从而促进企业的健康发展。

5) 成本—效益平衡性

以上各项管理会计的信息质量特征可以看作是为适应管理当局的各种需要提供信息的通用指南。在运用这些指南时，必须同时考虑不同管理人员的各种特定需要，并根据其需要提供管理会计信息。但取得这些信息要花费一定的代价。因此，必须将形成、使用一种信息所花费的代价与其在决策和控制上所取得的效果进行具体对比分析，借以确定在信息的形成、使用上如何以较小的代价取得较大的效果。无论信息有多重要,只要其成本超过其所得,就不应形成、使用这一信息。因此,信息的成本—效益平衡性,可以看作是管理会计信息的一个约束条件。

1.4 管理会计职业及其认证

1.4.1 管理会计职业

管理会计的发展和管理会计在管理中的作用,促进了管理会计职业化的发展。在一些发达国家,如美国,同注册会计师一样,美国的管理会计师发展成为专业化的职业队伍,称为注册管理会计师(Certified Management Accountant,CMA),它是美国注册管理会计师协会(Institute of Management Accountants,IMA)创立的专业资格,美国注册管理会计师协会是从美国国家会计协会(National Association of Accountants,NAA)派生出来的,是美国最大的会计师协会之一。CMA是国际通行的财务管理者专业资格认证,是管理会计领域全球最高的、顶级权威资格认证,也是美国乃至全世界年薪最高的财经专业资格之一。近40年来,CMA一直被公认为国际财经领域中的黄金标准,享誉世界,被全球180个国家认可,有国际财务界的MBA之称,是美国重量级企事业单位财务从业者的必备证书,与美国注册会计师(American Institute of Certified Public Accountants,AICPA)、特许金融分析师(Chartered Financial Analyst,CFA)一起被称为美国最权威的三大财经认证。CMA证书持有者主要是世界各大公司及金融机构的财务主管、财务长、CFO、CEO、成本核算师、理财师、企业管理人员。美国100强企业的财务经理几乎都具有CMA等专业资格,CMA证书是CEO、CFO的强有力敲门砖。CMA持证者目前的平均年龄是45岁,美国的平均年薪是17.5万美元,全球平均年薪是15.5万美元,是美国年薪最高的财经专业资格之一。

IMA目前共有会员约70 000人,主要分布在美国、加拿大及世界经济发达国家,CMA与AICPA是美国两个最主要、最权威的会计师资格,也是全球最权威的会计师资格,国际上的会计准则和管理标准,主要是以AICPA和CMA的为准。IMA是国际上管理会计学科最具权威的机构。

除美国以外,其他发达国家的管理会计也向职业化和专业化发展。如加拿大的管理会计师协会(Society of Management Accountants,SMA)负责组织和管理加拿大的管理会计师证书的考试事宜。目前,加拿大约有30 000名管理会计师任职于全国的工商企业和政府机构。英国的皇家特许管理会计师协会(Chartered Institute of Management Accountants,CIMA)类似于美国的管理会计师协会,负责管理会计师资格考试及课程设置,并为其成员提供教育、职业发展和商业活动等广泛的服务。CIMA每年在全球范围内以"寻找未来商业领袖"为主题,举行CIMA GBC(Global Business Challenge)商业精英国际挑战赛,这不仅是一项国际顶级赛事,更是一项参与度极广的公益活动,由巴克莱资本全程赞助,并得到了全球各知名企业的支持。国际会计师联合会(International Federation of Accountants,IFAC)所属的财务与管理会计委员会(Financial and Management Accounting Committee)也致力于提高管理会计师的能力与作用,该委员会还发表一些有关国际管理会计实务方面的文告,如管理会计的概念、项目的管理控制、资本支出决策的内部控制和管理质量改进等，目的在于提高管理会计专业服务的质量水平，扩大管理会计师的专业服务在国际上的认可范围。总之，无论是国际性的还是一些国家的会计职业组织，它们在管理会计教育、推广应用和职业化发展方面都起着重要的推动和促进作用。

1.4.2 管理会计师国内外认证

美国注册管理会计师和财务管理师认证考试是由美国管理会计师协会建立的专业认证制度。

IMA 是美国最大的会计师协会，自 1972 年 12 月，在全美 22 个城市为 410 名考生举办了第一次注册管理会计师认证考试。作为一个在管理会计及财务管理领域具有全球领导地位的专业组织，它在管理、财务以及资讯系统等领域上的贡献颇多，对会计、财务、资讯系统的理论建设和实务操作原则具有重大的影响。近年来，由于会计领域出现了一系列的创新，IMA 认为专注于单一的管理会计领域很可能会限制自身的发展，因此力图改革，不仅将重心往财务及决策管理领域靠拢，而且在 1996 年建立了注册财务管理师认证考试。

CMA 认证的目的在于培育管理会计人员和财务管理人员的知识广度，使其能预测商业的需求及参与策略决策制定。而其考试的内容所包含的知识范围能反映管理会计人员和财务管理人员在现今商业环境所需要的能力。因此，取得 CMA 资格不仅代表其具备完整会计及财务相关领域知识，也表现了具备着高度专业标准与能力来分析企业内部财务报表，协助管理当局掌握状况，参与财务管理与拟定未来策略及执行。

美国管理会计师协会致力于实现管理会计职业的卓越发展。注册管理会计师 (CMA) 认证始于 1972 年，旨在客观地衡量个人在管理会计领域的知识和能力。只有注册管理会计师认证考试才能识别这一颇具挑战性的职业取得成功所需的独特专业能力。

要获得注册管理会计师认证，必须满足下述所有要求。

(1) 成为管理会计师协会的会员。
(2) 支付考试准入费。
(3) 符合学历要求。
(4) 符合从业经验要求。
(5) 通过所有必考科目。
(6) 遵守美国管理会计师协会《职业道德守则公告》。

考试准入费用必须在参加考试之前支付。考生在加入注册管理会计师认证后，必须在 3 年内完成考试。考生必须在加入认证后 12 个月内注册一门考试，否则需要重新支付考试准入费用。如果考生在加入认证 3 年内未能通过全部两门考试，则已通过的考试成绩作废，考生需要重新支付考试准入费用。

考生需持有国家教育部认可的学院或大学的三年制全日制大专 (不包括自考和函授群体) 或以上学历 (包括本科、研究生和博士，本科以学位证书为准)，专业不限。考生需将学历证明文件的公证件或学院、大学出具的正式成绩单原件 (含课程名称及分数)(如果考生的学校在 http://univ.cc/world.php 名单中) 邮寄至 IMA 中国代表处。

欲取得注册管理会计师认证的考生必须在管理会计或财务管理领域具有连续两年的专业工作经验。您可在通过考试之前或通过考试后的 7 年内达到该要求。如果是教师，且教授的课程至少 60% 为入门级以上的会计和企业财务管理类课程，则视为符合该项要求。原则上，专业经历需为全职从业经历。但是，如果连续在兼职岗位上每周完成 20 小时的相关领域的工作量，则每两年的兼职工作经验可算作一年全职工作经验。中文注册管理会计师考试以书面纸笔形式进行。

考试由普尔文 (Prometric) 公司负责执行，中国地区的考点均设在交通便捷的地区。注册 CMA 英文考试的考生，需通过美国管理会计师协会全球网站 www.imanet.org 进行考试注册。注册中文 CMA 考试的考生，可通过美国管理会计师协会全球网站 www.imanet.org 或国家外国专家局培训中心中文 CMA 网站 www.cma-china.com.cn 进行考试注册。美国管理会计师协会全球网站 www.imanet.org 可注册 CMA 中英文考试，但只接受信用卡支付美金的方式，并只提供收据。参加 CMA 英文考试的考生，必须在 IMA 英文网站上报名注册。

国家外国专家局培训中心中文 CMA 网站只能注册中文 CMA 考试，可接受人民币付款，并提供国家正式税务发票。如欲参加考试，大约需提前 3 个月填写考试注册表，以留出充足时间接收授权信，并和普尔中文考试中心预约考试。

一旦收到注册管理会计师协会的授权信，需要自行与普尔文考试中心预约考试。登录 www.prometric.com/ICMA，可全天 24 小时（含周末）预约考试地点，安排、确认、更改或者取消考试预约。必须在考试日期前至少 45 天完成考试预约。这 45 天期限过后，不能再预约，修改及延期已预约的考试。

在西方，越来越多的企业希望其财务主管能取得注册管理会计师及注册财务管理师资格，因为这两项认证的目的在于培养管理会计人员和财务管理人员的知识广度，使其能预测商业的需求及参与决策的制定。而其考试内容所包含的知识范围能反映管理会计人员和财务管理人员在当今商业环境下所需要的能力。因此，取得注册管理会计师及注册财务管理师 (Certified Financial Manager, CFM) 资格也代表其具备高度的执业技能来分析企业内部财务报表，协助管理当局掌握企业情况，参与财务管理与拟定未来策略和执行。

拓展阅读

CMA 认证考试涉及会计、管理、经济、金融等多方面内容，目的在于扩大财务管理会计人员的知识广度，培养其预测商业需求及制定策略决策的能力。CMA 课程的设置能反映现今商业环境对财务人员所需的财务管理综合能力的要求。考试主要以基础知识、实用知识为主，知识覆盖面很广，具有很强的实用性和可操作性。

1.4.3 管理会计师职业道德

管理会计师在为企业管理者提供经营决策信息实现企业价值最大化的同时，必须遵守法律和职业道德规范。

2005 年，美国管理会计师协会发表的最新"管理会计师职业道德准则"(Standards of Ethical Conduct for Practitioners of Management Accounting and Financial Management Acconting) 包括如下内容。

(1) 业务技能 (Competence)。即管理会计师有义务：通过不断提高自身的知识和技能，保持适当的专业技术水平；按照各有关法律、法规和技术标准，履行其职责；提供准确、清晰、简明和及时的决策支持信息和建议；识别并沟通有可能影响职业判断或职能履行的职业局限或限制。

(2) 保密责任 (Confidentiality)。即管理会计师有义务：除法律规定外，非经授权，不得泄露工作过程中所获得的机密信息；告诉下属要适当注意工作中所得到信息的机密性并监督其行为，以确保严守机密；禁止将工作中所获得的机密信息用于非伦理或非法行为。

(3) 廉正 (Integrity)。即管理会计师有义务：避免介入实际的或明显的利益冲突并向任何可能的利害冲突方提出忠告；避免从事任何有害于其正确履行职责的活动；禁止从事或支持任何有损职业声誉的活动。

(4) 客观性 (Credibility)。即管理会计师有义务：公正而客观地传送信息；披露所有预期将影响使用者对管理会计师所提供的报告、评论和建议的理解的相关信息；披露在与企业政策或适用的法律的一致性方面出现的关于内部控制、及时性、信息处理的延误或不足信息。

(5) 职业道德冲突的解决办法 (the resolution of ethical conduct conflict)。在应用各项道德行为准则时，管理会计师会遇到怎样确认非道德行为，或者怎样解决违反道德问题，如遇到严重的职业道德问题，管理会计师应遵循组织制定的有关这种问题的各种政策。如果这些政策不能解决职业道德问题，管理会计师应采取如下行动。

除涉及有关上级者外，与直接上级商讨这些问题。在此情况下，应在一开始就把问题提交高一层主管。如果问题得不到解决，上述问题应提交更高一层的主管人员。

如果直接上级是总经理或相当于总经理，那么可取的复议当局可能是审计委员会、执行委员会、董事会、理事会或业主。假定上级与问题无关，应在上级知情下，越级上告。

与客观的顾问进行机要性讨论，澄清相关概念，以明确可能的行动方针。

如果通过各层次内部的彻底检查，依然存在不符合道德准则问题，管理会计师对此重要问题无法解决，只得向组织提出辞职，并向组织的适当代表提交其信息备忘录。

除法律另有规定外，把这些问题告知当局或非服务于组织的个人，一般认为是不合适的。

本章小结

本章主要介绍了管理会计的形成和发展过程、管理会计与财务会计的关系、管理会计的基本理论、管理会计的职业概况及管理会计师认证。

管理会计是多种学科相互渗透的结合体，具有很大的综合性。与财务会计相比，管理会计具有侧重于为企业内部管理服务、重点在于规划未来、兼顾企业生产经营的全部和局部、不受会计准则的制约、更多地应用现代管理决策与数学方法的特点。管理会计的发展，促进了管理会计职业化的发展。

关键术语

管理会计　财务会计　管理会计基本假设　管理会计职能　管理会计师

综合练习

一、判断题

1. 管理会计侧重为企业外部投资者服务，财务会计主要是为内部经营决策服务。（ ）
2. 货币计量假设适用于财务会计，不适用于管理会计。（ ）
3. 相关性是指管理会计所提供的信息与管理当局的决策相联系，有助于提高管理人员决策能力的特征。（ ）
4. 因为管理会计主要为决策提供依据，没有统一的会计准则约束，所以管理会计不需要客观。（ ）
5. 预测与决策有一定的关系。预测是为决策服务的，预测贯穿于决策的全过程。（ ）
6. 管理会计必须遵守公认的国际会计准则和制度。（ ）
7. 管理会计从财务会计体系中分离出来，成为一个独立的领域，二者之间既存在区别，又有联系。（ ）
8. 管理会计为了加强企业内部管理服务的，因此，只要为了收集管理信息，可以不计成本。（ ）
9. 与财务会计不同，管理会计报告一般是没有统一格式的内部报告，而且对这些报告的种类也没有统一的规定。（ ）

二、问答题

1. 如何理解管理会计？简述管理会计的形成与发展。
2. 管理会计的基本假设是什么？管理会计的职能是什么？
3. 简述管理会计信息的质量特征。
4. 简述管理会计与财务会计的区别与联系。
5. 简述管理会计师职业道德。

拓展阅读

第 2 章 成本性态分析

教学目标

通过本章学习，了解并熟悉成本的各种分类方法，掌握混合成本分解的方法。

教学要求

知识要点	能力要求	相关知识
成本的分类方法	了解管理会计中成本分类的标准，把握不同成本分类方法对管理会计决策的意义	(1) 成本按经济用途分类 (2) 成本按可辨认性分类 (3) 成本按性态分类
混合成本分解方法	通过掌握混合成本的分解方法，主要掌握历史成本分析法，理解把成本分解为变动成本和固定成本的意义	(1) 历史成本分析法(包括高低点法、散布图法、回归直线法) (2) 账户分析法 (3) 工程分析法 (4) 合同确认法

Mallory 公司阶梯式成本

Mallory 公司生产大型的工业机械，该公司拥有一个加工部和一批被称作机师的直接人工。每个机师的年薪是 50 000 美元，每人最大年生产能力为 500 单位的产品。该公司同时还聘有监督员制定机器规格计划，在加工部监督生产。每个监督员最多能监督三名机师的工作。公司的账目和过去的生产表明产量和材料装卸成本、监督成本之间的关系如表 2-1 所示。

表 2-1 产量与装卸成本、监督成本之间的关系

产量	装卸成本/美元	监督成本/美元
0～500	50 000	40 000
501～1 000	72 000	40 000
1 001～1 500	108 000	40 000
1 501～2 000	144 000	80 000
2 001～2 500	180 000	80 000
2 501～3 000	216 000	80 000
3 001～3 500	252 000	120 000
3 501～4 000	288 000	120 000

问题：

将装卸成本和产量之间的关系用图表表示，其中纵轴表示成本，横轴表示产量。你将该成本归为严格的变动成本、固定成本还是阶梯式成本？

将监督成本和产量之间的关系用图表表示，其中纵轴表示成本，横轴表示产量。你将该成本归为严格的变动成本、固定成本还是阶梯式成本？

假定作业的正常范围是 1 400~1 500 单位产品，并且目前正好雇了所需的机师人数来完成这个作业量。进一步假定下一年的产量再增加 500 个单位，那么装卸成本和监督成本各增加多少？

资料来源：[美]汉森，莫温. 管理会计[M]. 陈良华，杨敏，译. 北京：北京大学出版社，2010.

拓展案例

通过案例我们知道成本有变动成本、固定成本和阶梯式成本，这些成本的内涵是什么？这是我们本章中将要讨论的。本章首先探讨管理会计中把成本按成本性态分为两大类：固定成本和变动成本，接下来分析混合成本分解的方法。

2.1 成本分类

成本是为生产一定产品而发生的各种生产耗费的货币表现。它是衡量企业经营管理水平高低和经济效益好坏的一个重要指标。随着经济的发展、企业经营管理要求的提高，成

本的概念和内容都在不断发展和变化。不同研究领域对成本概念的理解也不尽相同。管理会计要求成本信息的多样化，即"不同目标，不同成本"。一般情况下，管理会计中把成本按成本习性划分为变动成本和固定成本，此外因为决策的需要，还有其他分类方法。

2.1.1 成本按经济用途分类

传统财务会计中，把成本按经济用途进行分类，成本可以区分为生产成本(制造成本)和非生产成本(非制造成本)。

1. 生产成本(制造成本)

生产成本也称为制造成本(Manufacturing Cost)，是指产品生产过程中所发生的有关耗费，是与产品成本相对应的。按其经济用途可以细分为直接材料、直接人工和制造费用三个子成本项目。其中直接材料是直接用于产品生产，构成产品主要实体或与产品主要实体相结合的材料成本。直接人工是在生产中对材料进行直接加工，使之转为产成品所耗用的人工成本。制造费用是除直接材料和直接人工之外的其他耗费，它可以进一步细分为间接材料、间接人工和其他制造成本三个明细项目。

2. 非生产成本(非制造成本)

非生产成本即非制造成本(Non-manufacturing Cost)也就是期间成本，也称期间费用，是与特定期间相联系，但与产品的生产数量没有直接联系的成本。在计算成本的过程中，因为期间成本与收入的取得不存在直接的因果关系，因此直接在损益表中摊销，而不必追溯到特定产品之上，是"不可储存的成本"。期间成本一般包括销售费用、管理费用和财务费用3项。销售费用主要包括营销成本、配送成本和客户服务成本；管理费用主要包括研究与开发成本、设计成本和行政管理成本。财务费用主要包括利息、银行手续费和汇兑损益等。

根据上面的分析，可以得出如图2.1所示的按经济用途分类的企业成本结构示意图。

图 2.1　按经济用途分类的成本结构

2.1.2 成本按可辨认性分类

成本的可辨认性是指成本的发生与特定的归集对象之间的联系，又称为可追溯性。成本的发生与特定的归集对象之间的联系越紧密，成本的可辨认性越强，成本计算的准确性就越高。按可辨认性的差异，成本可以划分为直接成本和间接成本。

直接成本是那些与特定的归集对象有直接联系，能够明确判断其归属的成本，又称为可追溯成本。

间接成本是那些与特定的归集对象并无直接联系或无法追踪其归宿的成本，又称为不可追溯成本。

区分直接成本和间接成本有助于确定成本归集和成本分配时的计算对象，提高成本计算的准确性，为企业管理提供更加有用的成本信息。需要说明的是，直接成本与间接成本是一对相对概念，有时一项成本可能同时是直接成本又是间接成本，这完全取决于考察成本的角度。例如，以分公司为成本考察对象时，分公司经理的工资是直接成本；但以该分公司的部门为成本考察对象时，该费用就属于间接成本了。

2.1.3 成本按性态分类

根据管理上的需要，管理会计可运用多种成本概念进行决策、控制和考核，可以按多种不同的标志对成本进行分类，而其中最基本、最重要的分类，是按成本性态将全部成本分为变动成本和固定成本两大类。成本总额与业务量的依存关系是客观存在的，而且具有规律性。对成本按性态分类可以说是管理会计这一学科的基石之一，管理会计作为决策会计的角色，其许多决策方法特别是短期经营决策方法都必须借助于成本性态这一概念。

成本性态 (Cost Behaviour) 又称成本习性，是指成本的总额与业务量 (产量或销售量) 之间的依存关系。按照成本性态可以将企业的全部成本分为固定成本和变动成本两大类。

1. 固定成本

1) 定义

固定成本是指一定期间和一定业务量范围内，成本总额不受业务量变动的影响而保持固定不变的成本。固定成本的特征在于它在一定时间范围和业务量范围内其总额维持不变，但是，相对于单位业务量而言，单位业务量所分摊 (负担) 的固定成本与业务量的增减成反向变动。

固定成本总额只有在一定时期和一定业务量范围内才是固定的，这就是说固定成本的固定性是有条件的。这里所说的一定范围叫作相关范围。如业务量的变动超过这个范围，固定成本就会发生变动。图 2.2、图 2.3 是固定成本总额及单位固定成本模型图。

图 2.2　固定成本总额模型

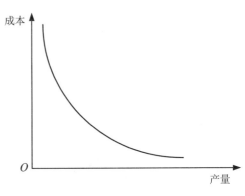

图 2.3　单位固定成本模型

2) 固定成本的分类

固定成本通常可区分为约束性固定成本和酌量性固定成本。

(1) 约束性固定成本。约束性固定成本是为维持企业提供产品和服务的经营能力而必须开支的成本，如厂房和机器设备的折旧、财产税、房屋租金、管理人员的工资等。由于这类成本与维持企业的经营能力相关联，也称为经营能力成本 (Capacity Cost)。这类成本的数额一经确定，管理当局无法改变其支出数额，因而具有相当程度的约束性。如房屋及设备租金、不动产税、财产保险费、照明费、行政管理人员的薪水。其特点是如果计划降低约束性固定成本，只有从经济合理地利用企业的生产能力、提高产品的产量着手。随着企业资本密集化程度的提高，约束性固定成本的比重不断上升，这就要求企业更为经济合理地形成和利用生产经营能力，以取得更大的经济效益。

(2) 酌量性固定成本。又称作选择性固定成本、任意性固定成本。其大小取决于管理当局对经营状况的判断。企业管理当局在会计年度开始前，根据经营、财力等情况确定的计划期间的预算额而形成的固定成本，如新产品开发费、广告费、职工培训费等。由于这类成本的预算数只在预算期内有效，企业领导可以根据具体情况的变化，确定不同预算期的预算数，所以，也称为自定性固定成本。这类成本的数额不具有约束性，可以斟酌不同的情况加以确定。其特点是酌量性固定成本发生额的大小取决于管理当局的决策行动，其预算期较短，通常为一年，因此企业的经理人员可以根据情况的变化而改变预算期的支出数。尽管如此，酌量性固定成本也不是可有可无的，它关系到企业的竞争能力，因此，如果降低酌量性固定成本，只有从精打细算、杜绝浪费着手。

拓展案例

2. 变动成本

1) 定义

变动成本是指成本总额随业务量(产量、作业量或销量)的变动而变动。变动成本与固定成本相反，变动成本是指那些成本的总额在相关范围内随着业务量的变动而呈线性变动的成本。直接人工、直接材料都是典型的变动成本，在一定期间内它们的发生总额随着业务量的增减而成正比例变动，但单位产品的耗费则保持不变，变动成本和单位变动成本模型图如图 2.4、图 2.5 所示。

图 2.4　变动成本模型　　　　图 2.5　单位变动成本模型

一般情况下，根据变动成本发生的原因可将变动成本分为两类：技术性变动成本和酌量性变动成本。技术性变动成本是指单位成本由技术因素决定而总成本随着消耗量的变动而成正比例变动的成本，通常表现为产品的直接物耗成本，只要工艺技术及产品设计不改变，成本就不会变动。酌量性变动成本是指可由企业管理当局决策加以改变的变动成本，在不影响质量和单耗不变的前提下，企业可以在不同地区或不同供货单位采购到不同价格的某种原材料，其成本消耗就属于酌量性变动成本。

一般情况下，变动成本是企业车间、班组的可控成本，而固定成本是不可控成本。企业目标成本高低，与变动成本密切相关。在市场竞争日趋激烈的情况下，企业编制的预算要根据不同的生产和销售水平编制弹性预算，以适应管理上的需要，而弹性预算的编制基础是变动成本和固定成本的划分。

2) 相关范围

变动成本与固定成本一样，变动成本与业务量之间的线性依存关系也是有条件的，即有一定的适用区间，如图2.6中的"相关范围"。也就是说，超出相关范围时，变动成本发生额可能呈非线性变动。

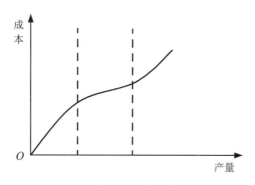

图2.6　变动成本的相关范围

3. 混合成本

1) 定义

混合成本是"混合"了固定成本和变动成本两种不同性质的成本。其特征是成本项目发生额的高低虽然直接受业务量大小的影响，但不存在严格的比例关系。最常见的是企业的总成本，一般来说是最大的一项混合成本。一般而言，企业的混合成本有以下4种：半变动成本、半固定成本、延期变动成本、曲线变动成本。

2) 分类

(1) 半变动成本 (最普遍的混合成本的形态)，也称为标准式混合成本。是指总成本虽然受产量变动的影响，但是其变动的幅度并不同产量的变化保持严格的比例；这类成本由于同时包括固定成本与变动成本两种因素，所以，实际上是属于混合成本。半变动成本有一个初始量，类似固定成本，在这基础上，产量增加，成本也会增加，类似变动成本，如机器设备的维护保养费、电镀费、电话费等。可以用下面的公式来表示。

$$y=a+bx$$

式中：
a——固定成本；
b——单位变动成本；
x——业务量；
y——成本总额。

如前所述企业的总成本也可按此公式来中以描述，用图 2.7 表示如下。

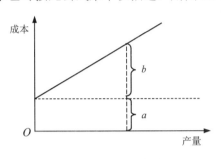

图 2.7　成本性态模型图

(2) 半固定成本。一般是指随产量的增长而呈阶梯式增长，称为阶梯式半变动成本。其特点是产量在一定范围内增长，其发生额不变；当产量增长超过一定限度，其发生额会突然跳跃上升，然后在产量增长的一定限度内又保持不变，如企业的化验员、检验员的工资，如图 2.8 所示。

(3) 延期变动成本。一般是指在一定业务量范围内其成本总额保持固定不变，一旦突破这个业务量限度，其超额部分的成本就相当于变动成本。例如，企业在正常工作时间（或正常产量）的情况下，对职工所支付的薪金是固定不变的；但当工作时间（或产量）超过规定水准，则需按加班时间的长短（或超产数量的多寡）成比例地支付加班薪金（或超产津贴）。所有为此而支付的人工成本，则属于延期变动成本，其性态模型如图 2.9 所示。

(4) 曲线变动成本。曲线变动成本通常有一个初始量，一般不变，相当于固定成本，但在这个初始量的基础上，随着业务量的增加，成本也逐步增加，不过两者不呈正比例的直线关系，而是呈非线性的曲线关系。这种曲线成本又可进一步分为两种类型：递减曲线成本与递增曲线成本。

图 2.8　半固定成本

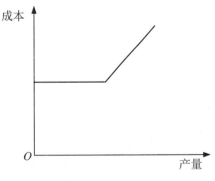

图 2.9　延期变动成本

例如，热处理的电炉设备，每班需要预热，其预热成本（初始量）属固定成本性质，但预热后进行热处理的耗电成本，则随业务量的增加而逐升，但两者不成正比例，而呈非线性关系，并且成本上升越来越慢，即其上升率是递减的，这类成本一般是指递减曲线成本。

例如，累进计件工资、各种违约金、罚金等，当刚达到约定产量（或约定交货时间）时，成本是固定不变的，属于固定成本性质。但在这个基础上，随着产量（或延迟时间）的增加，计件工资（或违约金、罚金）就逐步上升，而其上升率是递增的，这类成本一般是指递增曲线成本。

4. 总成本公式及其性态模型

因为在管理会计中，把成本按成本性态划分为变动成本和固定成本，即总成本＝固定成本总额＋变动成本总额，所以总成本＝固定成本总额＋单位变动成本×业务量。在企业日常经营管理中，成本一般都表现为半变动成本，因此总成本的表达公式如下表示。

$$y=a+bx$$

式中：
a——固定成本；
b——单位变动成本；
x——业务量；
y——成本总额。

用图 2.10 表示如下：

拓展案例

图 2.10 成本性态模型图

2.2 混合成本的分解

一般情况下，企业的成本大部分是混合成本。这类成本既固定又不完全固定，既变动又不完全变动，属于双重性质成本，同业务量之间的关系不甚清楚，人们无法据以对成本与业务量之间的依存关系做出正确的分析和判断，因而也就不能满足企业内部管理的需要，不能为企业管理者规划、控制企业的生产经营活动提供有价值的资料。为此，必须采用一定的方法对混合成本进行适当的分解，将其包含的固定部分和变动部分区别开来，以正确反映企业一定期间内全部成本同业务量之间的依存关系。比较准确的方法是根据会计的原

第 2 章 成本性态分析

始凭证按照费用的性质进行分解,但这样做工作量太大。比较切实可行的做法是以汇总的数字为基础,采用一定的方法对数据进行科学的加工处理,从中找出规律性的东西。分解混合成本的方法,一般有以下 4 种方法:历史成本分析法(一般包括高低点法、散布图法和回归直线法)、账户分析法、工程分析法、合同确认法。

2.2.1 历史成本分析法

历史成本分析法是通过对历史成本数据的分析,依据以前各期实际成本与产量间的依存关系,来推算一定期间固定成本与变动成本的平均值,并以此来确定所估算的未来成本。根据大量历史成本资料或成本发生的具体过程分析计算,寻找混合成本与业务量之间规律性数量关系,确定固定成本和变动成本的历史平均值,用以代表正常成本水平。

原理:基于在既定的生产流程和工艺设计条件下,历史数据可以比较准确地表达成本与业务量之间的依存关系,而且,只要生产流程和工艺不变,还可以比较准确地预计未来成本将随业务量的变化而发生怎样的变化。

历史成本法通常又分为高低点法、散布图法、回归直线法 3 种方法。

1. 高低点法

高低点法是指以某一时期内的最高点产量的成本与最低点产量的成本之差,除以最高产量与最低产量之差,据此计算出单位变动成本的值,然后再据以把混合成本中的变动部分和固定部分分解出来的一种方法。

原理:因为混合成本可描述为 $y=a+bx$(a 固定成本,b 单位变动成本),在数学上是一直线方程,根据"两点决定一条直线",可从历史数据中找出两个点来确定此方程,这两点即为在某一期间内最高业务量(即高点)与最低业务量点(即低点)。此方法是历史成本法中最简单的一种。

固定成本在相关范围内是固定不变的,高低点产量发生变动对它没有影响,可以不考虑。如果单位变动成本在相关范围内是个常数,则变动成本总额随着高低点产量的变动而变动。计算公式如下:

$$b=\frac{\Delta y}{\Delta x}=\frac{\text{高低点半变动成本之差}}{\text{高低点产量之差}}=\frac{y_{高}-y_{低}}{x_{高}-x_{低}}$$

计算顺序:先计算 b,再求 $a=y_{高}-bx_{高}$ 或 $a=y_{低}-bx_{低}$。

【例 2-1】天利公司 2016 年 1～6 月份各月的维修工时和维修费等有关资料见表 2-2。

表 2-2 天利公司 2016 年 1～6 月份各月的维修工时和维修费

月 份	1	2	3	4	5	6	合 计
维修工时/小时	8 000	9 000	6 000	10 000	9 000	9 500	51 500
维修费/元	20 000	24 000	20 000	28 000	25 000	26 000	143 000

要求:(1) 采用高低点法建立各月的维修费的成本性态模型。

(2) 假如 7 月份预计发生维修工时 7 000 小时,预计 7 月的维修费是多少。

解:(1) 单位变动维修费 $b=(28\ 000-20\ 000)\div(10\ 000-6\ 000)=2(元/时)$

$a=y-bx=28\,000-10\,000\times2=8\,000$（元）或 $a=20\,000-6\,000\times2=8\,000$（元）

成本性态模型：$y=8\,000+2x$

(2) 当 7 月份预计发生维修工时 7 000 小时，预计 7 月的维修费是：

$y=8\,000+2x=8\,000+2\times7\,000=22\,000$（元）

注意：为了保证成本分解的可靠性，应用高低点法分解混合成本时必须特别注意以下几点。

(1) 应用高低点法分解混合成本，应该选择恰当的期间，以便既能消除期限较长带来的不稳定状态的影响，又能使所选择的期间可保证获得较为精确可靠的成本数据。

(2) 应用高低点法分解混合成本，要选择适当的业务量的计量单位。选择时应遵循的原则是：选定的变量必须与被估计的成本存在某种密切的关系，而且能对观察产生重要影响，使用最广泛的变量是实物单位的产量、直接人工小时以及机器小时等。

(3) 应用高低点法分解混合成本，当高点与低点的业务量不止一个而成本又相异时，原则是高点取成本大者，低点取成本小者。

高低点法的特点是：高低点法计算简便、易懂；缺点是计算的结果不太准确。但它只选择了诸多历史资料中的高点和低点两组数据作为计算依据，故代表性较差，其结果不太精确。这种方法只适于成本变化趋势比较稳定的企业。

2. 散布图法

散布图法根据若干期历史成本资料，绘制各期成本点散布图，目测成本变动趋势，画出成本直线，在图上确定直线截距即固定成本，然后据以计算单位变动成本。

原理：在坐标图中，以横轴代表业务量 (x)，以纵轴代表混合成本 (y)，将各种业务量水平下的混合成本逐一标明在坐标图上，然后通过目测，在各成本点之间画出一条反映成本变动平均趋势的直线。这条直线与纵轴的交点就是固定成本，斜率则是单位变动成本。

散布图法的特点：考虑了全部历史成本数据，且直观容易。利用散布图法来确定反映变动趋势的直线，比起高低点法可能得到较精确的结果。但结果往往因人而异，因此这种方法带有主观性。

【例 2-2】尚德工厂 2016 年上半年的设备维修费数据见表 2-3。

表 2-3 尚德工厂 2016 年上半年的设备维修费

月　　份	1	2	3	4	5	6
业务量/千机器小时	6	8	4	7	9	5
维修费/万元	100	115	85	105	120	95

要求：用散布图法分解维修成本。

解：根据该厂今年上半年的历史成本数据，首先在坐标图上标出 6 个成本点，然后通过目测，在 6 个成本点之间画一条能反映半变动成本的平均变动趋势直线，并要求该直线与直线上下各成本点之间的误差之和相等。该直线与纵轴相截之处，就是维修费的固定成本总额 a，如图 2.11 所示，$a=58$ 元。

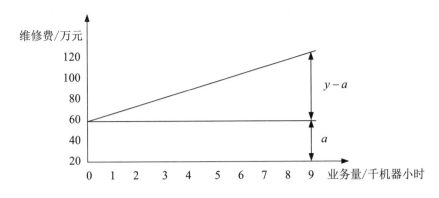

图 2.11 散布图法确定的成本性态模型图

图上所画的半变动成本平均变动趋势直线的斜率,即 b(单位变动成本),可用下列公式计算:

$b=(y-a)\div x=(120-58)\div 9=6.89$(元/千机器小时)

则　　　　　　　　$y=58+6.89x$

3. 回归直线法

回归直线法,也称最小二乘法。它是根据若干期产量、成本的历史资料,运用最小二乘法公式,将某项混合成本分解为变动成本和固定成本的方法。

原理:运用数理统计中常用的最小平方法的原理,对所观测到的全部数据加以计算,从而画出最能代表平均水平的直线。这条通过回归分析而得到的直线就被称为回归直线,它的截距就是固定成本 a,斜率就是单位变动成本 b。

计算顺序:一般先求 b,再求 a,有时先求 r。

$$b=\frac{n\sum xy-\sum x\cdot\sum y}{n\sum x^2-(\sum x)^2}$$

$$a=\frac{\sum y-b\cdot\sum x}{n}$$

$$r=\frac{n\sum xy-\sum x\cdot\sum y}{\sqrt{[n\sum x^2-(\sum x)^2]\cdot[n\sum y^2-(\sum y)^2]}}\quad(-1\leqslant r\leqslant 1)$$

相关系数 r 的取值范围在 0 与 ±1 之间,当 $r=0$,说明变量(成本与产量)之间不存在依存关系;当 $r=+1$,说明变量之间有完全的正相关,也就是一个变量(成本)完全依随另一个变量(产量)的变动而变动;当 $r=-1$,说明两个变量(成本与产量)之间有完全的负相关,也就是一个变量(产量)增加或减少时,另一个变量(单位产品分摊的固定费用)却相应地减少或增加。

回归直线法的特点是:利用"回归直线的误差平方和最小"的原理,所以其结果是最准确的。但是,利用回归直线法计算比较复杂。但与高低点法相比,由于选择了包括高低点在内的全部观测数据,因而避免了高低点法可能带来的偶然性;与散布图法相比,则是以计算代替了目测方式,所以是一种比较好的混合成本分解方法。回归直线法的计算结果比前两种方法更为准确，但计算工作量较大，适用于计算机操作。

【例2-3】 景程企业生产的甲产品2016年7~12月份的产量及成本资料见表2-4。

表2-4　景程企业生产的甲产品2016年7~12月份的产量及成本

月　　份	7	8	9	10	11	12
产量/件	40	42	45	43	46	50
总成本/元	8 800	9 100	9 600	9 300	9 800	10 500

要求：采用回归直线法进行成本性态分析。

解：$b = (n\sum xy - \sum x \sum y)/[n\sum x^2 - (\sum x)^2]$
$a = (\sum y - b\sum x)/n$

根据资料列表计算$\sum x$、$\sum y$、$\sum x \sum y$、$\sum x^2$，其结果见表2-4。

表2-5　$\sum x$、$\sum y$、$\sum x \sum y$、$\sum x^2$ 计算结果

月　　份	产量 x/件	混合成本 y/元	xy	x^2
7	40	8 800	352 000	1 600
8	42	9 100	382 200	1 764
9	45	9 600	432 000	2 025
10	43	9 300	399 900	1 849
11	46	9 800	450 800	2 116
12	50	10 500	525 000	2 500
n=6	$\sum x$ =266	$\sum y$ =57 100	$\sum xy$ =2 541 900	$\sum x^2$ =11 854

$b=(6×2\ 541\ 900-266×57\ 100)÷(6×11\ 854-266^2)=170.65$（元）
$a=(57\ 100-170.65×266)÷6=1\ 951.19$（元）

则成本性态模型为：$y=1\ 951.19+170.65x$

2.2.2　账户分析法

账户分析法是根据各个成本、费用账户（包括明细账户）的内容，直接判断其与业务量之间的依存关系，从而确定成本性态的一种成本分解方法。此方法是混合成本分解的诸多方法中最为简便的一种，同时也是相关决策分析中应用比较广泛的一种。例如大部分管理费用、制造费用中的间接人工、固定资产折旧费、设备租金、保险费、不动产税捐等项目在正常产量范围内与产量变动的关系不明显，就可按固定成本处理，而企业的间接材料费（如燃料费等），虽然不与产量成正比例变动，但费用的发生与产量的关系比较大，就可视其为变动成本。至于不宜简单地划入固定成本或变动成本的项目，则可通过一定比例将它们分解为固定和变动两部分。账户分析法对于混合成本中的阶梯式成本比较适合。

账户分析法虽然比较粗糙且带有主观判断，但简便易行。账户分析法是混合成本分解诸多方法中最为简便的一种，同时也是相关决策分析中应用比较广泛的一种。使用时必须注意：一定要把在会计期间发生的一切不正常的或无效的支出都排除在外。另外，账户分析结果的可靠性在很大程度上取决于分析人员的判断能力，因而不可避免地带有一定程度上的片面性和局限性。

2.2.3 工程分析法

工程分析法也称为技术测定法，是根据物质消耗的工艺过程确定相应费用性质，也就是根据生产过程中各种材料和人工成本消耗量的技术测定来划分固定成本和变动成本的方法。工程分析法的基本步骤：确定成本研究项目；对导致成本形成的生产过程进行观察和分析；确定生产过程的最佳操作方法；以最佳操作方法为标准方法，测定标准方法下成本项目的每一构成内容，并按成本性态分别确定为固定成本与变动成本。例如，热处理的电炉设备在预热过程中的耗电成本，可通过技术测定，划归为固定成本；至于预热后对零部件进行热处理的耗电成本，则可划归为变动成本。采用这种方法测定的结果比较准确，但工作量大，因为进行技术测定，往往要耗用较多的人力和物力。

工程分析法的优点：是一种独立的分析方法，具有准确性强、客观性、科学性与先进性的特点。但此种方法的难度较大，分析成本较高。此方法应用起来比较复杂，需要耗费较多的时间和费用。

2.2.4 合同确认法

合同确认法是指根据企业与供应单位签订的合同、契约或者规定的管理和核算制度来确认、测算混合成本中固定成本与变动成本的方法。合同确认法的分析比较准确，划分标准明晰，但是应用范围较小，只限于签有合同的成本性态分析，如电话费成本、租用费成本。

本章小结

本章主要介绍了成本按不同标准分类的方法、混合成本的定义及分解方法。

成本按性态分类是管理会计中最重要的成本分类方法，按此标准可将成本分为变动成本和固定成本。对于混合成本主要可以采用历史成本分析法（包括高低点法、散布图法、回归直线法）、账户分析法、工程分析法、合同确认法等方法将其分解为固定成本和变动成本。

关键术语

成本性态　固定成本　变动成本　混合成本　半变动成本　半固定成本　延期变动成本
曲线变动成本　高低点法　散布图法　回归直线法

综合练习

一、思考题

1. 变动成本与固定成本的特征是什么？混合成本的特征是什么？
2. 混合成本分解有哪些基本方法？各有什么特点？

二、不定项选择题

1. 在一定的相关范围内，当业务量增加时，固定成本一定（　　）。
    A. 增加　　　　　　　　　　　B. 减少
    C. 保持不变　　　　　　　　　D. 不一定
2. 企业的质量检验员工资属于（　　）。
    A. 半变动成本　　　　　　　　B. 半固定成本
    C. 延期变动成本　　　　　　　D. 曲线变动成本

三、计算题

1. 假定乙工厂今年下半年的混合成本维修费的资料见表2-6。

表2-6　乙工厂下半年混合成本维修费

月　份	7	8	9	10	11	12
业务量/千机器小时	200	160	260	240	280	220
维修费/元	1 000	1 000	1 400	1 320	1 480	1 250

要求：

(1) 根据上述资料采用高低点法将维修费分解为变动成本和固定成本，并写出混合成本公式。

(2) 根据上述资料采用回归直线法将维修费分解为变动成本和固定成本，并写出混合成本公式。

(3) 若计划期业务量为270千机器小时，则维修费总额将为多少？

拓展习题

第 3 章 变动成本法与完全成本法

教学目标

通过本章学习，了解并熟悉变动成本法和完全成本法的基本原理和应用，理解变动成本法和完全成本法及其二者的关系。

教学要求

知识要点	能力要求	相关知识
变动成本法的内涵	通过学习变动成本法的产生和发展，来理解变动成本法的内涵	(1) 变动成本法的基本原理 (2) 完全成本法和变动成本法的内涵
完全成本法和变动成本法比较	通过完全成本法和变动成本法的学习，理解两者在资产估值和计算损益上的区别，把握二者的互补性和结合应用	(1) 完全成本法和变动成本法的联系与不同 (2) 如何结合运用

某冰箱厂的亏损之谜

某冰箱厂连续两年亏损，厂长召集有关部门的负责人开会研究扭亏为盈的办法。会议有关纪要如下：

厂长：我厂去年亏损500万元，比前年还糟。银行对于连续三年亏损的企业将停止贷款，如果今年不扭亏为盈，企业将被迫停产。

销售处长：问题的关键是我们每台冰箱以1 600元价格出售，而每台冰箱的成本是1 700元。如果提高售价，面临竞争，冰箱就卖不出去，其出路就是想办法降低成本，否则销售越多，亏损越大。

生产厂长：我不同意。每台冰箱的制造成本只有1 450元，我厂的设备和产品工艺是国内最先进的，技术力量强，熟练工人多，控制物耗成本的经验得到行业学会的认可。问题在于生产线的设计能力是年产10万台，目前因为销路打不开，去年只生产4万台，所销售的5万台中，含有1万台是前年生产的。

厂长：成本到底是怎么回事？

财务处长：每台冰箱的变动成本是1 050元，全厂固定制造费用总额是1 600万元，销售和管理费用总额是1 250万元。我建议，生产部门满负荷生产，通过提高产量来降低单位产品负担的固定制造费用。这样，即使不提价、不扩大销售也能使企业扭亏为盈，度过危机。为了减少风险，今年应追加50万元来改进产品质量，这笔费用计入固定制造费用；追加50万元做广告宣传；追加100万元做职工销售奖励。

试问：

(1) 去年亏损的500万元是怎样计算出来的？

(2) 如果采纳财务处长的意见，今年能盈利多少，请你对该意见谈谈自己的看法。

资料来源：http://wenku.baidu.com/view/c69d2f482e3f5727a5e962aa.html

对于这个问题，只有在学习了本章内容后才能弄清楚。产生这种现象的根本原因就是企业采用的是完全成本法来计算企业的利润，而如果采用变动成本法来计算损益，就不会出现这种问题了。本章探讨计算利润的两种方法：变动成本法和全部成本法。

3.1 变动成本法的产生与发展

成本计算制度是成本管理的重要组成部分。满足于不同方面的目的需要，产生了不同的成本计算制度。企业管理的科学化要求会计为企业内部管理提供信息资料，以作为对经济活动进行预测、决策、计划和控制的依据，传统的全部成本核算法无法适应竞争日益加剧的市场经济。第二次世界大战后，对会计提出更高的要求，西方国家会计实务界和理论界人员开始研究如何突破传统的成本法，研究新的成本计算方法，变动成本法开始在西方企业诞生，时至今日，已普及应用于西方企业的内部管理，也逐步在国内部分企业经营管理中运用。以损益计算、报表编制为目的的，产生了以成本职能为基础的全部成本计算法；以经营预测与决策、目标规划和控制为目的的，产生了以成本性态为基础的变动成本计算法。

关于变动成本法的起源，国外会计专著的论述众说不一。据专家考证，早在1836年英国的曼彻斯特工厂就出现了它的雏形。当然这仅仅是就损益计量方面的特点而言。有

第 3 章 变动成本法与完全成本法

会计学家指出,法国的斯特劳斯·别尔格在 1876 年曾宣布过直接成本法 (变动成本法) 的初步设想。英国人则强调 1904 年在英国出版的《会计百科全书》中已经记载了与变动成本法有关的内容。1906 年 2 月美国《制度》杂志曾刊登过一段话,与变动成本法的基本思路有很多相似之处:在生产经营活动的抉择中,为估计其所期望的净损益,第一步就要找出适合衡量一定的生产经营活动效果的单位费用,单位直接收入减去单位直接费用的单位直接净收入或单位净贡献,然后以它来抵偿不影响生产经营活动的费用 (这些不影响生产经营活动的费用是指不管选择什么生产经营活动方式都一样固定或不变)。单位净收入 (或单位净贡献) 乘以产品数量就可以用来比较由于选择各种不同的生产经营活动而产生的不同损益。

据美国权威的《柯勒会计辞典》记载,第一篇专门论述直接成本法的论文是由美籍英国会计学家乔纳森·N. 哈里斯撰写的,刊于 1936 年 1 月 15 日的《全国会计师联合会公报》。文章追溯了 1934 年哈里斯在杜威—阿尔末化学公司设计"直接标准成本制造计划"中所发现的问题。当时该公司销售量上升利润反而下降的现象,引起了哈里斯的注意,矛盾从何而来?他发现问题的根源在于采用传统的完全成本法。依据此资料,哈里斯对比新旧两种方法对营业净利润的不同影响,揭示了直接成本法的优点。自哈里斯的文章公开发表之后,直接成本法的概念才得以迅速传播。

到了 20 世纪 50 年代,随着企业环境的改变,竞争的加剧,决策意识的增强,人们逐渐认识到传统的完全成本法提供的会计信息越来越不能满足企业会计内部管理的需要,必须重新认识变动成本法,充分发挥其积极作用。美国的一些会计师和经理又重新研究并开始在实务中试行变动成本法,并将变动成本法中的贡献边际这一概念用于本量利分析及其他方面。实际使人们认识到,变动成本法不仅有利于企业加强成本管理,而且对制定利润计划,组织科学的经营决策也十分有用。从此,变动成本法开始受到人们的普遍重视。到 20 世纪 60 年代,变动成本法风靡欧美。最早实现变动成本计算法是在 20 世纪 60 年代美国的一家大型化学制造企业。第二次世界大战后,资本主义经济矛盾日趋尖锐,企业管理当局为了能在激烈的市场竞争中立于不败之地,内部经营管理中注重加强事前规划、决策,于是在会计工作中开始逐渐推广应用这种方法。

拓展案例

3.2 变动成本法与完全成本法的内涵

3.2.1 变动成本法的内涵

变动成本法 (Variable Costing),又称直接成本法 (Direct Costing),是将变动制造成本计入产品成本,而将固定制造成本和非制造成本计入期间费用的一种成本计算方法。在变动成本法下,产品成本只包括直接材料、直接人工和变动制造费用,即变动制造成本 (也称为变动生产成本)。变动制造成本随着生产量的变化呈正比例变化,因此计入产品成本,随着产品的流动而流动。随着产品的对外出售,其变动制造成本作为销售成本进入利润表,尚未销售的产品,以存货项目在资产负债表中列示。至于固定制造费用,由于与生产量并无变动关系,因此直接作为期间成本,计入当期损益。变动成本法可以提供产品的变动成本数据，从而为本量利分析以及短期经营决策提供良好的数据基础。

　　注：变动成本法下，产品生产成本也就是变动生产成本，包括直接材料、直接人工和变动性制造费用。

3.2.2 完全成本法的内涵

　　变动成本法与完全成本法是计算成本及利润的两种方法，因此在阐述变动成本法之前，首先阐述完全成本法。完全成本法，又称为吸收成本法(Absorption Costing)。财务会计认为，企业生产经营中发生的各项成本费用应按其发生的经济领域或经济用途（经济职能）划分为生产成本和非生产成本。在生产领域中为生产产品而发生的成本应纳入生产成本核算；在非生产领域中发生的成本，如：在流通领域或服务领域发生的销售费用和管理费用，就应纳入非生产成本核算。目前，我国企业在核算成本费用时，都普遍采用了上述传统的计算方法，将产品成本划分为直接材料、直接人工和制造费用三个部分。这种计算产品成本的方法称为全部成本法。完全成本法的指导思想是将全部成本按照经济用途分为生产成本和非生产成本（制造成本和非制造成本）两部分。其中：生产成本（制造成本）包括直接材料、直接人工和制造费用，非生产成本（制造成本）作为产品成本核算；非制造成本包括销售费用、管理费用等作为期间成本直接计入当期损益。通常的成本核算方法如分批法、分步法等都属于完全成本法。完全成本法是一般公认会计准则所认定的成本计算方法，被广泛应用于财务会计的存货和成本核算过程之中。

　　在完全成本法下，在产品存货和产成品存货是按照各成本计算对象所归集来的生产成本计价的，通常包括直接材料、直接人工和制造费用（包含变动和固定制造费用）三个基本成本项目。在产品尚未出售以前，以存货项目在资产负债表中列示，待产成品销售出去以后，这部分产品成本随之转化为销售成本，在利润表中计入当期损益。

　　注：完全成本法下，产品成本指的是直接材料、直接人工、变动性制造费用和固定性制造费用。

3.2.3 变动成本法的基本原理

　　变动成本法下把固定性制造费用当作期间费用处理的原因：固定费用是为企业提供一定的生产经营条件而发生的，以便保持生产经营能力，这些生产经营条件一经形成，不管实际利用程度如何，有关费用照样会发生。它们与产品的实际生产无直接联系，不随产量的变动而增减，即固定性制造费用是联系会计期间而发生的费用，其效益随着时间的消逝而逐渐丧失，与时间的关系比较密切，故其效益不应递延到下一个会计期间。因而不应把它们计入产品生产而应作为期间成本在当期全部摊销。此外，在变动成本法下，产品成本必然与产品产量密切相关，在成本水平不变的条件下，产品成本总额应随着产品产量成正比例变动，若没有产品，就不应当有产品成本，显然只有变动生产成本才是构成产品成本的内容。

　　在当前会计实际工作中，无论国内还是国外，一些权威机构如美国财务会计准则委员会(FASB)、美国证券交易委员会(SEC)、美国注册会计师协会(AICPA)、英国会计准则委员会(ASB)以及我国的财政部、税务总局、证监会等，都不允许以变动成本法计算、反映企业的财务状况、财务成果和现金流量。对会计要素的确认、计量和报告，按企业会计准则规定只能采用完全成本计算法。尽管变动成本法不符合会计准则的规范要求,不能用来编制对外反映的财务会计报表,但它在企业的内部管理上,包括经营决策、资本决策、目标控制和经营业绩的责权利分析考核等方面都发挥着重要作用。

"经济越发展,会计越重要",但这要求会计方法必须随着环境的变化而变化,只有这样,才能保证提供的会计资料有助于信息使用者做出正确决策。随着我国改革开放的进一步深入,但市场竞争也日趋激烈。加之由于2008年底金融危机席卷全球,我国经济也受到了较大冲击,出口大幅下降,而内需始终不足,企业为了在日趋激烈的竞争环境中求得长期的生存和发展,就需要关注成本这条企业的生命线。产品成本,是企业求得生存、抵御风险的根本保障,是企业发展的基础。因此,在这种国内外大环境下,谁拥有了成本的优势,谁就拥有了在当前情势下产品销售的主动权,就能在市场中站稳脚跟,并得到进一步发展。在这种情况下,企业的成本信息就成为企业加强对经济活动的事前规划和日常控制的重要依据。传统成本核算的范围是产品分别计入产品成本或期间费用,成本计算的准确性取决于间接成本分配的合理性。而随着生产技术的不断进步,资本有机构成的逐步提高,使得固定成本的比重呈逐渐上升的趋势。这样,按传统的完全成本法提供的会计资料就越来越不能满足企业预测、决策、考核、分析和控制以及获取成本竞争优势的需要了。因此,需要引入变动成本法计算产品成本。

3.3 变动成本法与完全成本法的比较

由于变动成本法与完全成本法对固定性制造费用的处理方法不同,使得上述两种方法在成本分类、产品构成内容、存货估价与当期损益方面存在着一系列差异。

拓展案例

3.3.1 两种方法的区别

1. 成本分类不同

完全成本法下把成本按照经济用途分为生产成本和非生产成本两大类,生产成本包括直接材料、直接人工、制造费用;非生产成本包括管理费用、销售费用和财务费用。

变动成本法下把成本按照成本性态分为变动成本和固定成本两大类。变动成本包括变动生产成本、变动管理费用、变动销售费用和变动财务费用;固定成本包括固定生产成本(固定性制造费用)、固定管理费用、固定销售费用和固定财务费用。

2. 产品成本的构成内容不同

完全成本法下:

产品成本 = 直接材料 + 直接人工 + 制造费用 = 制造成本

期间成本 = 管理费用 + 财务费用 + 销售费用 = 非制造成本

变动成本法下:

产品成本 = 直接材料 + 直接人工 + 变动性制造费用 = 制造成本 – 固定性制造费用

期间成本 = 管理费用 + 财务费用 + 销售费用 + 固定性制造费用

= 非制造成本 + 固定性制造费用

【例 3-1】 京润公司是一家机械设备制造商,该公司只生产一种数控机床。2016 年该机床的生产量为 4 000 件,固定制造费用全年合计为 480 000 元,单位产品成本的相关数据如下:

直接材料　　　　　　　　2 000 元
直接人工　　　　　　　　600 元
变动制造费用　　　　　　400 元

要求:分别按照完全成本法与变动成本法,计算产品的单位成本。

解:(1) 按照完全成本法计算的单位成本 =2 000+600+400+480 000÷4 000=3 120(元)
　　(2) 按照变动成本法计算的单位成本 =2 000+600+400=3 000(元)

3. 存货成本的构成内容不同

在完全成本法下,全部生产成本需要在本期已销售产品和期末存货之间进行分配。期末存货的计价包含直接材料、直接人工和制造费用,因此期末存货中包含了一部分固定制造费用,这部分固定制造费用称为期末存货吸收的固定制造费用。

在变动成本法下,产品成本只包括直接材料、直接人工和变动制造费用。固定制造费用作为期间费用直接计入当期损益。因此期末存货是以变动制造成本计价的,不包含固定制造费用。因此变动成本法下的期末存货计价必然小于完全成本法下的期末存货计价。

【例 3-2】 沿用例 3-1,假定京润公司的期末存货为 200 件,要求分别按完全成本法和变动成本法计算期末存货价值。

解:(1) 按照完全成本法计算的期末存货价值 =3 120×200=624 000(元)
　　(2) 按照变动成本法计算的期末存货价值 =3 000×200=600 000(元)

按照完全成本法计算的期末存货价值比变动成本法大 24 000 元,其差异就是固定制造费用分摊到每件产品的 120 元乘以 200 件形成的。

4. 各期损益不同

完全成本法:

销售收入 – 销售生产成本 = 销售毛利

(销售生产成本 = 期初存货成本 + 本期产品生产成本 – 期末存货成本)

销售毛利 –(销售费用 + 管理费用 + 财务费用)= 税前利润

变动成本法:

销售收入 – 变动成本总额 = 贡献毛益

(变动成本 = 变动生产成本 + 变动销售费用 + 变动管理费用 + 变动财务费用)

贡献毛益 – 期间成本 = 税前利润

(期间成本 = 固定生产成本 + 固定销售费用 + 固定管理费用 + 固定财务费用)

关于各期损益不同,又可分下述两种具体情况进行描述。

1) 连续各期产量相同而销量不同

【例 3-3】 某厂生产甲产品,连续三年的产量为 6 000 件,第一年年初没有存货。销售量分别为 6 000 件、5 000 件和 7 000 件。产品单价为 10 元 / 件,单位产品变动生产成本为 5 元,固定性制造费用总额为 24 000 元,销售及管理费用为 1 000 元,全部是固定性

第 3 章　变动成本法与完全成本法

的。分别按两种方法计算各年营业利润(编制利润表)。

解：根据要求编制表 3-1 和表 3-2。

表 3-1　变动成本计算法计算的利润

单位：元

项目	第一年	第二年	第三年
销售收入	60 000	50 000	70 000
变动成本	30 000	25 000	35 000
贡献毛益	30 000	25 000	35 000
固定成本	25 000	25 000	25 000
营业利润	5 000	0	10 000

表 3-2　完全成本计算法计算的利润

单位：元

项目	第一年	第二年	第三年
销售收入	60 000	50 000	70 000
销售成本	54 000	45 000	63 000
销售毛利	6 000	5 000	7 000
推销及管理费用	1 000	1 000	1 000
营业利润	5 000	4 000	6 000

2) 连续各期销量相同而产量不同

【例 3-4】某厂生产甲产品，产品单价为 10 元/件，单位产品变动生产成本为 4 元，固定性制造费用总额为 24 000 元，销售及管理费用为 6 000 元，全部系固定性的，存货按先进先出法计价，最近三年的产销量资料见表 3-3。

表 3-3　某厂甲产品的产销量资料

单位：件

项目	第一年	第二年	第三年
期初存货量	0	0	2 000
本期生产量	6 000	8 000	4 000
本期销售量	6 000	6 000	6 000
期末存货量	0	2 000	0

要求：(1) 分别按两种方法计算单位产品成本。

(2) 分别按两种方法计算期末存货成本。

(3) 分别按两种方法计算期初存货成本。

(4) 分别按两种方法计算各年营业利润(编制利润表)。

解：(1) 分别按两种方法计算单位产品成本、期初存货成本以及期末存货成本，具体见表 3-4。

表 3-4　两种方法计算的单位产品成本、期初存货成本以及期末存货成本

单位：元

项目	变动成本法			完全成本法		
	第一年	第二年	第三年	第一年	第二年	第三年
单位产品成本	4	4	4	4+24 000÷6 000=8	4+24 000÷8 000=7	4+24 000÷4 000=10
期初存货成本	0	0	8 000	0	0	14 000
期末存货成本	0	4×2 000=8 000	0	0	7×2 000=14 000	0

(2) 分别按两种方法计算各年营业利润（编制利润表）见表 3-5、表 3-6。

表 3-5　贡献式利润表（变动成本法）

单位：元

项目	第一年	第二年	第三年
营业收入	60 000	60 000	60 000
变动成本	24 000	24 000	24 000
贡献边际	36 000	36 000	36 000
固定成本	30 000	30 000	30 000
营业利润	6 000	6 000	6 000

表 3-6　传统式利润表（完全成本法）

单位：元

项目	第一年	第二年	第三年
营业收入	60 000	60 000	60 000
销售成本	48 000	42 000	54 000
毛利	12 000	18 000	6 000
期间费用	6 000	6 000	6 000
营业利润	6 000	12 000	0

总结：(1) 当产量等于销量时，两种成本法计算的损益完全相同。

(2) 当产量大于销量时，按变动成本法计算的损益小于按完全成本法计算的损益。

(3) 当产量小于销量时，按变动成本法计算的损益大于按完全成本法所计算的损益。

3.3.2　对变动成本法和完全成本法的评价

1. 变动成本法的优缺点

1) 优点

增强了成本信息的有用性，有利于企业的短期决策。营业利润随销售量的增加或减少

而升降，这是企业经理人员所想要的会计信息。变动成本法更符合"配比原则"。固定性制造费用因为与产销量无关，应全部由当期收入中扣除。变动成本法便于进行各部门的成本控制和业绩评价。变动成本法能促使企业管理当局重视销售，防止盲目生产。变动成本法可以简化成本的计算工作，有利于产品成本的计算工作。便于进行本量利分析，有利于销售预测。变动成本法的基本理论和程序揭示了成本、业务量、利润之间的内在关系。有利于分清责任，强化管理。

2) 缺点

变动成本法不符合传统的成本概念。AAA 的成本概念和准则委员会认为"成本是为了达到一个特定的目的而已经发生或可能发生的，以货币计量的牺牲"。依照这个传统观点，不论固定成本还是变动成本都要记入产品成本。固定成本与变动成本本身在划分上的局限性。仅适用于短期经营决策，不能适应长期决策的需要。变动成本法，一般会降低期末存货估价，降低了营业利润额，在某种程度上会暂时降低所得税和股利。成本分解不够精确。将成本划分为固定成本和变动成本在很大程度上是假设的结果，不是一种精确的计算。

由于具有上述的局限性，美国权威机构——成本会计标准局(CASB)，美国注册会计师协会和美国会计学会都明文规定按完全成本法进行存货估价、计算税前利润和编制对外财务报表。

2. 完全成本法的优缺点

1) 优点

刺激企业加速发展生产的积极性。按照完全成本计算法，产量越大，则单位固定成本就越低，从而整个单位产品成本也随之降低，超额利润也越大。这在客观上会刺激生产的发展。有利于企业编制对外报表。由于完全成本计算法得到公认会计原则的认可和支持，所以企业必须以完全成本计算为基础编制对外报表。

2) 局限性

确定的分期损益难以适应企业内部管理的需要。固定成本分配具有主观随意性。

拓展视频

3.3.3 变动成本法和完全成本法的结合

目前对于变动成本法和完全成本法在企业中如何应用，有三种观点：第一种观点是采用"双轨制"，即采用两套核算系统，提供两套平行的成本核算资料，以分别满足不同的需要；第二种观点是采用"单轨制"，即取消完全成本法，完全使用变动成本法；第三种观点是采用"结合制"，即将变动成本法与完全成本法结合使用，日常核算建立在变动成本法的基础上，以满足企业内部经营管理的需要；期末对需要按完全成本法反映的有关项目进行调整，以满足对外报告的需要。根据我国经济发展以及我国会计发展的状况，本书的观点是采用第三种观点即"结合制"。

完全成本计算法和变动成本计算法，各有其优缺点。而且，在某种意义上说，两者的优缺点正好又是互相转化的。如完全成本计算法适用于编制对外财务报表，而变动成本法却不适合；前者无法提供企业经营管理需要的各种有用信息，不利于企业的短期决策；而后者正好可以满足这些要求。从企业会计的职能来看，一方面要通过灵活多样的方法和手段，为企业内部的经营管理提供决策、规划、控制等诸多方面的有用信息；另一方面又要通过定期提供财务报表，为企业外部的投资人、债权人和其他有关机构服务。这内外两方面的职能正好可以由两种计算法分别担任。所以，二者不是互相排斥，也不可能互相取代。而应互相结合，互相补充。企业会计为了能更好地履行其对内、对外两方面的职能，需要变动成本计算法和完全成本计算法互相补充，取长补短。故可以把二者结合起来，建立一个统一的成本核算体系，以满足会计更好地履行对内、对外两方面的职能需要。平时，为了满足企业内部管理的需要，以变动成本计算法进行核算，按变动成本计算法确定存货的价值。期末，为了满足编制对外财务报表的要求，按完全成本计算法调整资产的价值和利润的计量。建立统一的成本核算体系，应注意的问题如下。

(1) 日常核算应以变动成本为基础，即在产品和产成品的成本均只包括直接材料、直接人工和变动性制造费用。

(2) 各个月份的内部损益表也可按变动成本计算法编制。

(3) 平时增设几个账户：一个是变动性制造费用，另一个是固定性制造费用。它们用于登记日常发生的业务。还设"存货中的固定性制造费用"，把发生的固定性制造费用先记入该账户，到期末再把其中应归属于本期已销售产品的部分转入"收益汇总"账户，并列入损益表，作为本期销售收入的扣减项目。对其中应属于期末在产品和产成品的部分，则仍留在该账户上，并将其余额加在资产负债表的在产品和产成品项目上，使它们仍按所耗费的完全成本列示。

本章小结

本章主要介绍了变动成本法和完全成本法的异同及结合应用。

变动成本法建立在成本性态分析的基础上。它与传统的完全成本法的本质区别在于对固定制造费用的处理上。

关键术语

变动成本法　完全成本法　贡献毛益　销售毛利

综合练习

一、思考题

1. 变动成本法的基本原理。
2. 变动成本法与完全成本法的比较。

二、不定项选择题

1. 在变动成本法下，（　　）。
   A. 变动生产成本是产品成本，固定生产成本与非生产成本均是期间成本
   B. 固定生产成本和变动生产成本构成产品成本，而非生产成本被当作期间费用
   C. 固定生产成本是产品成本，变动生产成本与非生产成本构成期间成本
   D. 固定生产成本，变动生产成本与非生产成本都属于产品成本

2. 在完全成本法下，（　　）。
   A. 变动生产成本构成产品成本，固定生产成本与非生产成本构成期间成本
   B. 固定生产成本与变动生产成本构成产品成本，非生产成本构成期间成本
   C. 固定生产成本构成产品成本，变动生产成本与非生产成本构成期间成本
   D. 固定生产成本、变动生产成本与非生产成本一起构成产品成本

3. 下列有关变动成本法的论述正确的有（　　）。
   A. 各期营业净利润的多少只是与销量多少有关，与其他因素无关
   B. 产品成本不受产量的影响
   C. 提供的产品成本信息不符合对外报告的要求
   D. 提供的资料不适于长期决策的需要
   E. 能够提供科学反映成本与业务量之间，利润与销售量之间有关量的变化规律的信息

4. 按完全成本法确定的营业净利润指标有时难于被管理者理解，不便于正确决策的原因在于（　　）。
   A. 当某期销售量较上期增加时，营业净利润比上期减少
   B. 当某期销售量比上期减少时，营业净利润却比上期增加
   C. 当某期销售量最高时，营业净利润却不是最高
   D. 当某期销售量最低时，营业净利润却不是最低
   E. 当前后期产量与销量均不变时，营业净利润发生变化

5. 变动成本法与完全成本法下都要计入产品成本的项目有（　　）。
   A. 直接材料　　　　　　　　B. 直接人工
   C. 变动制造费用　　　　　　D. 固定制造费用

6. 企业的质量检验员工资属于（　　）。
   A. 半变动成本　　　　　　　B. 半固定成本
   C. 延期变动成本　　　　　　D. 曲线变动成本

三、判断题

1. 变动成本法和完全成本法的根本区别在于对固定制造费用的处理不同。　（　　）
2. 变动成本法不适合长期投资决策。　（　　）
3. 完全成本法下，期末存货中包含的固定性制造费用递延到后期。　（　　）
4. 企业为了更好地履行对内、对外两方面的职能，必须同时按照两套平行的成本计算资料进行核算。　（　　）

5．变动成本法下，全部制造费用均计入当期损益。（   ）

6．在产销绝对平衡的状态下，变动成本法确定的税前利润小于变动成本法确定的税前利润。（   ）

四、计算题

某企业2014—2016年连续三年的生产、销售以及成本资料如下：2014年无期初存货，生产了10 000台，销售了10 000台；2015年生产了10 000台，销售了6 000台；2016年生产了4 000台，销售了8 000台，销售单价30元，单位变动生产成本10元，固定性制造费用总额40 000元，单位变动性非生产成本为2元， 固定性非生产成本为5 000元，分别按全部成本法和变动成本法计算2014—2016年的三年利润，并进行分析。

拓展习题

拓展习题

第 4 章 本量利分析

教学目标

通过本章学习，了解和掌握本量利分析的基本假设和一般方法，掌握和运用本量利分析方法解决实际问题，理解本量利关系中的敏感分析。

教学要求

知识要点	能力要求	相关知识
本量利分析的基本假设	理解本量利分析的基本假设对本量利分析的意义	(1) 成本按性态划分为变动成本和固定成本，是本量利分析的基本前提条件 (2) 固定成本、单位变动成本、产品售价不变，且与利润具有线性函数关系 (3) 产品产销数量保持一致 (4) 多品种生产和销售的企业中，各种产品产量(销售量)的比例保持不变 (5) 假定不存在企业所得税
单一品种条件的本量利分析	能利用单一品种条件下的本量利分析原理，解决案例及实际问题	(1) 单一品种下的本量利分析 (2) 盈亏临界分析 (3) 安全边际

续表

知识要点	能力要求	相关知识
多品种条件下的本量利分析	能利用多品种条件下的本量利分析方法，解决案例及实际问题	(1) 主要品种法 (2) 加权平均法 (3) 联合单位法
盈亏临界图及本量利的敏感分析	能够绘制盈亏临界图，并且分析图中直线及相关区域所代表的含义，理解本量利敏感分析的意义	(1) 绘制盈亏临界图的方法 (2) 本量利的敏感分析

某渔业公司本量利分析

拓展案例

1. 案例简介

某渔业公司是鲑鱼批发商，向芝加哥地区的杂货店批发鲑鱼。在过去的几年里，鲑鱼价格的不断上涨使渔业公司的销售额稳步上升；如今公司在规划下一个年度的计划，根据表 4-1 的数据预测本年度税后利润 138 000 美元。

表 4-1　某渔业公司的收入和成本信息表

项　　目	金　　额
每磅的平均售价	5 美元
每磅的平均成本：	
鲑鱼的购进成本	2.5 美元
运费	0.5 美元
合计	3 美元
年固定成本：	
销售费用	200 000 美元
管理费用	350 000 美元
合计	550 000 美元
预期年销售额 (390 000 磅)	1 950 000 美元
所得税率	40%

由于人工费用等的增加，渔业公司声明要在下一年将其产品平均价格平均提高 15%，同时渔业公司希望其他所有成本都能维持在本年度统一比率或水平上。

要求：

(1) 渔业公司本年鲑鱼盈亏平衡点的销售量是多少？

(2) 渔业公司销售单价至少定位多少，才能弥补鲑鱼成本15%的上升，并能保持本年的边际贡献率？

(3) 如果单价保持每磅5美元，鲑鱼成本上升15%，渔业公司在下一年必须实现多少销售额才能保持与本年相同的预期税后净利润？

2. 案例分析

(1) 设盈亏平衡点的销售量为 x，则 $5x-550\,000-3x=0$，解得 $x=275\,000$（磅）

(2) 本年的边际贡献率为 $(1\,950\,000-3\times390\,000)/1\,950\,000=40\%$

设销售单价为 p，则 $[p-3\times(1+15\%)]/p=40\%$，解得 $p=5.75$（美元）

(3) 设销售额为 y，则 $y-550\,000-3\times(1+15\%)\times y/5=138\,000/(1-40\%)$

解得 $y=2\,516\,129$（美元）

拓展视频

资料来源：冯巧根，管理会计[M].2版.北京：中国人民大学出版社，2013．

目标利润的实现由该公司的固定成本、变动成本、业务量等共同决定，通过我们下面即将学习的本量利分析，就可以为这位经理进行利润分析。

4.1 单一品种条件下的本量利分析

本量利分析方法起源于20世纪初的美国，到了20世纪50年代已经非常完善，并在西方会计实践中得到了广泛应用。时至今日，该方法在世界范围内都得到了广泛的应用，对企业预测、决策、计划和控制等经营活动的有效进行提供了良好保证。最初在美国的通用电气、杜邦、通用汽车公司应用，很快就成为大型工商企业的标准作业程序。从最初的计划、协调，发展到现在的兼具控制、激励、评价等功能。本量利分析(Cost-Volume-Profit Analysis，CVP)是一种重要的管理会计工具。它是成本、业务量和利润关系分析的简称，是指在应用变动成本法的基础上，通过数学模型，对变动成本、固定成本、业务量、单价和利润5个因素进行综合分析，以揭示它们之间的内在规律性，为会计预测、决策、规划、控制和业绩考评提供必要财务信息的一种定量分析方法。通过对本量利分析的进一步拓展，企业可以更好地了解企业的成本结构、经营风险，以及不同的销售策略等对企业经营业绩的影响，为企业提供有利的决策支持。财务部门要发挥自身拥有大量价值信息的优势，运用本量利分析法，合理测定成本最低、利润最大的产销量，减少无效或低效劳动。

4.1.1 本量利分析的基本假设

本量利分析本质是因素分析，它是以成本习性为基础，探求成本(分为变动和固定)、销量、单价、利润之间的互动关系，以服务于管理决策和经营决策。因此，本量利分析所体现的思想和所运用的方法是比较有意义的。

但是，在具体运用本量利方法时，要注意其有效性是建立在一系列假定基础之上的。只有在特定的、基本符合其使用假定的范围之内，这些方法才是有效的。当情况发生变化了，假定不再被满足时，则不能照搬上述方法，而是要根据实际情况，灵活运用本量利分析思想，进行相关的分析。因此，本量利分析是有一定的前提的。

(1) 在相关范围内，可将成本按性态划分为变动成本和固定成本两大类，这是本量利分析的基本前提条件。

(2) 在本量利分析期间，固定成本、单位变动成本、产品售价保持不变，并且与利润具有线性函数关系。

(3) 在本量利分析期间，产品产销数量保持一致，即存货保持不变；因为"本"与"产量"相关，"利"与"销量"相关，要研究"本量利"之间的关系，唯有此假设才能将产量与销售量在一个模型中统一起来，否则无法进行分析。

(4) 在本量利分析期间，在多品种生产和销售的企业中，各种产品产量（销售量）的比例保持不变。

(5) 假定不存在企业所得税，不考虑企业的融资成本。

在上述基本假设条件下，这里给出本量利分析的基本模型。

利润 = 销售收入 − 总成本 = 销售收入 − 变动成本 − 固定成本
　　 = 单价 × 销售量 − 单位变动成本 × 销售量 − 固定成本
　　 =（单价 − 单位变动成本）× 销售量 − 固定成本

4.1.2 单一品种的本量利分析

1. 盈亏临界分析

盈亏临界分析是本量利分析的核心内容之一。盈亏临界分析又称保本分析、损益平衡分析、两平分析等。盈亏临界分析主要研究如何确定盈亏临界点、有关因素变动对盈亏临界点的影响等问题，同时进行盈利分析。盈亏临界点又称保本点、两平点，是指企业的经营规模（销售收入、销售量）刚好使企业达到不盈不亏的状态，也就是销售收入与销售成本相等，即利润为零时的销售量或销售额。盈亏临界分析理论基础是成本按性态的划分为变动成本和固定成本。保本分析主要确定保本点。保本点有两种表现形式：一是用实物量表示，即保本销售量，简称保本量；另一个是用货币金额表示，即保本销售额，简称保本额。企业在一定时期内不盈不亏、收支相等、利润为零、贡献边际等于固定成本、安全边际指标都为零、保本作业率为 100% 时，就可以断定这个企业保本了。

在管理会计中，利润的计算公式如下。

利润 = 销售收入 − 变动成本 − 固定成本

因为盈亏临界点的利润为零，则上式变为：

销售收入 = 变动成本 + 固定成本

销售量 × 单价 = 销售量 × 单位变动成本 + 固定成本

盈亏临界点的销售量 = 固定成本 ÷（单价 − 单位变动成本）= 固定成本 ÷ 单位边际贡献

盈亏临界点的销售额 = 固定成本 ÷（单价 − 单位变动成本）× 单价 = 固定成本 ÷ 边际贡献率

2. 边际贡献

拓展案例

边际贡献，也称贡献毛益，是指产品的销售收入扣除变动成本后的余额。边际贡献首先应该用于补偿固定成本，补偿固定成本之后还有余额，才能为企业提供利润。这可以从利润的计算公式中可以看出。

第 4 章 本量利分析

利润 =(产品销售单价 – 产品的单位变动成本)× 产品的销售数量 – 固定成本

边际贡献有两种表现形式,即绝对数和相对数。绝对数有两种表现形式:一是单位边际贡献,二是边际贡献总额。相对数用边际贡献率来表示。具体计算公式如下。

(1) 边际贡献总额 = 销售收入 – 变动成本总额

(2) 单位边际贡献 = 单位售价 – 单位变动成本

边际贡献总额如果大于 0,则意味着该产品对企业是有贡献的,能补偿一部分固定成本。

(3) 边际贡献率 = 单位边际贡献 ÷ 销售单价 = 边际贡献总额 ÷ 销售收入 =1– 变动成本率。

(4) 变动成本率是指变动成本总额占销售收入的百分比。

变动成本率 = 变动成本总额 ÷ 销售收入

注:如果没有特殊说明,变动成本、边际贡献均指总额。边际贡献一般分为制造边际贡献 (生产边际贡献 = 销售收入 – 变动生产成本) 和产品边际贡献 (= 销售收入 – 变动生产成本 – 变动非生产成本),一般如果没有特殊说明,均指产品边际贡献。

3. 盈亏临界点的作业率

盈亏临界点的销售量除以企业正常开工完成的销售量,称为达到盈亏临界点的作业率。也就是说,企业的开工率必须达到盈亏临界点的作业率,否则,企业就会发生亏损。

盈亏临界点的作业率 = 盈亏临界点销售量 ÷ 正常销售量 (预计销售量)×100%

4. 安全边际

安全边际是根据实际或预计销售业务量与保本销售业务量的差额确定的定量指标。差额的大小可以反映销售量的安全程度大小,差额越大,安全程度就越高,反之,安全程度就越低。企业处于不盈不亏状态意味着当期的边际贡献全部被固定成本抵消,只有当销售量超过盈亏临界点时,其超出部分提供的边际贡献才形成企业的利润。显然,销售量超出盈亏临界点越多,说明企业盈利越多,换句话说,即发生亏损的可能性就越小,企业的经营就越安全。安全边际的表示方法有两种:一是安全边际量或安全边际额,二是安全边际率。

安全边际量和安全边际率的数值越大,企业发生亏损的可能性越小,企业就越安全。安全边际率是相对指标,便于不同企业和不同行业比较。企业安全性的衡量数据如下。

安全边际率在 40% 以上很安全,30%～40% 安全,20%～30% 比较安全,10%～20% 值得注意,10% 以下危险。从管理角度上来讲,安全边际 (率) 越高,表示企业在市场上的地位越稳固,参与市场竞争的资本就越雄厚。

安全边际量 = 正常 (预计) 销售量 – 盈亏临界点的销售量

安全边际额 = 正常 (预计) 销售额 – 盈亏临界点的销售额

安全边际率 = 安全边际 ÷ 正常 (预计) 销量 (额)

安全边际率 =1– 盈亏临界点作业率

只有安全边际才能为企业提供利润。

故有:利润 = 安全边际 × 单位边际贡献

= 安全边际 × 单价 × 单位边际贡献 ÷ 单价

= 安全边际销售收入 × 边际贡献率

上式左右两边同除以产品销售收入：

销售利润率 = 安全边际 × 单价 ÷(正常销量 × 单价)× 边际贡献率
　　　　 = 安全边际率 × 边际贡献率

【例4-1】某企业生产和销售一种产品，该产品的单位售价50元，单位变动成本30元，固定成本50 000元，预计销售量范围4 000件。

解：单位边际贡献 =50–30=20(元)

即　该企业每销售一件产品可以获得单位边际贡献20元。

边际贡献率 =20÷50=40%
变动成本率 =3050=60%
保本量 =50 000÷(50–30)=2 500(件)
保本额 =50×2 500=125 000(元)

即　该企业销售量达到2500件或销售额达到125 000元时，企业达到保本状态。

安全边际量 =4 000–2 500=1 500(件)
安全边际额 =4 000×50–125 000=75 000(元)
盈亏临界点的作业率 =2 500÷4 000×100%=62.5%
安全边际率 =1 500÷4 000×100%=37.5%

4.2　多品种条件下的本量利分析

多品种条件下本量利分析方法有多种，本书只介绍最常用的3种方法：加权平均法、联合单位法和主要品种法。

4.2.1　加权平均法

加权平均法是指在计算每种产品本身的边际贡献率的基础上，按各种产品销售额的比重进行加权平均，据以计算综合边际贡献率，进而计算多品种保本额和保利额的一种方法。计算步骤如下。

首先，计算各种产品销售额占全部产品总额销售额的比重。

其次，以各种产品的边际贡献率为基础，以该种产品销售额占销售总额的比重为权数进行加权平均计算，从而求出各种产品综合加权边际贡献率。

$$\text{综合加权边际贡献率} = \sum \left(\text{各种产品边际贡献率} \times \text{各种产品销售额占全部产品总销售额的比重} \right)$$

再次，计算整个企业综合的盈亏临界点销售额。

$$\text{综合的盈亏临界点销售额(以金额表现)} = \frac{\text{固定成本总额}}{\text{综合的加权边际贡献率}}$$

最后，计算各种产品的盈亏临界点销售额。

各种产品的盈亏临界点销售额 = 临界点销售额 × 产品占总销售额的比重

【例4-2】A股份有限公司生产甲、乙、丙3种产品，其固定成本总额为19 800元，

3 种产品的有关资料见表 4-2。

表 4-2 A 股份有限公司甲、乙、丙 3 种产品资料

品　　种	销售单价 / 元	销售量 / 件	单位变动成本 / 元
甲	2 000	60	1 600
乙	500	30	300
丙	1 000	65	700

要求：(1) 采用加权平均法计算该公司的综合保本销售额及各产品的保本销售量。
　　　(2) 计算该公司营业利润。

解：(1) 3 种产品销售收入合计 =2 000×60 +500×30+ 1 000×65=200 000(元)
　　　甲产品销售收入占全部销售收入的比重 =2 000×60÷200 000×100%=60%
　　　乙产品销售收入占全部销售收入的比重 = 500×30 200 000×100%=7.5%
　　　丙产品销售收入占全部销售收入的比重 =1 000×65÷200 000×100%=32.5%
　　　甲产品边际贡献率 =(2 000–1 600)÷2 000×100%=20%
　　　乙产品边际贡献率 =(500–300)÷500×100%=40%
　　　丙产品边际贡献率 =(1 000–700)÷1 000×100%=30%
　　　加权平均边际贡献率 =60%×20%+7.5%×40%+32.5%×30%
　　　　　　　　　　　 =12%+3%+9.75%=24.75%
　　综合保本销售额 =19 800÷24.75%=80 000(元)
　　甲产品保本销售额 =60%×80 000=48 000(元)
　　乙产品保本销售额 =7.5%×80 000=6 000(元)
　　丙产品保本销售额 =32.5%×80 000=26 000(元)
　　甲产品保本销售量 =48 000÷2 000=24(件)
　　乙产品保本销售量 =6 000÷500=12(件)
　　丙产品保本销售量 =26 000÷1 000=26(件)

(2) 该公司营业利润为：
　　60×(2 000–1 600)+(500–300)×30+(1 000–700)×65–19 800=29 700(元)

鉴于销售额比重会影响到综合贡献边际率水平，因而销售额比重即品种结构因素必然构成影响多品种本量利关系的另一要素。显然，在其他条件不变的前提下，企业应积极采取措施，努力提高贡献边际率水平较高的产品的销售比重，降低贡献边际率水平较低的产品的销售比重，从而提高企业的综合贡献边际率水平，达到降低全厂保本额和保利额的目的。

4.2.2　联合单位法

联合单位法是指在事先掌握多品种之间客观存在的相对稳定产销实物量比例的基础上，确定每一联合单位的单价和单位变动成本，进行多品种条件下本量利分析的一种方法，计算公式如下。

联合保本量 = 固定成本 ÷(联合单价 – 联合单位变动成本)

联合保利量 =(固定成本 + 目标利润)÷(联合单价 – 联合单位变动成本)

某产品保本量 = 联合保本量 × 该产品销量比

某产品保利量 = 联合保利量 × 该产品销量比

【例4-3】红星公司组织A、B、C 3种产品的生产经营，20×6年全厂预计发生固定成本300 000万元，各种产品的预计销量、单价、单位变动成本等的计划资料见表4-3，假定目标利润为150 000万元。

表4-3 红星公司A、B、C 3种产品资料

品 种	销 量	单价／万元	单位变动成本／万元
A	100 000 件	10	8.5
B	25 000 台	20	16
C	10 000 套	50	25

解：(1) 确定产品销量比 A：B：C=10：2.5：1

(2) 联合单价 =10×10+20×2.5+50×1=200(万元/联合单位)

(3) 联合单位变动成本 =8.5×10+16×2.5+25×1=150(万元/联合单位)

(4) 联合保本量 =300 000÷(200−150)=6 000(联合单位)

(5) 计算各种产品保本量

　　A 产品保本量 =6 000×10=60 000(件)

　　B 产品保本量 =6 000×2.5=15 000(台)

　　C 产品保本量 =6 000×1=6 000(套)

(6) 计算各种产品保本额

　　A 产品保本额 =10×60 000=600 000(万元)

　　B 产品保本额 =20×15 000=300 000(万元)

　　C 产品保本额 =50×6 000=300 000(万元)

4.2.3 主要品种法

主要品种法是指在特定条件下，通过在多种产品中确定的一种主要品种，完成多品种条件下本量利分析任务的一种方法。以贡献边际额为标志确定主要品种。

【例4-4】已知：某企业生产3种产品，资料见表4-4，本期发生的固定成本为400万元。

表4-4 某企业3种产品资料

品　种	销售收入		边际贡献		边际贡献率／%
	金额／万元	比重／%	金额／万元	比重／%	
甲	2 250	22.5	900	90	40
乙	100	1	80	8	80
丙	7 650	76.5	20	2	0.26
合计	10 000	100	1 000	100	

要求：(1) 如果分别以销售额和边际贡献率作为判断主要品种的标志，应当选择哪种产品作为主要品种。

(2) 以边际贡献作为判断主要品种的标志，计算企业本期最保守的保本额。

解：(1) 如果以销售额为判断标志，则丙产品应为主要品种；如果以边际贡献率为判断标志，则乙产品应为主要品种。

(2) 以边际贡献作为判断主要品种的标志，应以甲产品为主要品种。

企业最保守的保本额 = 甲产品保本额 = 400÷40% = 1 000(万元)

4.3 盈亏临界图及本量利分析的其他问题

盈亏临界图又称本量利图或损益平衡图。盈亏临界图将影响企业利润的有关因素及其相应关系，形象地用图形表现出来。利用它可以清楚地看到有关因素变动对利润的影响，从而有利于决策者在经营管理中提高预见性和主动性。该图具有简明、直观的优点，盈亏临界图通常有三种：传统式、边际贡献式以及利量式。

4.3.1 盈亏临界图

1. 传统式

传统式的盈亏临界图特点是它所反映的总成本是以固定成本为基础，能在图中清晰地反映出固定成本总额不变性的特点；同时能揭示安全边际、保本点、利润三角区与亏损三角区的关系，如图4.1所示。

图 4.1 基本式盈亏临界

传统式的盈亏临界图绘制过程如下。

(1) 在直角坐标系中，以横轴表示销售量，以纵轴表示成本和销售收入。

(2) 在纵轴上确定固定成本的数值，并以此为起点，绘制一条平行于横轴的直线，即为固定成本线。

(3) 在横轴上取一点，计算销售收入，然后与原点连接，即为销售收入线。

(4) 绘出总成本线。

(5) 销售收入线与总成本线的交点即为盈亏临界点。

2. 边际贡献式

贡献式本量利关系图是一种将固定成本置于变动成本线之上，能直观地反映贡献边际、固定成本及利润之间关系的图形。边际贡献式盈亏临界图的绘制方法是：先确定销售收入线和变动成本线，在纵轴上确定固定成本值并以此为起点画一条与变动成本平行的直线，即为总成本线，它与销售收入线的交点为盈亏临界点，如图4.2所示。

与传统式盈亏临界图相比，边际贡献式盈亏临界图可以表示边际贡献的数值。企业的销售收入与销售量呈正比例关系，这些销售收入首先用于弥补产品自身的变动成本，剩余的是贡献毛益。边际贡献随销售量的增加而扩大，当其达到固定成本值时，企业处于保本状态，当边际贡献超过固定成本后，企业进入盈利状态。

边际贡献式与传统式的主要区别在于：前者将固定成本置于变动成本之上，形象地反映边际贡献的形成过程和构成，即产品的销售收入减去变动成本以后就是边际贡献，边际贡献再减去固定成本便是利润；而后者则将固定成本线置于变动成本线之下，以表明固定成本在相关范围内稳定不变的特征。

图 4.2　边际贡献式盈亏临界图

3. 利量式

利量式本量利关系图是一种以横轴代表业务量，纵轴代表利润或边际贡献，能直观地反映业务量与贡献边际、固定成本及利润之间关系的图形。利量图表现了利润与销售量的直接关系，是一种简化的盈亏临界图，简明扼要，更易于企业管理人员理解，如图4.3所示。

图 4.3　单一产品下利量式盈亏临界图

4.3.2 相关因素变动对盈亏临界点的影响

通过上述分析可以看出,影响盈亏临界点的因素有固定成本、变动成本、产品的单位售价及品种结构等。

1. 固定成本变动对盈亏临界点的影响

一般情况下,固定成本对盈亏临界点的影响是:当其他因素不变时,固定成本增加,则企业的保本销售量和销售额也随着增加;反之,则相反。固定成本变动对盈亏临界点的影响如图 4.4 所示。

图 4.4 固定成本变动的盈亏临界

【例 4-5】 某企业生产一种产品,单价 2 元,单位变动成本 1.20 元,固定成本由 1 600 元/月增加到 1 920 元/月。

解:保本销售量 $=a\div(p-b)=1\,600\div(2-1.2)=2\,000$(件)

保本销售额 $=2\,000\times 2=4\,000$(元)

边际贡献率 $=(2-1.2)\div 2=0.4$

当固定成本由 1 600 元/月增加到 1 920 元/月时,

保本销售量 $=1\,920\div(2-1.2)=2\,400$(件)

保本销售额 $=4\,000+800=4\,800$(元)

2. 单位变动成本变动对盈亏临界点的影响

一般情况下,当其他因素不变时,单位变动成本增加,保本销售量和销售额都随之增加;反之,则相反。单位变动成本变动对盈亏临界点的影响如图 4.5 所示。

图 4.5 变动成本变动的盈亏临界

劳动生产率提高，原材料综合利用等，引起单位变动成本变动。

例 4-5 中，若固定成本仍为 1 600 元 / 月，单位变动成本由 1.20 元变为 1.50 元，则

保本销售量 =1 600÷(2–1.5)=3 200(件)

保本销售额 =3 200×2=6 400(元)

3. 单价的变动对盈亏临界点的影响

一般情况下，当其他因素不变时，销售单价增加，保本销售量和销售额也随之下降；反之，则相反。单价的变动对盈亏临界点的影响如图 4.6 所示。

图 4.6　单价变动的盈亏临界图

例 4-5 中，若销售价格从 2 元上升为 2.40 元，其他条件不变，则

保本销售量 =1 600÷(2.4–1.2)=1 333(件)

保本销售额 =1 600÷(2.4–1.2)×2.4=3 200(元)

4. 有关因素同时变动对盈亏临界点的影响

有关因素同时变化时，要根据实际情况进行分析。有关因素同时变动对盈亏临界点的影响如图 4.7 所示。

图 4.7　固定成本与单价同时变动的盈亏临界图

5. 各产品销售价格和成本水平都不变

产品品种结构变化，保本点也会变化。

第 4 章 本量利分析

【例 4-6】某企业有关资料如下。

表 4-5 某企业本量利分析资料

产品品种	销售单价/元	单位边际贡献/元	边际贡献率/%	原销售收入/元	现销售收入/元	固定成本/元
A	5	3	60	10 000	3 000	
B	5	2	40	5 000	7 000	
C	5	1	20	10 000	15 000	
合计				25 000	25 000	5 000

解：原品种结构 =2∶1∶2=40%∶20%∶40%
边际贡献率 =∑该产品的边际贡献率 × 该产品销售比重
=60%×40%+40%×20%+20%×40%=40%
保本销售额 =5 000÷40%=12 500(元)
现品种结构 =3∶7∶15=12%∶28%∶60%
边际贡献率 =60%×12%+40%×28%+20%×60%=30.4%
保本销售额 =5 000÷30.4%=16 447(元)

由此可以分析，企业品种结构发生变化，保本点也发生变化，由 12 500 元增加到 16 447 元。

4.3.3 盈利条件下的本量利分析

当企业的销售量超出盈亏临界点时，可以实现利润。盈亏临界分析是在假定企业的利润为零这样一种特殊的经营状态下来研究问题的。企业的经营目标是为了实现利润。因此，需要进行盈利条件下的本量利分析。分析的模型如下。

因为
利润 =(销售单价 – 单位变动成本)× 销售量 – 固定成本
所以
实现目标利润的销售量 =(固定成本 + 目标利润)÷(销售单价 – 单位变动成本)
=(固定成本 + 目标利润)÷ 单位产品边际贡献
实现目标利润的销售额 =(固定成本 + 目标利润)÷ 边际贡献率
实现目标利润应控制单位变动成本水平 = 销售单价 –(固定成本总额 + 目标利润)÷ 销售量
实现目标利润应控制的固定成本 = 单位边际贡献 × 销售量 – 目标利润
实现目标利润的产品销售单价 = 单位变动成本 +(固定成本 + 目标利润)÷ 销售量

【例 4-7】东方公司生产 A 产品，单位售价为 50 元，单位变动成本为 30 元，固定成本总额为 24 000 元。如果公司计划年度目标利润确定为 120 000 元。
问题：
(1) 试计算为实现上述目标应完成的销售量、销售额。
(2) 如果企业当期最大的产量仅为 6 000 件，其他有关单位售价、固定成本及目标利润情况不变。计算实现目标利润应控制的单位变动成本水平。

(3) 假定企业因受市场的影响，当期只能产销产品 6 000 件，其他有关单位变动成本、固定成本以及目标利润等情况不变。计算实现目标利润的价格水平。

解：(1) 实现目标利润应完成的销售量 =(120 000+24 000)÷(50–30)=7 200(件)

实现目标利润应完成的销售额 =7 200×50=360 000(元)

(2) 实现目标利润应控制的单位变动成本 =50–(120 000+24 000)÷6 000=26(元)

(3) 实现目标利润的单价 =30+(24 000+12 000)÷6 000=54(元)

4.4 本量利关系中的敏感性分析

敏感性分析是目标值变动百分比相当于各参数变动百分比的倍数，通常用敏感系数衡量。敏感性分析的主要目的是，研究与提供能引起目标发生质变，如由盈利转为亏损时各因素变化的界限；各个因素对利润变化影响的敏感程度；当个别因素变化时，如何保证原定目标利润的实现。敏感性分析主要研究两方面的问题：一是有关因素发生多少变化会使企业由盈利变为亏损；二是有关因素变化对利润变化的影响程度。

4.4.1 有关因素临界值的确定

影响利润的主要因素有：单价、单位变动成本、销售量和固定成本总额。这些变量变化到什么程度时，会使企业由盈利转为亏损？实际上，销售量与单价的最小允许值和单位变动成本与固定成本的最大允许值，就是盈亏临界值。临界值是指达到盈亏临界点的销售量和单价的最小允许值，以及单位变动成本和固定成本的最大允许值。有关因素临界值确定如下。

销量 = 固定成本 ÷(单价 – 单位变动成本)

单价 = 固定成本 ÷ 销量 + 单位变动成本

单位变动成本 = 单价 – 固定成本 ÷ 销量

固定成本 = 销量 ×(单价 – 单位变动成本)

【例 4-8】 设某企业生产一种产品，单价 2 元，单位变动成本 1.2 元，全年固定成本预计 50 000 元，销售量计划为 110 000 件，全年利润 =110 000×(2–1.2)–50 000=38 000(元)。试确定各因素的临界值。

解：销量的最小值 =50 000÷(2–1.2)=62 500(件)

单价的最小值 =(110 000×1.2+50 000)÷110 000=1.65(元)

单位变动成本的最大值 =2–50 000÷110 000=1.55(元)

固定成本的最大值 =110 000×(2–1.2)=88 000(元)

4.4.2 有关因素变化对利润变化的影响程度

单价、单位变动成本、销售量和固定成本总额这些因素的变化，都会对利润产生影响，但它们的敏感程度不同。有的因素只要有较小的变动就会引起利润较大的变动，这种因素称为强敏感因素；有的因素虽有较大的变动，但对利润的影响不大，称为弱敏感因素。一般用敏感系数来表示。

敏感系数 = 目标值变动的百分比 ÷ 因素值变动百分比

【例 4-9】 在例 4-8 中，假设单价、单位变动成本、销售量和固定成本在原有水平的基础上各增加 20%，则各因素的敏感程度如下。

(1) 单价的敏感系数。

单价变动后的利润 =(2×1.2–1.2)×110 000–50 000=82 000(元)

目标值变动百分比 =(82 000–38 000)÷38 000×100%=115.79%

单价的敏感系数 =115.79%÷20%=5.79

单价对利润的影响：单价变动 1%，利润就会变动 5.79%。

(2) 单位变动成本的敏感系数。

变动后的利润 =(2–1.2×1.2)×110 000–50 000=11 600(元)

目标值变动百分比 =(11 600–38 000)÷38 000×100%= –69.47%

单价的敏感系数 = –69.47%÷20%= –3.47

单位变动成本对利润的影响：单位变动成本变动 1%，利润就会变动 –3.47%。

(3) 销售量的敏感系数。

变动后的利润 =(2–1.2)×110 000×1.2–50 000=55 600(元)

目标值变动百分比 =(55 600–38 000)÷38 000=46.3%

销售量的敏感系数 =46.3%÷20%=2.32

销售量对利润的影响：销售量变动 1%，利润就会变动 2.32%。

(4) 固定成本的敏感系数。

变动后的利润 =(2–1.2)×110 000–50 000×1.2=28 000(元)

目标值变动百分比 =(28 000–38 000)÷38 000×100%= –26.3%

固定成本的敏感系数 = –26.3%÷20%= –1.32

固定成本对利润的影响：固定成本变动 1%，利润就会变动 –1.32%。

企业有时会列出有关因素变动的敏感分析表来直接反映各因素变动后的利润值，以便为企业决策人员提供直观数据。如，在例 4-8 中，除了 20% 的变动率之外，企业还有各因素的变动率分别为 10%、30% 两种情况。于是可以列出有关因素变动敏感分析表，见表 4-6。

表 4-6　各因素变动敏感分析表

变动百分比利润项目 /(%)	–20	–10	0	+10	+20
单价 / 元	14 000	16 000	38 000	60 000	82 000
单位变动成本 / 元	64 400	51 200	38 000	24 800	11 600
固定成本 / 元	48 000	43 000	38 000	33 000	28 000
销量 / 元	20 400	29 200	38 000	46 800	55 600

在该分析表中，各因素变动幅度只是选择了正负各三个值，如果选择更多的值，就可以得到更多的利润数据，这样，由各因素的变动幅度值和相应的利润值，就可以得到一系列的点，把这些点连接起来，就可以得到一张分析图了。

本章小结

本章主要介绍了"成本—业务量—利润"分析(即本量利分析)的基本原理及应用。本量利分析是管理会计的重要方法,其基本内容包括将总成本划分为变动成本和固定成本;计算产品的贡献毛益;确定产品生产销售的保本点;分析产品销售的安全边际等。保本点分析是本量利分析的核心内容。

在以目标管理为基本特征的现代化管理中,管理人员还可以保本点为基础,通过对本量利基本模式的扩展,进行有效的目标管理。

关键术语

本量利分析　边际贡献　边际贡献率　变动成本率　盈亏平衡点　盈亏临界图　安全边际　安全边际率　保本作业率　综合边际贡献率　敏感性分析　敏感系数

综合练习

一、问答题

1. 什么是本量利分析？本量利分析的基本假设有哪些？
2. 什么是盈亏平衡点？如何确定？
3. 企业经营的安全性如何判定？
4. 如何进行多品种的本量利分析？

二、不定项选择题

1. 在本量利分析中,必须把企业全部成本区分为变动成本和(　　)。
   A. 固定成本　　　　　　　　B. 机会成本
   C. 可控成本　　　　　　　　D. 边际成本
2. 保本点的表现形式有(　　)。
   A. 保本作业率　　　　　　　B. 变动成本率
   C. 保本额　　　　　　　　　D. 保本量
   E. 安全边际率
3. 边际贡献率与变动成本率二者之间的关系是(　　)。
   A. 企业的变动成本率高,则边际贡献率也高
   B. 变动成本率高,则边际贡献率低
   C. 变动成本率与边际贡献率二者没有关系
   D. 变动成本率是边际贡献率的倒数
4. 当单价上涨,而其他因素不变时,会引起(　　)。
   A. 保本点和保利点降低、安全边际降低、利润减少

B. 保本点和保利点上升、安全边际上升、利润增加
C. 保本点和保利点上升、安全边际降低、利润减少
D. 保本点和保利点降低、安全边际上升、利润增加

5. 已知企业本年目标利润 2 500 万元，产品单价 1 000 元，单位变动成本率 40%，产品固定成本为 700 万元，则要达到目标利润，企业应销售产品（ ）。
   A. 80 000 件   B. 53 334 件
   C. 41 667 件   D. 62 550 件

6. 东方公司生产销售A产品，单价为20元，单位变动成本为12元，销售量为2 000件，固定成本为8 000元，计划实现利润10 000元，那么东方公司可以采取的措施有（ ）。
   A. 提高售价 1 元   B. 提高销量 250 件
   C. 降低单位变动成本 1 元   D. 降低固定成本 2 000 元

7. 下列各项中，导致利润减少的有（ ）。
   A. 单价降低   B. 单价上涨
   C. 单位变动成本增加 D. 固定成本减少
   E. 销售量减少

8. 下列公式正确的是（ ）。
   A. 保本量 = 固定成本 ÷ 贡献边际率
   B. 安全边际率 = 安全边际 / 保本量
   C. 安全边际率 + 保本作业率 =1
   D. 安全边际额 + 保本额 = 销售额
   E. 以上都正确

9. 边际贡献除了以总额的形式表现外，还包括以下（ ）的表现形式。
   A. 单位边际贡献   B. 边际贡献率
   C. 目标利润   D. 固定成本
   E. 延期变动成本

三、计算题

1. 某厂只生产和销售一种产品，有关资料如下。单位产品售价 5 元，单位产品变动成本 3 元，全月固定成本 32 000 元，全月预计销售量 20 000 件。
   要求：(1) 计算保本销售量、安全边际、预测预计销售量的利润。
   (2) 该厂通过调查，认为单位产品售价如提高到 5.5 元，全月预计可销售产品 18 000 件，重新计算在新情况下的保本销售量，安全边际和预测预计销售量的利润。
   (3) 该厂通过调查，认为由于出现的一些新的情况，单位产品的售价将降低到 4.6 元，同时每月还需增加广告费 4 000 元，重新计算保本销售量，并且计算要销售多少件，才能使利润比售价变动前（即单位售价仍为 5 元时）的利润增加 10%。

2. 表 4-7 所示为 4 个工厂在过去一年中生产和销售的情况，假定每个工厂产销平衡，同时都只产销一种产品。

表4-7　4个工厂在过去一年中生产和销售情况表

单位：元

案例	销售收入总额 px	变动成本总额 bx	贡献毛益率 cmr/%	固定成本总额 a	营业利润 por/L
1	180 000	①	40	②	12 000
2	300 000	165 000	③	100 000	④
3	⑤	⑥	30	80 000	(5 000)
4	400 000	260 000	⑦	⑧	30 000

要求：根据本量利分析的基本原理以及边际贡献率的实质，通过具体计算，将有关数据①～⑧填入表空白栏内，并分别写出其计算过程。

3．某企业生产甲、乙、丙三种产品，售价分别为800元、900元和600元，单位变动成本分别为600元、500元和100元，销售量分别为50件、50件和40件，固定成本总额为10 000元，要求：用加权平均法对该企业进行本量利分析。

4．某企业预计2016年产销某产品20 000件，每件单位售价50元，单位变动成本30元，年固定成本总额为200 000元，企业的最大生产能力为40 000件，根据企业的上述条件进行分析：如果计划利润增加20%，企业应该采取哪些措施？

拓展习题

拓展案例

第 2 篇　预测与决策会计篇

第 5 章　预测分析

教学目标

通过本章学习，理解预测分析的基本概念、预测分析的内容、预测分析的种类和预测分析的程序；掌握资金预测分析、销售预测分析、成本预测分析和利润预测分析的基本方法；能够运用销售预测、利润预测、成本预测和资金需要量预测的常用方法和分析技术。

教学要求

知识要点	能力要求	相关知识
预测分析概述	理解预测分析	(1) 预测分析的基本概念 (2) 预测分析的内容 (3) 预测分析的种类 (4) 预测分析的程序
销售、成本、利润以及资金需要量预测	学会对销售、成本、利润以及资金需要量预测	(1) 销售预测的方法 (2) 成本预测的基本方法 (3) 利润预测的基本方法 (4) 资金预测的方法

导入案例

拓展案例

德尔菲法预测产品的未来销售量

相关背景和数据

某公司研制出一种新产品,现在市场上还没有相似产品出现,因此没有历史数据可以获得。但公司需要对可能的销售量做出预测,以决定产量。于是该公司成立专家小组,并聘请业务经理、市场专家和销售人员等8位专家,预测全年可能的销售量。8位专家通过对新产品的特点、用途进行了介绍,以及人们的消费能力和消费倾向作了深入调查,提出了个人判断,经过三次反馈得到结果如表5-1所示。

表5-1 三次反馈结果

单位:台

专家编号	第一次判断			第二次判断			第三次判断		
	最低销售量	最可能销售量	最高销售量	最低销售量	最可能销售量	最高销售量	最低销售量	最可能销售量	最高销售量
1	500	750	900	600	750	900	550	750	900
2	200	450	600	300	500	650	400	500	650
3	400	600	800	500	700	800	500	700	800
4	750	900	1 500	600	750	1 500	500	600	1 250
5	100	200	350	220	400	500	300	500	600
6	300	500	750	300	500	750	300	600	750
7	250	300	400	250	400	500	400	500	600
8	260	300	500	350	400	600	370	410	610
平均数	345	500	725	390	550	775	415	570	770

分析过程和预测结果

(1) 在预测时,最终一次判断是综合前几次的反馈做出的,因此一般取后一次判断为依据。如果按照9位专家第三次的平均值计算,则预测这个新产品的平均销售量为:

$$(415+570+770)/3=585(台)$$

(2) 将最可能销售量、最低销售量和最高销售量分别按0.50、0.20和0.30的概率加权平均,则预测平均销售量为:

$$570\times0.50+415\times0.20+770\times0.30=599(台)$$

(3) 用中位数计算,可将第三次判断按预测值高低排列如下:

最低销售量: 300   370   400   500   550
最可能销售量: 410   500   600   700   750
最高销售量: 600   610   650   750   800   900

中间值的计算公式为 $(n+1)/2$ ($n=$ 项数)

最低销售量的中位数为第三项,即400。

最可能销售量的中位数为第三项，即 600。

最高销售量的中位数为第三、第四的平均数，即 700。

将最可能销售量、最低销售量和最高销售量分别按 0.50、0.20 和 0.30 的概率加权平均，则预测平均销售量为：

$$600×0.50+400×0.20+700×0.30=590(台)$$

需要说明的是，如果数据分布的偏态较大，一般使用中位数，以免受个别偏大或偏小的判断值的影响；如果数据分布的偏态较小，一般使用平均数，以便考虑到每个判断值的影响。

资料来源：百度文库。

由以上案例可以看出，企业要健康稳定的发展离不开预测分析，正确的预测离不开科学的预测方法，下面我们学习预测分析的相关知识。

5.1 预测分析概述

5.1.1 预测分析的含义、作用及特征

1. 含义

预测分析是按照一定的原则和程序，运用专门方法进行预测的过程。也就是根据研究对象发展变化的实际数据和历史资料，运用现有的经济条件和掌握的历史资料和客观事物的内在联系，运用现代的科学理论和方法，以及各种经验、判断和知识，对事物在未来一定时期内的可能变化情况进行预测，根据事物的过去和现在估计未来，根据已知预测未知，从而减少对未来事物认识的不确定性，以指导我们的决策行动，减少决策的盲目性。

2. 作用

预测是企业管理的重要职能，是决策的依据。

3. 特征

(1) 依据客观：历史资料与合理经验。

(2) 时间的相对性：时间越短，结果越准确。

(3) 结论可检验：对误差根据检验结果可调整。

(4) 方法灵活：可在多种方法中选择。

5.1.2 预测分析的内容

对一般企业而言，预测分析的主要内容包括：销售预测、成本预测、资金预测、利润预测。

1. 销售预测

销售预测是指对未来特定时间内，全部产品或特定产品的销售数量与销售金额的估计。销售预测是在充分考虑未来各种影响因素的基础上，结合本企业

拓展案例

的销售实绩，通过一定的分析方法提出切实可行的销售目标。

2. 成本预测

成本预测是指运用一定的科学方法，对未来成本水平及其变化趋势做出科学的估计。通过成本预测，掌握未来的成本水平及其变动趋势，有助于减少决策的盲目性，使经营管理者易于选择最优方案，做出正确决策。成本预测是全面加强企业成本管理的首要环节，也是正确编制产品成本计划的前提；成本预测能为企业挖掘降低成本的潜力、提高经济效益指明方向；准确的预测成本指标，能为企业的领导者正确进行生产经营决策提供依据。

3. 资金预测

资金预测就是以预测期企业生产经营规模的发展和资金利用效果的提高等为依据，在分析有关历史资料、技术经济条件和发展规模的基础上，运用数学方法，对预测期资金需要量进行科学的预计和推测。

4. 利润预测

利润是企业在一定会计期间进行经营活动的结果，是营业收入减去与之相匹配的费用后的余额。利润预测是按照企业经营目标的要求，通过对影响利润变化的成本、产销量等因素的综合分析，对未来一定时间内可能达到的利润水平和变化趋势所进行的科学预计和推测。利润预测是在销售预测和成本预测的基础上进行的。

5.1.3 预测分析的步骤

预测是一项复杂细致的工作，预测应该遵循一定的程序和步骤以使工作有序化、统筹规划和协作，其步骤一般分为确定预测目标、收集资料、选择预测方法、预测分析和修正、编写预测报告等。

1. 确定预测目标

明确目的，是开展市场预测工作的第一步，因为预测的目的不同，预测的内容和项目、所需要的资料和所运用的方法都会有所不同。明确预测目标，就是根据经营活动存在的问题，拟定预测的项目，制定预测工作计划，编制预算，调配力量，组织实施，以保证市场预测工作有计划、有节奏地进行。

2. 收集资料

收集资料是预测工作的起点，是进行预测的依据。收集的资料是否准确、可信、全面，对预测的准确性起着决定性的作用。因此，对所收集的资料的来源是否可靠、真实、全面，要认真进行审查，同时要把这些资料进行分组、归类，以确保这些资料的系统性、可比性、连续性。

3. 选择预测方法

根据预测的目标以及各种预测方法的适用条件和性能，选择出合适的预测方法。有时可以运用多种预测方法来预测同一目标。预测方法的选用是否恰当，将直接影响到预测的精确性和可靠性。运用预测方法的核心是建立描述、概括研究对象特征和变化规律的模型，根据模型进行计算或者处理，即可得到预测结果。

4. 预测分析和修正

分析判断是对调查收集的资料进行分析内部、外部的各种影响因素,并通过判断、推理,使感性认识上升为理性认识,从事物的现象深入到事物的本质,从而预计市场未来的发展变化趋势。在分析评判的基础上,通常还要根据最新信息对原预测结果进行评估和修正。因为预测是把过去事物发展的模式,引申到未来,均带有一定的假定性,所以预测的结果难免会有一定的误差存在。若误差过大,就将失去预测的意义,因此,还要根据有实际经验的专家所估计的数据,对预测结果进行修正,以保证预测目标的实现。

5. 编写预测报告

预测报告应该概括预测研究的主要活动过程,包括预测目标、预测对象及有关因素的分析结论、主要资料和数据,预测方法的选择和模型的建立,以及对预测结论的评估、分析和修正等。

5.1.4 预测分析的方法

1. 定量分析法

定量分析法是根据过去比较完备的统计资料,应用一定的数学模型或数理统计方法对各种数量资料进行科学的加工处理,借以充分揭示有关变量之间的规律性的联系,作为对未来事物发展趋势预测的依据。此种方法适用于历史资料齐全的企业。定量分析法包括趋势外推分析法(算术平均法、移动平均法、趋势平均法、加权平均法、平滑指数法)和因果预测法。

2. 定性分析法

定性分析法是以人的逻辑判断为主,并根据由各种途径得到的意见、信息和有关资料,综合分析当前的政治、经济、科技等形势以及预测对象的内在联系,以判断事件发展的前景,并尽量把这种判断转化为可计量的预测。这种方法适合于在资料缺乏,或主要因素难以定量分析的情况下应用。定性分析方法一般包括经验分析法、直接调查法、集合意见法等。

5.2 销售预测

5.2.1 销售预测的概念及作用

1. 销售预测的概念

销售预测是指对未来特定时间内,全部产品或特定产品的销售数量与销售金额的估计。销售预测是在充分考虑未来各种影响因素的基础上,结合本企业的销售实绩,通过一定的分析方法提出切实可行的销售目标。

2. 销售预测的作用

1) 销售预测是企业经营预测的起点和基础

销售预测是利润预测、成本预测、资金预测的基础。只有搞好销售预测,才能做好其他经营预测。销售预测的正确与否，直接或间接地关系到其他各项经营预测的质量。

2) 销售预测为企业经营决策提供最重要的依据

搞好销售预测，不仅有利于提高企业经营决策的科学性，而且此预测工作直接关系到企业的经济效益。销售预测是制定企业经营决策最重要的依据。

5.2.2 销售预测的影响因素

尽管销售预测十分重要，但进行高质量的销售预测却并非易事。在进行预测和选择最合适的预测方法之前，了解对销售预测产生影响的各种因素是非常重要的。

一般来讲，在进行销售预测时考虑两大类因素，即外界因素和内部因素。

1. 外界因素

1) 需求动向

需求是外界因素之中最重要的一项。如流行趋势、爱好变化、生活形态变化、人口流动等，均可成为产品(或服务)需求的质与量方面的影响因素，因此，必须加以分析与预测。企业应尽量收集有关对象的市场资料、市场调查机构资料、购买动机调查等统计资料，以掌握市场的需求动向。

2) 经济变动

销售收入深受经济变动的影响，经济因素是影响商品销售的重要因素，为了提高销售预测的准确性，应特别关注商品市场中的供应和需求情况。尤其近几年来科技、信息快速发展，更带来无法预测的影响因素，导致企业销售收入波动。因此，为了正确预测，需特别注意资源问题的未来发展、政府及财经界对经济政策的见解以及基础工业、加工业生产、经济增长率等指标变动情况。尤其要关注突发事件对经济的影响。

3) 同业竞争动向

销售额的高低深受同业竞争者的影响，为了生存，必须掌握竞争对手在市场的所有活动。例如，竞争对手的目标市场在哪里，产品价格高低，促销与服务措施等。

4) 政府、消费者团体的动向

考虑政府的各种经济政策、方案措施以及消费者团体所提出的各种要求等。

2. 内部因素

1) 营销策略

市场定位、产品政策、价格政策、渠道政策、广告及促销政策等变更对销售额所产生的影响。

2) 销售政策

考虑变更管理内容、交易条件或付款条件，销售方法等对销售额所产生的影响。

3) 销售人员

销售活动是一种以人为核心的活动，所以人为因素对于销售额的实现具有相当深远的影响力，这是我们不能忽略的。

4) 生产状况

货源是否充足，能否保证销售需要等。

5.2.3 销售预测的程序

销售预测可以看作是一个系统，是由有关信息资料的输入、处理和预测结果的输出所组成的信息资料转换过程。对于复杂的预测对象，有时要把它进行分解，对分解后的子系统进行预测，在此基础上再对总的预测目标进行预测。销售预测是一项很复杂的工作，要使这一复杂工作有条不紊地进行，就必须遵循一定的程序。销售预测的基本程序如下。

1. 确定预测目标

销售预测是以产品的销售为中心的，产品的销售本身就是一个复杂的系统。有关的系统变量很多，如，市场需求潜量、市场占有率、产品的售价等。而对于这些变量进行长期预测还是短期预测，这些变量对预测资料的要求，预测方法的选择都有所不同。所以，预测目标的确定是销售预测的主要问题。

2. 收集和分析资料

在预测目标确定以后，为满足预测工作的要求，必须收集与预测目标有关的资料，所收集到的资料的充足与可靠程度对预测结果的准确度具有重要的影响。所以，对收集的资料必须进行分析，并满足如下条件。

(1) 资料的针对性。即所收集的资料必须与预期目标的要求相一致。

(2) 资料的真实性。即所收集的资料必须是从实际中得来的，并加以核实的资料。

(3) 资料的完整性。资料的完整性直接影响到销售预测工作的进行。所以，必须采取各种方法，以保证得到完整的资料。

(4) 资料的可比性。对于同一种资料，来源不同，统计口径不同，也可能差别很大。所以在收集资料时，对所得到的资料必须进行分析，如剔除一些随机事件造成的资料不真实性，对不具备可比性的资料通过分析进行调整等，以避免资料本身原因对预测结果带来的误差。

5.2.4 销售预测的方法

销售预测的方法包括销售的定性预测方法和销售的定量预测方法两类。

1. 销售预测的定性方法

企业采用定性预测的方法进行销售预测，一般可以采用顾客需求意向调查法、销售人员意见综合法、专家意见法、市场测试法、产品寿命周期推断法等。

1) 顾客需求意向调查法

预测是在一组规定的条件下预料购买者可能买什么的艺术。这种方法建议对购买者可能买什么进行调查。如果购买者有清晰的意图，愿付诸实施，并能告诉访问者，则这种调查就显得特别有价值。购买者意图调查对于工业产品、耐用消费品、要求有先行计划的产品采购和新产品的需求估计都有使用价值。

2) 销售人员意见综合法

当公司不能访问购买者时，则可要求它的销售代表进行估计。每个销售代表估计每位现行的和潜在的顾客会买多少公司生产的每一种产品。

【例 5-1】 某公司根据三个销售人员来预测明年的销售量，如表 5-2 所示。

表 5-2 销售人员销售预测表

销售员	销售预测值/百万元						期望值	销售人员权重	预测值
	乐观	概率	一般	概率	悲观	概率			
1	18	0.2	16	0.5	14	0.3	15.8	0.4	16.2
2	21	0.3	17	0.6	15	0.1	18.0	0.3	
3	17	0.2	15	0.6	13	0.2	15.0	0.3	

很少有公司在利用他们销售员的估计时不作某些调整的。销售代表是有偏见的观察者。他们可能是天生的悲观主义者或乐观主义者，也可能由于最近的销售受挫或成功，从一个极端走向另一个极端。此外，他们经常不了解较大的经济发展和影响他们地区未来销售的公司营销计划。可能瞒报需求，以达到使公司制订低定额的目的。也可能没有时间去做出审慎的估计，或可能认为这不值得考虑。

为了促进销售员做出较好的估计，公司可向他们提供一些帮助或鼓励。销售代表可能收到一个他过去为公司所做的预测与实际销售对照的记录，以及还有一份公司在商业前景上的设想以及公司的利益等。

吸引销售人员参加预测便可获得许多好处。销售代表在发展趋势上可能比其他任何一个人更具敏锐性。通过参与预测过程，销售代表可以对他们的销售定额充满信心，从而激励他们达到目标。而且，一个"基层群众"的预测过程还可产生细分为按产品、地区、顾客和销售代表的销售估计。

3) 专家意见法

公司也可以借助专家来进行预测。专家包括经销商、分销商、供应商、营销顾问和贸易协会。例如，汽车公司向他们的经销商定期调查以获得短期需求的预测。但是，经销商的估计和销售人员的估计一样，有着相同的优点和弱点。许多公司从一些著名的经济预测公司那里购买经济和行业预测。这些预测专家处在较有利的位置，由于他们有更多的数据和有更好的预测技术，因此，他们的预测优于公司的预测。

公司可以偶尔召集专家，组成一个专门小组和提出一个特定的预测。会议请专家们交换观点并做出一个小组的估计（小组讨论法），或者可以要求专家们分别提出自己的估计，然后由一位分析家把这些估计汇总成一个估计（个人估计汇总法），或者由专家们提出各自的估计和设想，由公司审查、修改，并继之以更深化的估计（德尔菲法）。

4) 市场测试法

在购买者不准备仔细地作购买计划，或在实现他们购买意图时呈现非常无规则性，或专家们并非是可靠的猜测者的情况下，一个直接的市场测试是必要的。直接的市场测试特别适用于对新产品的销售预测或为产品建立新的分销渠道或地区的情况。

5) 产品寿命周期推断法

利用产品销售量在不同寿命周期阶段上的变化趋势进行预测的一种定性分析方法，它是对其他预测分析方法的补充。产品在开拓期（介绍期）、成长期、成熟期、衰退期的销售量和利润，一般均有规律可循。如在成长期开始稍稍降价，以扩大销售量。在衰退期销售额大大降低,这时应以价格作为主要的竞争工具等。

2. 销售预测的定量方法

企业采用定量预测的方法进行销售预测,一般可以采用算术平均法、移动平均法、指数平滑法、直线回归分析法等。

1) 算术平均法

算术平均法是以过去若干期的销售量或销售金额的算术平均值作为计划期间的销售预测值。其计算公式为:

$$\bar{x} = \frac{\sum x_i}{n}$$

式中:$\bar{x}$——计划期内的销售预测值;

x_i——各期的销售量或销售额;

n——时期数。

该方法具有计算简单的优点,但由于该方法简单地将各月份的销售差异平均化,没有考虑到近期的变动趋势,因而可能导致预测数与实际数发生较大的误差。这种方法适用于对销售业务量较稳定的产品进行预测。

【例 5-2】某企业生产一种产品,2016 年各月销售量资料如表 5-3 所示。

表 5-3　各月销售量

单位:万元

月　份	1	2	3	4	5	6	7	8	9	10	11	12
销售量	10	12	13	11	14	16	17	15	12	16	18	19

要求:运用算术平均法分别预测 2017 年 1 月的销售量。

解:预测销售量 =(10+12+13+11+14+16+17+15+12+16+18+19)÷12=14.42(万元)

2) 移动平均法

移动平均法根据时间序列逐项移动,依次计算包含一定项数的平均数,形成平均数时间序列,并据此对预测对象进行预测。其计算公式为:

销量预测数 = 最后 m 期算数平均销售量 + 趋势值 b(最后移动期的平均值 – 上一个移动期的平均值)

移动平均法计算简单,克服了算术平均法简单地将各月份的销售差异平均化,考虑到近期的变动趋势,但是预测数的代表性较差。这种方法适用于对销量略有波动的产品进行预测。

【例 5-3】根据例 5-2 资料利用移动平均法预测 2017 年 1 月销售量。

解:预测销售量 =(15+12+16+18+19)÷5=16(万元)

上一期移动平均值 =(17+15+12+16+18)÷5=15.6(万元)

修正后的移动平均值 =16+(16–15.6)=16.4(万元)

3) 指数平滑法

指数平滑法来自于移动平均法,是一次移动平均法的延伸。指数平滑法是对时间数据给予加工平滑,从而获得其变化规律与趋势。采用指数平滑法预测计划期销售量或销售额时，需要导入平滑系数(平滑系数的值要求大于 0，小于 1，一般取值为 0.3～0.7)进行运算。其计算公式为：

销量预测数 = 平滑指数 × 前期实际销售量 +(1- 平滑指数)× 前期预测销售量

这种方法比较适用于短期预测，比较经济、简便。

【例 5-4】某通信公司 1～5 月手机销售额如表 5-4 所示。

表 5-4　某通信公司 2016 年 1～5 月手机销售统计表

单位：万元

月　份	1	2	3	4	5
销售额	21.17	20.4	53.6	30.04	25.33

设 5 月份预计销售额为 35 万元，α = 0.4 时，预测 2016 年 6 月份手机销售额。

解：6 月销量预测数 =0.4×25.33+(1-0.4)×35=31.132(万元)

从上例中可以看出，其实平滑指数法也是一种加权平均法，其中 α、1-α 都是权数。

4) 直线回归分析法

直线回归分析法是根据 $y=a+bx$ 的直线方程式，按照最小二乘法的原理确定一条能正确反映自变量 x 和因变量 y 之间关系的直线。直线方程中的常数项 a 和系数 b 可按下列公式计算：

$$a = \frac{\sum y - b \sum x}{n}$$

$$b = \frac{n \sum xy - \sum x \cdot \sum y}{n \sum x^2 - (\sum x)^2}$$

如果销售历史数据呈现出直线变化趋势时，可以应用直线回归分析法进行销售预测，此时 y 表示销售量 (或销售额)，x 表示间隔期 (即观测期)。

需注意的是：销售预测的具体方法同样适用于其他经营预测；要针对不同的预测对象，根据所掌握的资料的特点，选择适宜的预测方法。

【例 5-5】某企业通过调查发现某商品的销售量与当地居民的人均月收入有关，资料如表 5-5 所示。假设当年的居民人均月收入为 2 000 元，预测下年销售量。

表 5-5　人均收入与销售量表

年　份	2011	2012	2013	2014	2015	2016
人均月收入 x/ 元	780	820	960	1 000	1 050	1 250
销售量 y/ 吨	42	48	49	56	60	62

解：初步判断可知，人均收入与销售量之间有联系，即随收入提高，销售量上升。需要计算相关系数以进一步判断两者之间是否是线性关系。计算如表 5-6 所示。

表 5-6　一元线性回归计算表

年　份	收入 x	销售量 y	xy	x^2	y^2
2011	780	42	32 760	608 400	1 764

续表

年份	收入 x	销售量 y	xy	x^2	y^2
2012	820	48	39 360	672 400	2 304
2013	960	49	47 040	921 600	2 401
2014	1 000	56	56 000	1 000 000	3 136
2015	1 050	60	63 000	1 102 500	3 600
2016	1 250	62	77 500	1 562 500	3 844
合计	5 860	317	315 660	5 867 400	17 049

$$r = \frac{\sum xy}{\sqrt{\sum x^2 \sum y^2}} = 0.998$$

说明：收入与销售量之间基本正相关。可建立线性方程 $y=a+bx$

求出 $b=0.042$，$a=11.79$

列出方程 $y=11.79+0.042x$

当 $x=2\,000$ 时，预测得销售量将为 95.79 吨。

拓展案例

5.3 成本预测

5.3.1 成本预测的概念、分类及特点

1. 成本预测的概念

成本预测是指运用一定的科学方法，对未来成本水平及其变化趋势做出科学的估计。通过成本预测，掌握未来的成本水平及其变动趋势，有助于减少决策的盲目性，使经营管理者易于选择最优方案，做出正确决策。成本预测是全面加强企业成本管理的首要环节，也是正确编制产品成本计划的前提；成本预测能为企业挖掘降低成本的潜力、提高经济效益指明方向；准确的预测成本指标，能为企业的领导者正确进行生产经营决策提供依据。

2. 成本预测的分类

1) 按预测的期限分

成本预测可以分为长期预测和短期预测。长期预测指对一年以上期间进行的预测，如 3～5 年；短期预测指一年以下的预测，如按月、按季或按年。

2) 按预测内容分

可分为制订计划或方案阶段的成本预测；在计划实施过程中的成本预测。

3. 成本预测的特点

预测过程的科学性；预测结果的近似性；预测结论的可修正性。

5.3.2 成本预测的程序

成本预测应以过去和现在的本企业和其他企业同类产品的有关数据为基础,由企业管理当局决定采用各种专门方法,结合科学技术的发展和市场的供需情况对本企业的生产、供应、销售、运输等方面可能发生的影响进行计量、比较和分析,最后得出成本预测的结果。成本预测通常按以下四个步骤进行。

第一步,根据企业总体目标提出初步成本目标。

第二步,初步预测在目前情况下成本可能达到的水平,找出达到成本目标的差距。其中初步预测,就是不考虑任何特殊的降低成本措施,按目前主客观条件的变化情况,预计未来时期成本可能达到的水平。

第三步,考虑各种降低成本方案,预计实施各种方案后成本可能达到的水平。

第四步,选取最优成本方案,预计实施后的成本水平,正式确定成本目标。

以上成本预测程序表示的只是单个成本预测过程,而要达到最终确定的正式成本目标,这种过程必须反复多次。也就是说,只有经过多次的预测、比较以及对初步成本目标的不断修改、完善,才能最终确定正式成本目标,并依据本目标组织实施成本管理。

5.3.3 成本预测的方法

拓展案例

1. 定量预测法

定量预测法是指根据历史资料以及成本与影响因素之间的数量关系,通过建立数学模型来预计推断未来成本的各种预测方法的统称。

1) 趋势预测法

趋势预测法是按时间顺序排列有关的历史成本资料,运用一定的数学模型和方法进行加工计算并预测的各类方法。趋势预测法包括简单平均法、平均法和指数平滑法等。

2) 因果预测法

因果预测法是根据成本与其相关之间的内在联系,建立数学模型并进行分析预测的各种方法。因果预测法包括本量利分析法、投入产出分析法、回归分析法等。

2. 定性预测法

定性预测法是预测者根据掌握的专业知识和丰富的实际经验,运用逻辑思维方法对未来成本进行预计推断的方法的统称。

5.4 利润预测

5.4.1 利润预测的概念

拓展案例

利润是企业在一定会计期间进行经营活动的结果,是营业收入减去与之相匹配的费用后的余额。利润预测是按照企业经营目标的要求,通过对影响利润变化的成本、产销量等因素的综合分析,对未来一定时间内可能达到的利润水平和变化趋势所进行的科学预计和推测。利润预测是在销售预测和成本预测的基础上进行的。

5.4.2 利润预测的方法

1. 直接预测法

直接预测法是指根据本期的有关数据，直接推算出预测期的利润数额。预测时可根据利润的构成公式，即预先分别预测营业利润、投资净收益、营业外收支净额，然后将各部分预测数相加，即为利润预测数额。

2. 因素分析法

因素分析法是本期已实现的利润水平基础上，充分估计预测期影响产品销售利润的各因素增减变动的可能，来预测企业下期产品销售利润的数额。影响产品销售利润的主要因素有产品销售数量、产品品种结构、产品销售成本、产品销售价格及产品销售税金等。

【例5-6】某企业只经营一种产品，单价为100元/件，单位变动成本为60元/件，固定成本为300 000万元。20×6年实现销售10 000件，获得利润100 000元。企业按同行业先进的资金利润率20%预测20×7年企业的目标利润基数，预计20×7年企业资金占用额为800 000元。

解：20×7年目标利润基数 =20%×800 000=160 000(万元)

按本量利分析原理，可计算出20×7年为实现160 000万元利润应采取的单项措施(即在考虑某一因素变动时，假定其他因素不变)如下：

(1) 增加销量1 500件，增长率达到15%。

    保利量 =(160 000+300 000)/(100–60)=11 500(件)

    销量变动量 =11 500–10 000=1 500(件)

    销量变动率 =(11 500–10 000)/10 000×100%=15%

(2) 降低单位变动成本6元，降低率达到10%。

    保利单位变动成本 =60–6=54(元/件)

    单位变动成本变动量 =54–60= –6(元/件)

    单位变动成本变动率 = –6/60×100%= –10%

(3) 压缩固定成本开支60 000万元，降低率为20%。

    保利固定成本 =(100–60)×10 000–160 000

                 =240 000(元)

    固定成本变动额 =240 000–300 000= –60 000(元)

    固定成本变动率 = –60 000 /30 000×100%= –20%

(4) 提高单价6元，增长率为6%。

    保利单价 =60+6=106(元/件)

    单价变动额 =106–100=6(元/件)

    单价变动率 =6/100×100%=6%

可见，企业只要采取以上任何一项单项措施均可保证目标利润实现。若假定由于种种原因上述任何一项措施也无法实现，那么，还必须考虑采取综合措施。假定企业可考虑采取下列综合措施(计算过程略)。

(1) 为提高产品质量，追加2%的单位变动成本投入，可使售价提高3%。则此时实现目标利润的销量期望值为 11 005 件。

(2) 假定该产品价格弹性较大,降低价格 10%,可使市场容量增长 60%。若企业生产能力尚有潜力,可以满足市场需要,企业只要销售 15 334 件,就可实现目标利润。

(3) 在市场容量不变的条件下,若追加 5 000 元约束性固定成本投入,可以提高自动化水平,提高人工效率,降低材料消耗。只要单位变动成本期望值达到 53.5 元/件,企业也能实现目标利润。

但是上述综合措施所要求的条件假定仍然无法实现,经过反复测算比较,企业确定的目标利润基数与可能实现利润的测算数之间仍有一段差距(假定为 10 000 元),目标太高,难以实现,可将目标利润修正值确定为 –10 000 元。则最终确定下达的目标利润预测值应为:160 000–10 000=150 000(元)。

5.5 资金需要量预测

资金需要量的预测,就是以预测期企业生产经营规模的发展和资金利用效果的提高等为依据,在分析有关历史资料、技术经济条件和发展规模的基础上,运用数学方法,对预测期资金需要量进行科学的预计和推测。

1. 资金增长趋势预测法

资金增长趋势预测法,就是运用回归分析法原理对过去若干期间销售收入及资金需用量的历史资料进行分析、计量后,确定反映销售收入与资金需用量之间的回归直线,并据以推算未来期间资金需用量的一种方法。

2. 预计资产负债表法

预计资产负债表法是通过编制预计资产负债表来预计预测期资产、负债和留用利润,从而测算外部资金需用量的一种方法。

5.5.1 固定资金需要量预测

固定资金需要量预测是对未来一定时期内企业进行生产经营活动所需固定资金进行预计和测算。要预测固定资金需要量,首先需要预测固定资产需要量。固定资产需要量的预测,就是根据企业的生产经营方向、生产经营任务和现有的生产能力,预计和测算企业为完成生产经营任务所需要的固定资产数量。固定资产需要量的预测既要保证生产经营的正常需要,又要尽可能地节约资金减少占用;既要考虑企业现有的技术条件,充分利用、挖掘现有的生产经营能力,又要尽可能地采用先进的科学技术成果,不断提高企业生产经营技术的现代化水平。

1. 生产设备需要量的预测

预测生产设备需要量最基本的方法是生产能力和生产经营任务相平衡的方法,也就是说在对现有设备的数量、质量和生产能力进行彻底清查的基础上,将现有生产设备全年有效台时总数与完成预测期生产经营任务所需要的定额台时总数进行比较,计算出各类生产设备对完成预计生产经营任务的保证程度以及多余或不足的设备数量，最后决定对多余或不足设备的处理方法。

2. 其他固定资产需要量的预测

配套性固定资产需用量，可在测定生产设备需用量的基础上，按照其在基年与生产设备的比例关系，结合预测年度提高设备利用率的要求进行测算。将测算年度需用量与基年实有数进行比较，就可算出预测年度该类设备的多余或不足量。

固定资产需要量预测之后，根据固定产的相关价格，就可以预测固定资金需要量。

5.5.2 流动资金需要量预测

1. 资金占用比例法

资金占用比例法是指企业根据预测期确定的相关指标，按基年流动资金实际平均占用额与相关指标的比例关系，来预测流动资金需用总量的一种方法。

2. 周转期预测法

周转期预测法根据流动资金完成一次循环所需要的日数和每日平均周转额来计算流动资金需要量的一种方法。

3. 因素测算法

因素测算法是以有关流动资金项目上年度的实际平均需用量为基础，根据预测年度的生产经营任务和加速流动资金周转的要求，进行分析调整，来预测流动资金需用量的一种方法。

4. 余额测算法

余额测算法是以上年结转余额为基础，根据预测年度发生数额、摊销数额来测算流动资金需用量的一种方法。

本章小结

本章介绍了预测分析的基本概念、方法、步骤、基本内容及种类，重点介绍定量分析的方法在销售预测、成本预测、利润预测、资金需要量预测中的应用；强调预测方法与实际工作的结合，利用预测的方法指导企业实际的预测工作，提高预测的准确性。

关键术语

预测分析　销售预测　成本预测　利润预测　资金需要量预测　定量分析　定性分析　平滑指数法　回归分析法

综合练习

一、思考题

1. 销售预测方法有哪些？各有哪些特点？
2. 资金需要量预测的意义有哪些？
3. 算术平均法与加权平均法的适用范围有哪些不同？
4. 定量分析和定性分析两类方法的特点是什么？

二、判断题

1. 定性分析法就是运用现代数学方法，对历史资料进行加工整理，建立与之相适应的数学模型的一种科学的预测方法。( )
2. 指数平滑法的平滑系数越大，则前期实际数对预测结果的影响越小。( )
3. 销售预测中的算术平均法适用于销售量略有波动的产品的预测。( )
4. 预测利润等于销售收入总额减去变动成本总额再减去固定成本总额后的余额。( )
5. 预测是为决策服务的，有时候也可以代替决策。( )
6. 回归分析法是因果预测法的一种。( )

三、单项选择题

1. 企业经营状况预测分析中，其重要性处于首位的是( )。
   A. 利润预测　　　　　　　　B. 销售预测
   C. 成本预测　　　　　　　　D. 资金预测
2. 与利润相关的4个因素中，( )的利润灵敏度指标值总是最大。
   A. 单位变动成本　　　　　　B. 单位销售价格
   C. 固定成本　　　　　　　　D. 销售量
3. 下列各项中，不能按照统一的方法直接确定各期权数值的方法是( )。
   A. 移动平均法　　　　　　　B. 趋势平均法
   C. 加权平均法　　　　　　　D. 平滑指数法

四、多项选择题

1. 下列各项中，属于预测分析内容的有( )。
   A. 销售预测　　　　　　　　B. 利润预测
   C. 成本预测　　　　　　　　D. 资金预测
   E. 定性预测
2. 下列各项中，可用于成本预测的方法包括( )。
   A. 指数平滑法　　　　　　　B. 加权平均法
   C. 回归直线分析法　　　　　D. 高低点法
   E. 趋势平均法
3. 下列各项中，可用于作为目标利润率标准的有( )。
   A. 投资报酬率　　　　　　　B. 销售利润率

C. 产值利润率　　　　　　　　D. 资金利润率
E. 现金回收率

4. 下列各项中，可用于销售预测的定量分析方法有（　　）。
   A. 判断分析法　　　　　　　　B. 趋势外推分析法
   C. 本量利分析法　　　　　　　D. 因果预测分析法
   E. 产品寿命周期推断法

5. 下列各项中，属于影响销售量的外部因素的有（　　）。
   A. 市场环境　　　　　　　　　B. 竞争对手
   C. 产品价格　　　　　　　　　D. 经济发展趋势
   E. 生产条件

五、计算分析题

1. 已知：某企业生产一种产品，2016 年 1～12 月份的销售量资料如表 5-7 所示。

表 5-7　2016 年 1～12 月份的销售量

月　　份	1	2	3	4	5	6	7	8	9	10	11	12
销量/吨	10	12	13	11	14	16	17	15	12	16	18	19

要求：分别按以下方法预测 2017 年 1 月份销售量。
   (1) 平滑指数法（假设 2016 年 12 月份销量预测数为 16 吨，平滑指数为 0.3）。
   (2) 修正的时间序列回归法。

2. 已知：某企业生产一种产品，最近半年的平均总成本资料如表 5-8 所示。

表 5-8　某企业最近半年的平均总成本资料

单位：万元

月　　份	固定成本	单位变动成本
1	12 000	14
2	12 500	13
3	13 000	12
4	14 000	12
5	14 500	10
6	15 000	9

要求：当 7 月份产量为 500 件时，采用加权平均法预测 7 月份产品的总成本和单位成本。

3. 资料：某企业基期实际利润为 20 万元，基期产销量为 10 000 件，基期销售单价为 200 元，单位变动成本为 130 元。计划期销售量将比基期增加 10%。

要求：计算计划期利润额。

4. 资料：某公司上年度实际销售收入总额为 850 000 元，税后净利 42 500 元，其中 17 000 元已发放了股利。公司的生产能力利用率为 65%。该公司上年年末的资产负债表如表 5-9 所示。

表 5-9　资产负债表

××××年12月31日　　　　　　　　　　　　　　　　　　　单位：元

资产		负债及所有者权益	
现金	20 000	应付账款	100 000
应收账款	150 000	应付税金	50 000
存货	200 000	长期借款	230 000
固定资产（净额）	300 000	普通股股本	350 000
长期投资	40 000	留存收益	40 000
无形资产	60 000		
资产合计	770 000	权益合计	770 000

若公司下年度预计销售收入总额增至 1 000 000 元，并仍按上年度股利发放率发放股利。

要求：采用销售百分比法，预测该公司下年度需要追加的资金数量。

拓展案例

第 6 章 短期经营决策分析

教学目标

通过本章学习,理解与短期经营决策相关的成本概念,理解并掌握短期经营决策的分析方法及其在短期经营决策中的具体应用,掌握产品定价决策及其主要方法。

教学要求

知识要点	能力要求	相关知识
与短期经营决策有关的成本概念	了解与短期经营决策相关的成本分类方法,理解这些分类方法对短期经营决策分析的意义	(1) 差别成本与边际成本 (2) 付现成本与沉没成本 (3) 机会成本与假计成本 (4) 历史成本与重置成本 (5) 专属成本与共同成本 (6) 联合成本与可分成本 (7) 可递延成本和不可递延成本 (8) 可避免成本和不可避免成本 (9) 相关成本与无关成本
短期经营决策常用的方法	了解短期经营决策的常用方法,具备运用这些方法进行短期经营决策分析的能力	(1) 差量分析法 (2) 成本无差别点分析法 (3) 边际贡献分析法

续表

知识要点	能力要求	相关知识
短期经营决策分析	运用短期经营决策的相关方法解决实际中的决策问题	(1) 亏损产品应否停产的决策分析 (2) 零部件自制或外购的决策分析 (3) 半成品出售或加工为成品出售的决策分析 (4) 联产品是否进一步加工的决策分析 (5) 特殊订货应否接受的决策分析 (6) 采用不同工艺方案的决策分析
产品定价决策	运用产品定价决策的方法解决实际中的产品定价问题	(1) 成本加成法 (2) 目标成本法 (3) 有闲置能力条件下的定价方法

A 冰淇淋厂决策案例

拓展案例

案例：A 冰淇淋厂产能 2 000 万只，且只生产一种产品，目前只用 80% 产能，该产品单位变动成本 1.5 元，其中单位产品销售费用为 0.05 元，正常批发价 2 元一只。某批发商愿以每只 1.48 元的价格贴牌生产 200 万只，并自行承担相关销售费用。如果您是冰淇淋厂的经理人，请问接不接这个单子？

分析：从表面分析，1.48 元低于变动成本 1.5 元，不仅不能弥补固定成本，连变动成本都弥补不了，而且远远低于原来 2 元的批发价。但是由于工厂的剩余产能还有 400 万只，大于客户订单 200 万只，且如果接受了批发商的订单，工厂不需要负担额外的销售费用，这样就节省了 0.05 元的销售费用，使该笔订单的单位变动成本变为 1.45 元，高于订单价格 1.48 元，进而产生 0.03 元的单位贡献毛利，显然工厂是可以接受这个订单的：在对工厂的销售、生产、营销策略没有任何影响的情况下，接受该笔订单可增加贡献毛利多赚 6 万元。

资料来源：http://blog.163.com/kaiyun365@126/blog/static/45349218200782074850724/

上述案例说明了企业中的一些特殊决策问题，通过本章的学习，结合财务会计提供的资料，才能解决上述问题。本章探讨企业中一些特殊的决策问题：第一节阐述管理会计中进行短期经营决策需要考虑的一些成本概念，第二节介绍短期经营决策常用的分析方法，第三节介绍生产决策，第四节介绍产品定价决策。

6.1　短期经营决策概述

6.1.1　决策概述

1. 决策的概念及特点

所谓决策，是指人们为了实现某一特定目标，在预测和占有必要信息的基础上，借助于科学的理论和方法,进行必要的计算、分析和判断,从若干可供选择的方案中选择一个最优方案的过程。"管理的重心在经营,经营的重心在决策",决策是经营管理的核心内容,是关系到企业未来发展兴衰成败的关键所在。

决策的主要特点有:①决策总是面向未来,进行决策的目的是谋划、解决未来的事件;②决策要有明确的目标,在做出决策前确定决策目标是非常重要的;③决策时至少需要两个备选方案;④决策要考虑人的因素。当由于某种原因使得实施人员不能实施某备选方案时,即使该备选方案与其他方案相比具有明显的优点,决策时也不能将其定为实施方案。

2. 决策的步骤

决策过程的主要程序包括四个步骤:①明确决策问题和目标;②收集相关资料并制定备选方案;③对备选方案做出评价,选择最优方案;④决策方案的实施和控制。

3. 决策的内容

决策涉及的内容非常广泛,从不同的角度可以把决策分为不同的类型。

(1) 按照决策内容和可能达到的结果,决策可以分为确定型决策、非确定型决策和风险型决策。确定型决策是指与决策相关的各项条件或自然状态都是已知的,而且每个方案只有一个确定的结果,这类决策相对来说比较容易,只要进行比较分析即可;风险型决策是指可供选择的方案中,存在两种或两种以上的自然状态,但每种自然状态所发生概率的大小是可以估计的,以此为依据进行的决策,这类决策由于结果的不唯一性,存在一定的风险;不确定型决策是指在可供选择的方案中存在两种或两种以上的自然状态,而且这些自然状态所发生的概率是无法估计的,做出这类决策的难度较大,只能依靠决策者的实践经验和判断能力来解决的决策。

(2) 按照决策的重复程度不同,可以将决策分为程序化决策和非程序化决策。程序化决策是指呈现重复和例行状态的决策,即有关常规的、反复发生的问题的决策;非程序化决策是指复杂的、不经常出现的、非例行的决策,偶然发生的或首次出现而又较为重要非重复性决策,即当决策人员遇到新出现的问题时,没有事先准备好的解决方法可以参照遵循,需要按照程序重新进行决策。

(3) 按照决策的重要程度不同,可以将决策分为战略决策和战术决策。战略决策是指涉及企业未来发展方向、政策方针的全局性重大决策,如经营目标的制定、新产品的开发、生产能力的扩大、产品生产结构等关系全局发展的重大决策,战略决策对于企业具有重要而深远的影响;战术决策是指为了达到预期的战略决策目标,对日常经营活动所采用的方法和手段的局部性决策。

(4) 按照决策时间的长短,可以将决策分为短期经营决策和长期投资决策。长期投资决策是指为改变或扩大企业的生产能力或服务能力而进行的决策。其主要特点是:投资支出的金额大,决策方案一旦执行后,事后很难改变,并将在企业生产经营中较长期地起作用,因此又称为资本支出决策;短期经营决策是指企业为有效的组织现有的生产经营活动,合理利用经济资源,以期取得最佳的经济效益而进行的决策。它一般只涉及一年以内的有关经济活动。

拓展视频

6.1.2 短期经营决策经常使用的成本概念

在进行短期决策分析时,经常使用以下成本概念。

1. 差别成本与边际成本 (differential cost & marginal cost)

差别成本也叫差异成本,或称为差量成本或增量成本。广义的差量成本,也称"差别成本"或"差额成本",是指可供选择的不同备选方案之间的预期成本的差异额。狭义的差量成本,一般是指由于生产能力利用程度(或产量增减变化)的不同而形成的成本差异。在相关范围内,差量成本表现为变动成本。但是,当生产能力发生变动时,差量成本也可能包括固定成本。企业进行经营决策时,根据不同备选方案计算出来的成本差异常用于反映不同的生产能力利用率在成本上发生的差别,也就是由于在原来基础上因追加批量产品的生产所追加的成本数额。例如,甲企业有剩余生产能力 500 工时,既能生产 A 产品,又能生产 B 产品,两种产品的成本分别为 26 000 元和 32 000 元,这两种产品的差别成本为 26 000−32 000=−6 000(元)。

拓展视频

边际成本是指产量(业务量)向无限小变化时成本的变动数额。在生产实践中,产量无限小的变化,最小只能小到一个单位,如果产量的变化低于一个单位,就没有什么实际意义。所以,边际成本的实质就是产量每增减一个单位而引起的成本变动。例如,某企业生产 50 件产品的成本为 1 200 元,生产 51 件成本为 1 300 元,则边际产品成本为 100 元。

从定义上看,边际成本属于差别成本的特定表现形式。二者一般情况下是相关成本。

2. 付现成本与沉没成本 (out-of-pocket cost & sunk cost)

付现成本是指在经营决策中,需要用现金支付而产生的成本。这里的现金指的是现金或现金等价物。可见,付现成本是决策考虑的重要影响因素。在经营决策中,特别是当企业的资金处于紧张状态,资金来源受到限制的情况下,管理当局在进行决策分析时往往会选择成本最高而付现成本最小的方案来代替总成本最低的方案。付现成本是相关成本。

沉没成本也称旁置成本或沉入成本,是指过去决策所发生的,并已支付过的款项,无法由现在或将来的任何决策所能改变的成本。这类成本一般都是过去已经发生,而无法由现在或将来的任何决策所能变更的成本。可见,沉没成本是对现在或将来的任何决策都没有影响的成本。沉没成本是无关成本。

例如,某企业生产甲产品需要购进原材料 2 000 公斤,该企业资金周转困难,如果从银行取得贷款,利率为 15%。现有两个方案可供选择:第一种方案,该企业可以立即付现,材料每公斤 890 元。第二种方案,该企业可以分期付款,材料每公斤 900 元,但是需要先支付部分还款 12 000 元。如果企业选择第一种方案,那么货款 2 000×890=1 780 000 元,需要全部用现金支付,那么付现成本就是 1 780 000 元。

又如,某企业购买一台机床,原价 100 000 元,预计使用 10 年,期满残值 5 000 元。采用直线法计提折旧。如果该机床使用 3 年后,由于科学技术的进步,使得该机床已经落后,如果是购买新机床的决策,那么旧机床的折余价值 71 500(100 000 −28 500) 元就为沉没成本。

3. 机会成本与假计成本 (opportunity cost & imputed cost)

机会成本是进行决策时由于有多个备选方案，选择一个方案而放弃次要方案而丧失的潜在利益。企业在进行经营决策时，必须从多个备选方案中选择一个最优方案，而放弃另外的方案。此时，被放弃的次优方案可能获得的潜在利益就称为已选方案的最优方案的机会成本。机会成本既不构成企业的实际支出，也不记入会计账簿。例如，某企业有一空闲厂房，既可以自己加工生产产品，也可以对外出租，如果生产产品，需要购买设备价值 25 000 元，利润为 60 000 元，如果出租，租金每月收入为 1 500 元，加工产品的机会成本就是厂房的租金收入。

机会成本是人们为了得到某种东西而必须放弃的东西。很明显，机会成本之所以存在，是因为人们生活在众多的选择和机会当中，面临着各种不同的交替关系。因此，企业在决策时，就不能只考虑拟选方案的成本，还必须考虑放弃备选方案的成本——机会成本。机会成本的存在就是由于资源供给的约束性和资源的多用途性。

假计成本又叫估算成本，是机会成本的一种特殊形式。从某种意义上说，估算成本不是一般意义上的、不以某种直观形式表现的机会成本，而是需要进行特殊计量的、非直观形式的机会成本。二者在一般情况下是相关成本。例如，某企业有一笔闲置资金 50 000 元，既可以购买设备生产产品，也可以对外进行投资。假定利息收入及投资报酬为 5 000 元，如果企业选择购买设备进行生产，那么购买设备的成本除了包括设备的成本外，还包括假计成本 5 000 元。

4. 历史成本与重置成本 (historial cost & replacement cost)

历史成本是指过去已经支付的成本，也称为实际成本或账面成本。历史成本在一般情况下是无关成本。例如，某企业购买一台机床，原价 100 000 元，预计使用 10 年，期满残值 5 000 元。这 100 000 元就是这台机床的历史成本。

重置成本是指从目前市场上购置某些资产需支付的成本。也就是说重新购买同一项原有资产所需支付的成本。重置成本在一般情况下是相关成本。例如，某企业有一台设备预计今年报废，现市场上有相同型号设备，价格为 500 000 元，则这台设备的重置成本为 500 000 元。

5. 专属成本与共同成本 (specific cost & common cost)

专属成本是指可以明确归属于企业生产的某种产品，或为企业设置的某个部门而发生的固定成本，也称"特定成本"。

共同成本是指那些需由几种、几批或几个有关部门分担的固定成本。

例如，某企业加工生产 A、B 两种产品，固定成本总额为 100 000 元，有剩余生产能力 3 000 小时，加工生产 A 零件，需要购买一台专用设备，价值 20 000 元，这 20 000 元就是加工生产 A 零件的专属成本。100 000 元为共同成本。

6. 联合成本与可分成本 (joint cost & separable cost)

联合成本是指为多种产品生产或为多个部门的设置而发生的，应由这些产品或这些部门共同负担的成本。联合成本一般是指联产品或半成品在进一步加工前所发生的变动成本和固定成本。

可分成本是指联产品或半成品在进一步加工阶段中所需追加的变动成本和固定成本。在对联产品或半成品是否需要进一步加工而做出决策分析时，只要将可分成本与加工后所能增加的收入进行对比，就可做出判断。一般情况下，联合成本是无关成本，可分成本是相关成本。

例如，某糖果公司生产巧克力的同时生产出两种价值比较大的产品 A 和 B，发生的成本为合计 200 000 元，A、B 两种产品可以进一步分离，分离的成本分别为 50 000 元和 30 000 元，那么 200 000 元就是联合成本，50 000 元和 30 000 元是可分成本。

7. 可避免成本和不可避免成本 (avoidable cost & unavoidable cost)

可避免成本是指通过某项决策行动可以改变其数额的成本。例如，企业的广告费、新产品研究开发费、职工培训费等。可避免成本一般指与企业的某一部分具有连带关系，当某部分被取消时，随即消失的成本。一般情况下，可避免成本是相关成本。例如，企业零部件可自制也可外购，如果外购，自制的成本就是可避免成本。

不可避免成本是指某项决策行动不能改变其数额的成本。不可避免成本是无关成本。企业生产产品的折旧费、管理人员的工资、固定资产租金等，都是不可避免成本。

8. 可递延成本和不可递延成本 (deferrable cost & undeferrable cost)

可递延成本也称可延缓成本，是指在企业财力负担有限的情况下，对已经决定选用的某一方案如推迟执行，还不致影响企业大局，那么与这一方案有关的成本就成为可递延成本。一般情况下，可递延成本是相关成本。例如，某企业办公楼破旧，准备新建一幢，需花费 3 000 000 000 元，但是由于资金紧张，推迟两年再进行，那么这幢楼的成本就是可递延成本。

不可递延成本是指已经选定的某一方案，即使在企业财力负担有限的情况下，也不能推迟执行，否则就会影响企业大局，那么与这一方案有关的成本就成为不可递延成本。不可递延成本是指如果选定某一决策方案，必须立即执行，否则，将会对企业生产经营活动的正常运行产生重大的不良影响，它是与可递延成本相反的概念。不可递延成本是无关成本。

例如，某企业锅炉对环境污染严重，环保部门要求整改，需要花费 500 000 元，那么这 500 000 元就是不可递延成本。

将决策成本分为可递延成本和不可递延成本，具有重大的现实意义。要求在决策分析过程中，对于任何已选定的方案，在企业财力负担有限的情况下，应该区分轻重缓急，依次排队，量力而行。只有这样，才能更有效地利用现有资源，最大限度地提高企业的经济效益和社会效益。

9. 相关成本与无关成本 (relevant cost & irrelevant cost)

在决策时，只考虑相关成本，而不考虑无关成本。相关成本是对决策有影响的各种形式的未来成本，如差量成本、机会成本、边际成本、付现成本、专属成本等。这是决策者进行决策分析时必须认真加以考虑的各种形态的决策成本概念。

那些对决策没有影响的成本，称为无关成本。一般在决策时不予考虑，如沉没成本、联合成本等。另外，在各个备选方案中，凡项目相同、金额相等的未来成本，也属于无关成本。

6.2 短期经营决策分析常用的方法

短期经营决策分析所采用的方法，因决策的具体内容不同而各异，但其常用的方法有差量分析法、边际贡献法、成本无差别点分析法、概率分析法等几种，本节重点介绍前3种方法。

6.2.1 差量分析法

在管理会计中，不同备选方案之间的差别，叫作差量。当两个备选方案具有不同的预期收入和预期成本时，根据这两个备选方案的差量收入、差量成本计算的差量损益进行最优方案选择的方法，就是差量分析法。差量分析法也叫作差别分析法。

当差量收入大于差量成本时，其数量差异为差量收益；当差量收入小于差量成本，其数量差异为差量损失。差量分析法并不严格要求哪个方案是比较方案，哪个方案是被比较方案，只要遵循同一会计处理原则，就可以得出正确的结论。

【例6-1】某企业用一台设备既可以生产甲产品也可以生产乙产品，有关资料如下。

甲产品预计销量80件，乙产品预计销量为60件，甲产品预计售价为12元，单位变动成本为8元，乙产品预计售价为26元，单位变动成本为22元，试用差量分析法做出企业生产哪种产品的决策。

解：两种产品的差量收入 =80×12−60×26= −600(元)

两种产品的差量成本 =80×8−60×22= −680(元)

差量损益 = −600−(−680)=80(元)

因此选择生产甲产品。

6.2.2 成本无差别点分析法

成本无差别点分析法指在该业务量水平上，两个不同方案的总成本相等，但当高于或低于该业务量水平时，不同方案就具有了不同的业务量优势区域。利用不同方案的不同业务量优势区域进行最优化方案的选择的方法，称为成本无差别点分析法。

【例6-2】某企业零部件可以自制也可以外购。如果自制，单位变动生产成本29元，固定成本总额20 000元，如果外购每件为34元，企业应如何进行决策？

解：设企业需要零部件 X 件，则

$29X+20\,000=34X$

解得：$X=4\,000$(件)

即成本无差别点为4 000件，如果需要量超过4 000件，则企业可以选择自制，如果需要量小于4 000件，则企业可以选择外购。

6.2.3 边际贡献分析法

边际贡献分析法也叫贡献毛益法。在短期经营经决策中，由于一般不改变生产能力，固定成本则稳定不变,因而要对产品创造的边际贡献进行分析,就可以确定哪个备选方案最优,即所谓边际贡献法。

注意:在决策分析时,一般以各种产品能创造边际贡献总额或每个人工小时(或设备工时)能创造的边际贡献的大小作为选优的主要依据。

【**例6-3**】 某企业原设计生产能力为600 000小时,实际开工率只有原设计能力的70%,现准备将剩余生产能力生产新产品A或新产品B。根据表6-1所示的新产品A、B的资料,分析企业应如何选择。

表6-1 某企业A、B产品资料

	A	B
每件定额工时/小时	10	5
销售单价/元	80	70
单位变动成本/(元/件)	60	58

解:A产品提供的边际贡献总额 =600 000×30%÷10×(80−60)=360 000(元)
B产品提供的边际贡献总额 =600 000×30%÷5×(70−58)=432 000(元)
因此生产B产品。
或:A产品单位工时提供的边际贡献 =(80−60)÷10=2(元/时)
B产品单位工时提供的边际贡献 =(70−58)÷5=2.4(元/时)
因此生产B产品。

6.2.4 概率分析法

以上3种决策方法中,是在有关条件确定情况下采用的。因为企业在很多情况下,面临着不确定的因素,所以需要采用概率分析法进行决策。

概率分析法就是对企业经营中的许多不确定因素,给出一定的概率,从而把影响决策的各种现象都考虑进去,因而使决策更加接近于实际情况。采用概率分析方法时,应按以下步骤进行:①确定与决策结果有关的变量;②确定每一变量的变化范围以及相应的概率;③计算各变量相应的联合概率;④将不同联合概率条件下的结果加以汇总,得到预期值。

6.3 短期经营决策分析的具体问题

一般来说,短期经营决策有以下几种,本节分别阐述如下。

6.3.1 亏损产品应否停产的决策分析

一般来说,亏损产品有两种情况:一种情况是实亏产品,产品的边际贡献小于零,在这种情况下进行决策时,应该停止生产亏损产品;另一种情况是虚亏产品,即产品的边际贡献大于零,这种情况下进行决策应该根据实际情况进行考虑。

【**例6-4**】 某企业生产3种产品,资料见表6-2,A产品为亏损产品,问A产品是否应该停止生产?

表 6-2　某企业 A、B、C 产品资料

单位：元

	A	B	C	总　　计
销售收入	100 000	400 000	500 000	1 000 000
销货成本：	80 000	280 000	340 000	700 000
变动成本	60 000	200 000	220 000	480 000
固定成本	20 000	80 000	120 000	220 000
销售和管理费用：	31 000	80 000	120 000	231 000
变动成本	25 000	60 000	95 000	180 000
固定成本	6 000	20 000	25 000	51 000
税前利润	−11 000	40 000	40 000	69 000

解：A 产品的边际贡献 =100 000−60 000−25 000=15 000(元)

因为 A 产品的边际贡献为正，如果停止生产 A 产品，剩余生产能力也没有其他用途，因此，应继续生产 A 产品，因为 A 产品所提供的边际贡献还能补偿一部分固定成本。

在本例中，如果 A 产品的生产能力可出租或者是能够生产其他产品，只要获得收益大于 A 产品提供的边际贡献，就可停止生产 A 产品。

6.3.2　零部件自制或外购的决策分析

企业经常会面临零部件自制或外购的决策分析。在进行此类决策分析时，当零部件的需要量固定时，一般比较自制成本与外购成本，二者中成本小者为最优方案。当零部件的需要量不固定时，一般用成本无差别点分析法进行分析决策。

【例 6-5】某企业需用 A 零件 800 个，如从市场购买，每个价格为 38 元。若该厂利用加工车间剩余生产能力加工，预计制造一个 A 零件需支付直接材料 16 元，直接人工 14 元，变动制造费用 4 元，固定制造费用 2 000 元。加工车间若不制造该零件，生产设备没有其他用途。问该企业 A 零件自制还是外购？

解：自制相关成本 = 直接材料 + 直接人工 + 变动制造费用
　　　　　　　　=16×800+14×800+4×800=27 200(元)

外购相关成本 =38×800=30 400(元)

因此自制方案为优。

【例 6-6】在例 6-5 中，若企业自制 A 零件则需另增加一台专用检测设备，价值 3 800 元，企业应作何决策？

解：自制相关成本 =16×800+14×800+4×800+3 800=31 000(元)

外购相关成本 =38×800=30 400(元)

因此企业应选外购方案。

【例 6-7】在例 6-5 中，假设外购零件时，原生产 A 零件的设备可出租，年租金收入净额为 1 000 元，试问如何决策？

解：自制相关成本 =16×800+14×800+4×800+1 000=28 200(元)

外购相关成本 =38×800=30 400(元)

因此企业应选自制方案。

6.3.3 半成品出售或加工为成品出售的决策分析

企业生产的半成品既可以直接出售也可以加工为成品对外出售。对于这类问题，决策时只需要考虑进一步加工后增加的收入是否超过增加的成本，如果前者大于后者，则应进一步加工为产成品出售；反之，则应作为半成品销售。进一步加工前的收入和成本属于无关成本。

【例 6-8】 某企业生产甲零件 1 000 件，单位变动成本为 5 元，单位固定成本为 2 元，销售单价为 10 元。若把甲零件进一步加工成 A 产品，销售单价为 14 元，需追加单位变动成本 2 元，专属固定成本 10 000 元。企业应否将甲零件加工成 A 产品？

解：差量收入 =(14−10)×1 000=4 000(元)

差量成本 =2×1 000+10 000=12 000(元)

应选择出售半成品，不宜进一步加工。

6.3.4 联产品是否进一步加工的决策分析

在生产过程中同时生产出 (分离出) 若干种经济价值较大的产品，称为联产品。

分离前的成本称为联合成本，分离后继续加工追加的变动成本和专属成本称为可分离成本。联合成本属无关成本，可分离成本为相关成本。

【例 6-9】 某企业生产 A、B 两种联产品，它们分离出来后都可立即出售或进一步加工后再出售。资料见表 6-3，试确定是否进一步加工。

表 6-3 某企业 A、B 产品资料

项　目	A 产品	B 产品
预计产销量 / 件	5 000	8 000
分离后出售单价 / 元	12	24
进一步加工后出售单价 / 元	25	30
分离前单位成本 / 元	17	13
分离后进一步加工追加成本：		
单位变动成本 / 元	8	7
专属固定成本 / 元	5 000	0

解：A 产品，进一步加工增加收入 =(25−12)×5 000=65 000(元)

进一步加工增加成本 =8×5 000+5 000=45 000(元)

所以 A 产品可以进一步加工。

B 产品，进一步加工增加收入 =(30−24)×8 000=48 000(元)

进一步加工增加成本 =7×8 000=56 000(元)

所以 B 产品应该分离后出售，不能进一步加工。

6.3.5 采用不同工艺方案的决策分析

【例 6-10】 某企业生产甲产品,有 A、B 两种工艺方案,A 方案的固定性工艺成本为 20 000 元,单位变动生产成本为 12 元,B 方案的固定性工艺成本为 16 000 元,单位变动生产成本为 16 元,问企业选择何种工艺方案的决策?

解:设生产 X 件产品时用两种工艺方案成本相等,则

$12X+20\,000=16X+16\,000$

解得 $X=1\,000$(件)

当产量为 1 000 件时,两种工艺方案生产的产品成本相等。

因此,当企业生产产品超过 1 000 件时,选择 A 种工艺方案。当企业生产产品小于 1 000 件时,选择 B 种工艺方案。

6.3.6 特殊订货应否接受的决策分析

特殊订货一般是指客户给的价格很低,甚至低于单位业务成本。一般来说,进行此类决策时,应该根据企业生产能力来进行决策。只要特殊订货的产品能提供收益,就可接受。

【例 6-11】 某企业生产能力是 2 000 件,目前正常销售为 1 800 件,单价 10 元,单位变动成本 6 元,固定成本 1 200 元/年。有一客户要求订货 200 件,出价 7 元/件。应否接受这项追加订货?

解:因为接受特殊订货不用增加固定成本,是利用剩余生产能力进行加工的,因此,固定成本作为无关成本,不用加以考虑。

接受订货可获得收益 =(7–6)×200=200(元)

所以应该接受此项订货。

6.4 产品定价决策

拓展视频

在市场经济条件下,产品和劳务价格的确定是一项重要的决策,直接影响到企业利润的获得。在市场中,产品的价格是由供需双方的力量对比所决定的。但这种根植于供求规律基础上的产品定价基本原理,在企业的现实操作中由于数据、信息不对称等各种条件的限制而无法直接进行操作。在企业的定价决策过程中,除了借助数学模型等工具外,还要根据企业的实践经验和自身的战略目标进行必要的定性分析,来选择何时的定价策略。严格地说,定价属于企业营销战略的重要组成部分,管理会计人员主要是从成本与价格之间关系的角度为管理者提供产品定价的有用信息。

6.4.1 定价决策的基本目标

1. 以应付和防止竞争为定价目标

采用此种目标的企业,在成本和需求发生变化时,只要竞争对手维持原价,本企业一

般也维持原价，而当竞争对手改变价格时，则应对产品价格做出相应的调整，以应付或避免竞争。

2. 提高市场占有率为定价目标

采用此种目标要求企业有潜在的生产经营能力，总成本的增长速度低于总销售量的增长速度，产品的需求价格弹性较大，即薄利能够促进多销。

3. 以获得最大利润为定价目标

1) 以扩大当前利润为目标

一般实现这一定价决策目标的方法就是通过提高产品价格，扩大单位产品的盈利额，以追求短期利润最大化。

2) 以一定的预期利润率为目标

即投资者不是追求一时的利益，而是力图保持长期稳定的利润。

3) 以获得合理利润为目标

企业为了达到长期占领市场的目的，需要保持销售稳定或减少竞争对手，以获取合理利润为定价决策目标较为合适。

6.4.2 定价决策应考虑的因素

1. 国家相关的政策法规

企业在进行价格决策时，首先要考虑到国家对价格进行间接调控的货币金融、税收、海关等政策。企业定价的重要前提就是不能违背国家的物价管理规定。尤其是在对外贸易中，更要考虑各国政府对价格的监管要求。

2. 产品的供求关系

市场上某种产品的供求关系与该种产品的价格相互影响、相互制约。一般来说，产品的市场需求超过市场供应，可将产品的价格定得高些；产品的市场供应超过市场需求，则应将产品价格定得低些。

3. 产品的价值

价格是产品价值的货币表现，产品价值是形成价格的基础，二者关系极为密切。而产品价值中的成本在定价中起着决定性作用，产品的价格必须首先补偿成本，然后才能考虑利润等其他因素。

4. 产品的质量

产品的质量是产品价格的重要基础，质优的产品定价可以高些，而次品只能低价出售。

5. 产品的市场生命周期

产品的市场生命周期一般包括：投入期、成长期、成熟期和衰退期。了解产品生命周期，对于定价决策具有重要的意义，可以根据产品在不同阶段的需求变化规律，采取与之相适应的定价策略，从而为产品确定合适的价格。

6.4.3 定价决策的基本方法

从管理会计的角度,产品定价的基本准则是:从长期来看,销售收入必须足以补偿全部的生产、行政管理和营销成本,并为投资者提供合理的利润,以维持企业的生存和发展。因此,产品的价格应该是在成本的基础上进行一定的加成后得到的。

拓展视频

1. 成本加成法

成本加成法的基本思路是先计算成本基数,然后在此基础上加上一定的"成数",通过"成数"获得预期的利润,以此得到产品目标价格。

1) 完全成本加成法

在完全成本加成法下,成本基数为单位产品的制造成本。以这种制造成本进行加成,加成部分必须能弥补销售以及管理费用等非制造成本,并为企业提供满意的利润。也就是说,"加成"的内容应该包括非制造成本及合理利润。

【例 6-12】 某企业正在研究某新产品的定价问题,该产品预计年产量为 10 000 件。企业财务部门收集到的预计成本资料为:该新产品的直接材料为每单位产品 6 元,直接人工为每单位产品 4 元,变动制造费用为每单位产品 3 元,总固定制造费用为 70 000 元,变动销售及管理费用为每单位产品 2 元,总固定销售及管理费用为 10 000 元。假定该企业经过确定在制造成本的基础上,加成 50% 作为这项产品的目标销售价格。要求:确定该新产品的价格。

解:该新产品的价格 =(6+4+3+70 000/10 000)×(1+50%)= 30(元)

2) 变动成本加成法

企业采用变动成本加成,成本基数为单位产品的变动成本,加成的部分要求弥补全部的固定成本,并为企业提供满意的利润。此时,在确定"加成率"时,应该考虑是否涵盖了全部的固定成本和预期利润。

【例 6-13】 沿用例 6-12,假设该企业经过研究确定采用变动成本加成法,在变动成本的基础上,加成 100% 作为该产品的目标销售价格。要求:确定该新产品的价格。

解:该新产品的价格 =(6+4+3+2)×(1+100%)=30(元)

通过上述两个例题可见,变动成本加成法与完全成本加成法虽然计算的成本基数有所不同,但在思路上是相似的,都认为企业的定价必须弥补全部成本,只是成本基数的不同会引起加成比例的差异。

除了使用完全成本加成法和变动成本加成法以外,企业还可以使用标准成本法,即以标准成本作为成本基数,在此基础上进行加成定价。

2. 目标成本法

目标成本法是一种以市场为基础的定价方法,它以具有竞争性的市场价格和目标利润倒推出产品的目标成本,目标价格是指预计潜在客户愿意接受的价格,目标成本根据预计的市场价格和目标利润推出,其计算公式如下。

$$目标成本 = 目标价格 - 目标利润$$

推行目标成本法包括以下几个基本步骤。
(1) 根据目标客户的需求,设想生产一种满足目标顾客需要的产品。
(2) 根据客户与竞争对手的情况确定该产品具有竞争性的市场价格和目标利润。
(3) 根据竞争性的市场价格和目标利润确定目标成本。
(4) 推行价值工程实现目标成本。

目标成本法主要应用于对新产品在研发过程中的成本控制,以确保产品进入生产环节以后成本不会超过目标成本,从而能够为企业提供有保障的目标利润。在确定目标成本过程中,需要针对未来新产品的市场定位和目标顾客的需求程度等因素进行详细的分析,以确定未来新产品的目标售价。

3. 有闲置能力条件下的定价方法

有闲置能力条件下的定价方法是指在企业具有闲置生产能力时,面对市场需求的变化所采用的定价方法。当企业参加订货会,或者参加投标的情况时,往往会遇到较强的竞争对手,虽然每个厂家都希望以高价得标而获得高额利润,但是通常只有报价较低的厂商才能中标。这时管理者为了确保中标,往往以该投标产品的增量成本作为定价基础。当公司存在剩余生产能力时,增量成本即为该批产品的变动成本。这种定价方法虽然定价会较低,但是短期内可以维持企业的正常经营,并维持员工的稳定,还可以抵补一部分固定成本。

在这种情况下,企业产品的价格应该在变动成本与目标价格之间进行选择。

【例6-14】某开发区管委会准备建造一座新的游船停泊港,拟向社会公开招标。某船舶运输公司主营各港口间的客运和货运服务,其下属的港口建设部准备参与该项目的竞标。经过会议讨论,公司管理层认为该港口项目维持该部门的正常运转非常重要,因为港口建设部门已经连续几个月处于生产能力部分闲置状况,并且该项目不会妨碍该部门承接其他工程项目。

根据财务部门测算,该工程成本估计为:直接材料成本为18 000 000元,直接人工成本为30 000 000元,变动制造费用为7 500 000元,变动成本合计55 500 000元,固定成本为12 000 000元,总成预计为67 500 000元。

要求:决策投标价格的底线。

解:由于该港口有剩余生产能力,因此只要价格超过该工程的变动成本55 500 000元,就能弥补一些固定制造费用,并提供边际贡献。可见,只要投标价格高于55 500 000元,就可以考虑参加投标。

本章小结

本章主要介绍了短期经营决策的相关成本概念、短期经营决策的方法及应用举例、产品定价的方法。

短期经营决策主要是探讨如何在生产经营过程中最有效、最经济、最合理地利用现有资源以获取最大的经济效益,包括亏损产品应否停产的决策分析、零部件自制或外购的决策分析、半成品出售或加工为成品出售的决策分析、联产品是否进一步加工的决策分析、特殊订货应否接受的决策分析等决策。

关键术语

决策 短期决策 长期决策 差别成本与边际成本 付现成本与沉没成本 机会成本与假计成本 历史成本与重置成本 专属成本与共同成本 联合成本与可分成本 可递延成本和不可递延成本 可避免成本和不可避免成本 相关成本与无关成本 差量分析法 成本无差别点分析法 边际贡献分析法 成本加成法 目标成本法

综合练习

一、问答题

1. 与决策有关的成本概念有哪些？
2. 经营决策分析常用的方法有哪些？

二、判断题

1. 凡是亏损的产品都应该停产。 （ ）
2. 在某种情况下，亏损的产品不停止生产反而对企业经营有利。 （ ）
3. 如果某种产品的定价低于产品成本，那么企业就不能接受。 （ ）
4. 机会成本是一项实际支出，应该入账。 （ ）
5. 相关成本和无关成本的区分是绝对的。 （ ）
6. 差量分析法只适用于两个方案的比较。 （ ）
7. 在短期经营决策中，所有的固定成本都是沉没成本。 （ ）
8. 定价决策属于长期投资决策。 （ ）
9. 如果某零件的需要量不确定，那么在进行零部件自制还是外购的分析时，应该采用成本无差异点分析法。 （ ）

三、不定项选择题

1. 下列成本中属于相关成本的有（ ）。
   A. 联合成本　　　　　　　B. 机会成本
   C. 边际成本　　　　　　　D. 沉没成本
   E. 可分成本
2. 下列各项中，属于短期经营决策的有（ ）。
   A. 亏损产品是否停产的决策　B. 特殊产品是否接受订货的决策
   C. 生产工艺方案选择的决策　D. 零部件是否自制的决策 E. 产品售价决策
3. 采用边际贡献分析法在不同备选方案之间进行比较分析时，应该使用的评价标准是（ ）。
   A. 利润总额指标　　　　　B. 单位边际贡献指标
   C. 边际贡献总额指标　　　D. 剩余损益指标
4. 差量分析法涉及的指标包括（ ）。
   A. 差量收入　　　　　　　B. 差量成本

C. 差量损益   D. 边际成本

5. 某企业计划投资 300 万元开发一条生产线，由于某种原因，决定推迟一年执行，对全局没有重大影响，则与该方案有关的成本称为（　　）。

  A. 可避免成本   B. 不可避免成本
  C. 可递延成本   D. 不可递延成本

6. 在进行半成品是否进一步加工决策时，应对半成品在加工后增加的收入和（　　）进行分析研究。

  A. 进一步加工前的变动成本   B. 进一步加工追加的成本
  C. 进一步加工前的全部成本   D. 加工前后的全部总成本

7. 康佳公司使用同一套设备可生产甲、乙两种产品。其中生产甲产品每件需要 10 机器小时，生产乙产品每件需要 8 机器小时。甲、乙产品的单位贡献毛益同为 18 元，则（　　）。

  A. 生产甲产品有利   B. 生产乙产品有利
  C. 生产甲、乙产品一样有利   D. 分不清哪种产品有利

8. 企业在短期决策时，需要考虑下列哪些因素？（　　）

  A. 经济效益   B. 时间价值
  C. 社会效益   D. 风险价值

四、计算题

1. 某单位新进一台设备可生产 A 产品，也可生产 B 产品，该设备最大生产能量为 12 000 机器小时，生产所需要机器小时及各项成本数据见表 6-4。

表 6-4   生产 A、B 两种产品资料

摘　　要	A 产品	B 产品
每件机器小时	30	40
销售单价 / 元	16	25
单位成本：		
单位变动成本 / 元	7	11
固定制造成本 / 元	8	12

要求：根据表 6-4 中的资料做出生产何种产品较为有利的决策。

2. 红光零配件厂生产甲、乙、丙 3 种产品，现除了正常生产外，尚有剩余生产能力，甲、乙、丙 3 种产品的售价、成本数据见表 6-5。

要求：根据表 6-5 中的资料做出应该增产哪种产品较为有利的决策。

表 6-5   生产甲、乙、丙 3 种产品成本数据表

摘　　要	甲产品	乙产品	丙产品
每件机器小时	20	30	40
销售单价 / 元	54	66	78
单位成本：			
直接材料	15	16	18

续表

摘要	甲产品	乙产品	丙产品
直接人工	10	18	16
变动制造费用	5	12	4
固定制造费用	16	28	25

3．假定丽兴公司生产销售甲、乙、丙3种产品，其中乙产品是亏损产品，甲、丙两种都是盈利产品。它们按传统方式编制的收益表资料见表6-6。

表6-6　生产甲、乙、丙3种产品收益表

单位：元

项　　目	甲产品	乙产品	丙产品
销售收入	3 000	4 000	5 000
制造成本：			
直接材料	500	900	600
直接人工	300	800	400
变动制造费用	300	700	400
固定制造费用	600	1 100	1 000
非制造成本：			
变动推销费用	300	600	500
固定推销费用	400	400	600
销售成本总计	2 400	4 500	3 500
税前净利	600	(500)	1 500

要求：假定乙产品停产后，其设备不能移做他用，则乙产品是否应该停产？

4．新民制药厂生产某新药品若干瓶，单位售价18元，其正常的单位成本见表6-7。

表6-7　生产某新药的单位成本表

单位：元

项　　目	金　　额
直接材料	5
直接人工	4
制造费用	
变动费用	3
固定费用	3
合　计	15

根据目前的生产状况，该企业尚有一定的剩余生产能力。现外地客户来订货1 000瓶，但只愿意出14元，请问该项订货能否接受？

5．上海自行车厂每年需用车轮30 000个，向市场购买，每个进货价包括运杂费为46元。若自己生产，预计每个车轮成本见表6-8。

表 6-8　车轮成本表

单位：元

项　　目	金　　额
直接材料	30
直接人工	5
变动制造费用	9
固定制造费用	7
单位成本	51

假如外购车轮的话，把生产车间出租，每月可得租金 20 000 元。

问：该厂车轮是自制还是外购较为有利？

6. 新华公司每年生产甲半成品 3 000 件，销售单价 120 元，单位变动成本 54 元，固定成本总额 10 000 元。如果把甲产品进一步加工成完工产品乙，则销售单价可提高到 150 元，但需追加单位变动成本 25 元，专属固定成本 20 000 元。

要求：为新华公司做出是否把甲产品进一步加工成乙产品的决策。

7. 假定宏达公司准备生产某电器 3 000 台，预期单位成本资料见表 6-9。

表 6-9　生产电器的预期成本资料

单位：元

项　　目	金　　额
制造成本：	
直接材料	900
直接人工	500
变动制造费用	200
固定制造费用	150
非制造成本：	
变动推销及管理费用	90
固定推销及管理费用	60

若宏达公司希望计划年度在该产品上获利不低于其变动总额的 40%，试问采用变动成本加成法，该电器售价多少？

8. 麦道公司生产热水器，准备在计划年度生产出售 2 500 台。该产品预计单位变动成本为：直接材料 560 元，直接人工 230 元，变动制造费用 410 元。固定成本总额 750 000 元。非制造成本总额 250 000 元。若麦道公司计划年度营业资产平均占用额为 6 550 000 元，预期投资报酬率为 20%。假定采用全部成本法定价，则目标售价多少？

拓展案例

第 7 章 存货决策分析

教学目标

本章主要内容及要求了解存货的功能和成本,理解经济订货批量的概念,并掌握经济订货批量的基本模式,运用掌握经济订货批量模式的扩展模式及其运用,理解安全库存量的概念,并掌握其确定的基本方法,掌握再订购点的确定方法。

教学要求

知识要点	能力要求	相关知识
存货及存货成本	了解存货的概念、内容、功能及成本	(1) 存货的含义 (2) 存货的内容 (3) 存货的功能 (4) 存货的成本
存货经济批量决策	理解存货经济批量的概念及假设条件,利用经济订货量基本模型进行存货决策,运用几种特殊的存货决策模型进行存货决策	(1) 存货经济批量的概念 (2) 存货经济模型的假设条件 (3) 经济订货量基本模型及其变形 (4) 有数量折扣的经济批量决策 (5) 再订货点 (6) 存货陆续供应和使用 (7) 保险储备

沃尔玛降低运输成本的学问

沃尔玛公司是世界上最大的商业零售企业，在物流运营过程中，尽可能地降低成本是其经营的哲学。

在中国，沃尔玛百分之百地采用公路运输，所以如何降低公路运输成本，是沃尔玛物流管理面临的一个重要问题，为此他们主要采取了以下措施。

拓展案例

第一，沃尔玛使用一种尽可能大的卡车，大约有16米加长的货柜，比集装箱运输卡车更长或更高。沃尔玛把卡车装得非常满，产品从车厢的底部一直装到最高，这样非常有助于节约成本。

第二，沃尔玛的车辆都是自有的，司机也是公司的员工。沃尔玛的口号是"安全第一、礼貌第一"，而不是"速度第一"。沃尔玛认为，卡车不出事故，就是节省公司的费用，就是最大限度地降低物流成本。由于狠抓了安全驾驶，沃尔玛的运输车队已经创造了300万公里无事故的纪录。

第三，沃尔玛采用全球定位系统对车辆进行定位，因此在任何时候，调度中心都可以知道这些车辆在什么地方，离商店有多远，还需要多长时间才能到商场。这可以提高整个物流系统的效率，有助于降低成本。

第四，沃尔玛的连锁商场的物流部门24小时工作，无论白天或晚上，都能为卡车及时卸货。

第五，沃尔玛的卡车把产品运到商场后，商场可以直接把它卸下来，而不用对每个产品逐个检查，这样就可以节省很多时间和检验成本。这里有一个非常重要的先决条件，就是沃尔玛的物流系统能够确保商场所得到的产品是与发货单完全一致的产品。

沃尔玛的集中配送中心把上述措施有机地组合在一起，做出了一个最经济合理的安排，从而使沃尔玛的运输车队能以最低的成本高效率地运行，有效地降低了存货的成本。

资料来源：http://wenku.baidu.com/view/54c5b704a6c30c2259019ed8.html

由以上案例可以看出，企业要健康稳定的发展离不开存货，采用一定方法对存货进行管理是非常必要的，下面我们学习存货管理的相关知识。

7.1 存货及存货成本

7.1.1 存货的含义

1. 存货的概念

《企业会计准则第1号——存货(2006)》中对存货的定义是：存货，是指企业在日常活动中持有以备出售的产成品或商品、处在生产过程中的在产品、在生产过程或提供劳务过程中耗用的材料和物料等。存货同时满足下列条件的，才能予以确认：与该存货有关的经济利益很可能流入企业；该存货的成本能够可靠地计量。

拓展阅读

其中《企业会计准则第 1 号——存货 (2006)》中第五条至第八条规定了存货的成本构成。第五条规定，存货应当按照成本进行初始计量。存货成本包括采购成本、加工成本和其他成本。第六条规定，存货的采购成本，包括购买价款、相关税费、运输费、装卸费、保险费以及其他可归属于存货采购成本的费用。第七条规定，存货的加工成本，包括直接人工以及按照一定方法分配的制造费用。制造费用，是指企业为生产产品和提供劳务而发生的各项间接费用。企业应当根据制造费用的性质，合理地选择制造费用分配方法。在同一生产过程中，同时生产两种或两种以上的产品，并且每种产品的加工成本不能直接区分的，其加工成本应当按照合理的方法在各种产品之间进行分配。第八条规定，存货的其他成本，是指除采购成本、加工成本以外的，使存货达到目前场所和状态所发生的其他支出。

2. 存货的内容

存货是指企业在生产经营过程中为销售或者耗用而储备的物资，包括原材料、燃料、低值易耗品、在产品、半成品、产成品、协作件、商品等、委托加工物资。企业的存货通常包括以下内容。

1) 原材料

原材料指企业在生产过程中经加工改变其形态或性质并构成产品、主要实体的各种原料及主要材料、辅助材料、外购半成品 (外购件)、修理用备件 (备品备件)、包装材料、燃料等。为建造固定资产等各项工程而储备的各种材料，虽然同属于材料，但是由于用于建造固定资产等各项工程不符合存货的定义，因此不能作为企业的存货进行核算。

拓展视频

2) 在产品

在产品指企业正在制造尚未完工的产品，包括正在各个生产工序加工的产品和已加工完毕但尚未检验或已检验但尚未办理入库手续的产品。

3) 半成品

半成品指经过一定生产过程并已检验合格交付半成品仓库保管，但尚未制造完工成为产成品，仍需进一步加工的中间产品。

4) 产成品

产成品指工业企业已经完成全部生产过程并验收入库，可以按照合同规定的条件送交订货单位或者可以作为商品对外销售的产品。企业接受外来原材料加工制造的代制品和为外单位加工修理的代修品，制造和修理完成验收入库后，应视同企业的产成品。

5) 商品

商品指商品流通企业外购或委托加工完成验收入库用于销售的各种商品。

6) 周转材料

周转材料指企业能够多次使用、但不符合固定资产定义的材料，如为了包装本企业商品而储备的各种包装物，各种工具、管理用具、玻璃器皿、劳动保护用品以及在经营过程中周转使用的容器等低值易耗品和建造承包商的钢模板、木模板、脚手架等其他周转材料。但是，周转材料符合固定资产定义的，应当作为固定资产处理。

3. 存货管理的功能

拓展视频

如果工业企业能在生产投料时随时购入所需的原材料，或者商业企业能在销售时随时购入该项商品，就不需要存货。随着技术的进步，一些企业可以达到零库存，就是没有存货。但实际上，企业总有储存存货的需要，并因此占用或多或少的资金。这种存货的需要出自以下原因。

1) 为了生产经营需要

储存必要的原材料和在产品，保证生产正常进行；储备必要的产成品，有利于销售；适当储存原材料和产成品，便于组织均衡生产，降低产品成本；留用各种存货的保险储备，防止意外事件造成的损失。一般情况下，企业很少能做到随时购入生产或销售所需的各种物资，即使是市场供应量充足的物资也如此。这不仅因为不时会出现某种材料的市场断档，还因为企业距供应点较远而需要必要的途中运输及可能出现运输故障。一旦生产或销售所需物资短缺，生产经营将被迫停顿，造成损失。为了避免或减少出现停工待料、停业待货等事故，企业需要储存存货。

2) 为了降低成本的需要

拓展案例

零购物资的价格往往较高，而整批购买在价格上常有优惠。但是，过多的存货要占用较多的资金，并且会增加包括仓储费、保险费、维护费、管理人员工资在内的各项开支。存货占用资金是有成本的，占用过多会使利息支出增加并导致利润的损失；各项开支的增加更直接使成本上升。进行存货管理，就要尽力在各种存货成本与存货效益之间做出权衡，达到两者的最佳结合。这也就是存货管理的目标。

7.1.2 存货的成本

存货的成本一般包括取得成本（包括采购成本和订货成本）、储存成本及缺货成本。

1. 采购成本

采购成本是购置存货的购买价及相关运杂费。采购成本指存货本身的价值，经常用数量与单价的乘积来确定。年需要量用 D 来表示，单价用 U 表示，于是采购成本为 DU。

$$采购成本 = 单位采购成本 \times 采购数量$$

$$单位采购成本 =（购买总价 + 相关运杂费）\div 采购数量$$

由于在一定相关范围内，单位采购成本一般是个常数，所以在采购批量决策中，采购成本通常属于决策无关成本；但当存货供应商为了扩大销售量，采用数量折扣等优惠条件进行销售时，采购成本就会成为决策相关成本。

2. 订货成本

订货成本指取得订单的成本，是企业为组织进货而发生的各种订购费用。如办公费、差旅费、邮资、电报电话费、检验费等支出。订货成本按与订货次数是否相关可以分为固定订货成本和变动订货成本。订货成本中有一部分与订货次数无关，如常设采购机构的基本开支等，采购部门一般性费用一般属于固定订货成本，称为订货的固定成本，用 F_1 表示；

第 7 章 存货决策分析

另一部分与订货次数有关,如差旅费、邮资等,称为订货的变动成本,采购业务费用一般属于变动订货成本,每次订货的变动成本用 K 表示;订货次数等于存货年需要量 D 与每次进货量 Q 之比。只有变动订货成本与决策相关,属于决策相关成本。

订货成本的计算公式为:

$$\text{订货成本} = F_1 + \frac{D}{Q}K$$

订货成本加上采购成本,就等于存货的取得成本。其公式可表述为:

$$\text{取得成本} = \text{订货成本} + \text{采购成本}$$
$$= \text{订货固定成本} + \text{订货变动成本} + \text{采购成本}$$
$$= TC_a = F_1 + \frac{D}{Q}K + DU$$

3. 储存成本

储存成本是企业为储存存货而发生的各种费用。储存成本包括仓储费、按存货价值计价的保险费、陈旧报废损失、年度检查费以及企业自设仓库发生的各种费用等付现成本,还包括储存存货占用资金而发生的机会成本(一般按资本成本进行估算)。储存成本指为保持存货而发生的成本,包括存货占用资金所应计的利息(若企业用现有现金购买存货,便失去了现金存放银行或投资于证券本应取得的利息,是为"放弃利息";若企业借款购买存货,便要支付利息费用,是为"付出利息")、仓库费用、保险费用、存货破损和变质损失等,通常用 TC_c 来表示。

储存成本也分为固定成本和变动成本。储存成本按与存货储存数量和储存长短是否相关,可以分为固定储存成本和变动储存成本。保险费、陈旧报废损失、存货资本成本属于变动成本;自建仓库保管人员的工资、仓库折旧费属于固定成本。只有变动储存成本是决策相关成本,属于决策相关成本。

固定成本与存货数量的多少无关,如仓库折旧、仓库职工的固定月工资等,通常用 F_2 来表示。变动成本与存货的数量有关,如存货资金的应计利息、存货的破损和变质损失、存货的保险费用等,单位成本用 K_c 来表示。用公式表述的储存成本为:

$$\text{变动储存成本} = \text{年平均库存量} \times \text{单位存货的年储存成本}$$
$$\text{变动储存成本} = Q/2 \times K_c$$
$$\text{储存成本} = \text{储存固定成本} + \text{储存变动成本}$$
$$TC_c = F_2 + K_c \frac{Q}{2}$$

4. 缺货成本

缺货成本是指因存货供应中断造成的损失。缺货成本包括材料供应中断造成的停工损失、产成品库存缺货造成的拖延发货和丧失销售机会的损失(还应包括主观估计的商誉损失)。缺货成本属于机会成本,一般不好准确估计。如果生产企业以紧急采购代用存货解决库存短缺问题,那么缺货成本变现为紧急额外购入成本,紧急额外购入成本一般大于正常购入成本。在企业管理不允许发生存货短缺的情况下,短缺成本属于决策无关成本;在企业管理允许发生存货短缺的情况下,短缺成本属于决策相关成本。

缺货成本用 TC_s 表示。

如果以 TC 来表示储备存货的总成本，它的计算公式表述为：

$$TC = TC_a + TC_c + TC_s = F_1 + \frac{D}{Q}K + DU + F_2 + K_c\frac{Q}{2} + TC_s$$

企业存货的最优化，即是使上式 TC 值最小。

7.2 存货经济订货批量决策

存货决策的目标就是要在存货的成本与收益之间进行权衡，实现两者之间的最佳组合。以最低的成本提供企业经营所需的存货。存货的决策涉及四项内容：决定进货项目、选择供应单位、决定进货时间和决定进货批量。为此，企业应该制定相关的存货管理政策，进行科学的管理和控制，使存货维持在最佳水平上。

7.2.1 存货的经济订货批量的概念

经济订货批量也可以简称为经济批量，是指每次订货(采购)存货的数量，也就是说一定时期内的订货成本与储存成本之和最低的订货批量。按照存货决策的目的，需要通过合理的进货批量和进货时间，使存货总成本最低的进货批量，也叫作经济订货量。决定进货项目和选择供应单位是销售部门、采购部门和生产部门的职责。财务部门要做的是决定进货时间和决定进货批量(分别用 T 和 Q 表示)。按照存货管理的目的，需要通过合理的进货批量和进货时间，使存货的总成本最低。有了经济订货量，可以很容易地找出最适宜的进货时间。

7.2.2 经济订货量基本模型的假设条件

与存货总成本有关的变量(即影响总成本的因素)很多，为了解决比较复杂的问题，有必要简化或舍弃一些变量，先研究解决简单的问题，然后再扩展到复杂的问题。这需要设立一些假设，在此基础上建立经济订货量的基本模型。

(1) 能及时补充存货，即存货可瞬时补充(需要订货时便可立即取得存货)。
(2) 能集中到货，即不是陆续入库。
(3) 不允许缺货，即无缺货成本，TCs 为零，这是因为良好的存货管理本来就不应该出现缺货成本。
(4) 需求量稳定，并能预测，即 D 为已知常量。
(5) 存货单价不变，即 U 为已知常量。
(6) 企业现金充足，不会因现金短缺而影响进货。
(7) 所需存货市场供应充足，可以随时买到。不会因买不到需要的存货而影响其他。

7.2.3 经济订货量基本模型及其变形

经济订货量 (Q^*) 基本模型：

$$Q^* = \sqrt{\frac{2KD}{K_c}}$$

1) 经济订货批量的基本模型
设立了上述假设后,存货总成本的公式可以简化为:

$$TC = F_1 + \frac{D}{Q}K + DU + F_2 + K_c\frac{Q}{2}$$

当 F_1、K、D、U、F_2、K_c 为常数量时,TC 的大小取决于 Q。为了求出 TC 的最小值,对其进行求导演算,可得出下列公式:

$$Q^* = \sqrt{\frac{2KD}{K_c}}$$

此时,存货最低年总成本:

$$T^* = \sqrt{2KDK_c}$$

这一公式称为经济订货量基本模型,求出的每次订货批量,可使 TC 达到最小值。

2) 基本模型演变形式
这个基本模型还可以演变为其他形式。
每年最佳订货次数公式:

$$N^* = \frac{D}{Q^*} = \frac{D}{\sqrt{\frac{2KD}{K_c}}} = \sqrt{\frac{DK_c}{2K}}$$

与批量有关的存货总成本公式:

$$TC(Q^*) = \frac{KD}{\sqrt{\frac{2KD}{K_c}}} + \frac{\sqrt{\frac{2KD}{K_c}}}{2} \times K_c = \sqrt{2KDK_c}$$

最佳订货周期公式:

$$t^* = \frac{1年}{N^*} = \frac{1年}{\sqrt{\frac{DK_c}{2K}}}$$

经济订货量占用资金:

$$I^* = \frac{Q^*}{2} \cdot U = \frac{\sqrt{\frac{2KD}{K_c}}}{2} \cdot U = \sqrt{\frac{KD}{2K_c}} \cdot U$$

【例 7-1】某企业每年耗用某种材料 3 600 千克,该材料单位成本为 10 元,单位存储成本为 2 元,一次订货成本为 25 元。则:

$$Q^* = \sqrt{\frac{2KD}{K_c}} = \sqrt{\frac{2 \times 25 \times 3\,600}{2}} = 300(千克)$$

$$N^* = \frac{D}{Q^*} = \frac{3\,600}{300} = 12(次)$$

$$TC(Q^*)=\sqrt{2KDK_c}=\sqrt{2\times 25\times 3\,600\times 2}=600(元)$$

$$t^*=\frac{1}{N^*}=1/12(年)=1(月)$$

$$I^*=\frac{Q^*}{2}\cdot U=\frac{300}{2}\times 10=1\,500(元)$$

经济订货量也可以用图解法求得：先计算出一系列不同批量的各有关成本，然后在坐标图上描出由各有关成本构成的订货成本线、储存成本线和总成本线，总成本线的最低点或者是订货成本线和储存成本线的交接点相应的批量，即经济订货量。

不同批量下的有关成本指标如表 7-1 所示。

表 7-1　不同批量下的有关成本指标

订货批量 / 千克	100	200	300	400	500	600
平均存量 / 千克	50	100	150	200	250	300
储存变动成本 / 元	100	200	300	400	500	600
订货次数 / 次	36	18	12	9	7.2	6
订货变动成本 / 元	900	450	300	225	180	150
与批量相关总成本 / 元	1 000	650	600	625	680	750

不同批量的有关成本变动情况如图 7.1 所示。从以上成本指标的计算和图形中可以很清楚地看出，当订货批量为 300 千克时总成本最低，小于或大于这一批量都是不合算的。

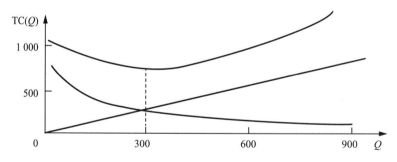

图 7.1　不同批量的成本变动情况

7.2.4　有数量折扣的经济批量决策

当存货供应商为了扩大销售量，采用数量折扣等优惠条件进行销售时，除了订货成本、储存成本是相关成本外，采购成本也成为决策相关成本。这时，在计算年存货总成本的时候，必须把三类成本相加计算。在这种情况下，经济批量决策一般按下列步骤进行：

(1) 计算没有数量折扣情况下的经济批量。
(2) 计算不考虑数量折扣情况下年总成本。
(3) 计算考虑数量折扣条件的年总成本。

比较不考虑数量折扣情况下年总成本及各数量折扣时的年总成本,订货成本、储存成本和采购成本总和最低的就是最优方案。

当然,在实务中,针对不同情况和应考虑因素,可以灵活加以运用。

7.2.5 订货批量受限时的经济批量决策

订货批量受限,一般是指供应商在接受订货的时候,只按整数批量接受。在这种情况下,确定经济批量可按下列步骤进行。

(1) 计算不考虑订货批量受限情况下的经济批量及总成本。如果计算的经济批量不和供应商的接受整数批量相同,就进行下面步骤。

(2) 计算紧邻上述计算出经济批量的两个供应商接受的整数批量的总成本。

(3) 比较上述三个总成本的大小,总成本小的就是最优订货批量。

7.2.6 储存量受限时的经济批量决策

储存量受限,一般是指企业自建存货存储仓库面积或能力有限。在这种情况下,确定经济批量可按下面步骤进行。

(1) 计算不考虑存储量受限情况下的经济批量及总成本。如果计算的经济批量不超过存储量上限,就进行下面步骤。

(2) 计算存储量上限的总成本。

(3) 比较上述两个总成本的大小。

如果差量成本大于解决超额存储的额外成本,则按不考虑存储量受限情况下的经济批量订货是最优方案;如果差量成本小于解决超额存储的额外成本,则按存储量的上限进行订货是最优方案。

7.3 经济批量模型的扩展

经济订货量的基本模型是在前述各假设条件下建立的,但现实生活中能够满足这些假设条件的情况十分罕见。为使模型更接近于实际情况,具有较高的可用性,需逐一放宽假设,同时改进模型。

7.3.1 再订货点

企业再次发出订货单时尚有存货的库存量。一般情况下,企业的存货不能做到随用随时补充,因此不能等存货用光再去订货,而需要在没有用完时提前订货。在提前订货的情况下,企业再次发出订货单时,尚有存货的库存量,称为再订货点,用 R 来表示。它的数量等于平均交货时间 (L) 和每日平均需用量 (d) 的乘积:

$$R=L \times d= 平均交货时间 \times 每日平均需求量$$

【例 7-2】续例 7-1 资料,企业订货日期至到货日期的时间为 10 天,每日存货需要量为 10 千克,那么:

$$R=L \cdot d=10 \times 10=100(千克)$$

即企业在尚存 100 千克存货时,就应当再次订货,等到下批订货到达时(再次发出订货单 10 天后),原有库存刚好用完。此时,有关存货的每次订货批量、订货次数、订货间隔时间等并无变化,与瞬时补充相同。订货提前期的情形如图 7.2 所示。这就是说,订货提前期对经济订货量并无影响,可仍以原来瞬时补充情况下的 300 千克为订货批量,只不过在达到再订货点(库存 100 千克)时即发出订货单罢了。

图 7.2 订货提前期

7.3.2 存货陆续供应和使用

设每批订货数为 Q,每日送货量为 P,每日耗用量为 d。

变动订货成本 = 年订货次数 × 每次订货成本 = $D/Q \times K$

变动储存成本 = 年平均库存量 × 单位存货的年储存成本 = $Q/2 \times (1-d/p) \times K_c$

存货陆续供应和使用的经济订货量:

$$Q^* = \sqrt{\frac{2KD}{K_c} \times \left(\frac{P}{P-d}\right)} = \sqrt{\frac{2KD}{K_c \times \left(1-\frac{d}{P}\right)}}$$

存货陆续供应和使用的经济订货量总成本公式为:

$$TC(Q^*) = \sqrt{2KDK_c \times \left(1-\frac{d}{P}\right)}$$

最佳订货次数 $N^* = D/Q^*$

最佳订货周期 = 1 年 /N^*

经济订货量占用资金 = $Q^*/2 \times (1-d/P) \times$ 单价

在建立基本模型时,是假设存货一次全部入库,故存货增加时存量变化为一条垂直的直线。在实务中,存货订购后,批存货可能陆续入库,使存量陆续增加。一般不是一次性到达入库或一次性领用出库的。事实上,一个订货批量的到达经常是陆续到达入库并陆续领用出库的。特别是,产成品和在产品的转移,几乎都是陆续供应和陆续耗用的。在这种情况下,需要对基本模型做一些修改。如图 7.3 所示。

【例 7-3】某零件年需要量 (D) 为 3 600 件,每日送货量 (P) 为 30 件,每日耗用量 (d) 为 10 件,单价 (U) 为 10 元,一次订货成本(生产准备成本)(K) 为 24 元,单位储存变动成本 (K_c) 为 2 元。

将上述 [例 7-2] 数据代入，则：

$$Q^* = \sqrt{\frac{2 \times 24 \times 3\,600}{2} \times \frac{30}{30-10}} = 360(件)$$

$$TC(Q^*) = \sqrt{2 \times 24 \times 3\,600 \times 2 \times \left(1 - \frac{10}{30}\right)} = 480(元)$$

图 7.3　陆续供货时存货数量的变动

7.3.3　保险储备

1. 保险储备的含义

按照某一订货量和再订货点发出订单后，如果需求增大或送货延迟，就会发生缺货或供货中断。为防止由此造成的损失，就需要多储备一些存货以备应急之需，称为保险储备，又称安全储备。

2. 考虑保险储备的再订货点

$$R = 平均交货时间 \times 平均日需求量 + 保险储备 = L \times d + B$$

3. 保险储备确定的原则

使保险储备的储存成本及缺货成本之和最小。

设单位缺货成本为 KU，一次订货缺货量为 S，年订货次数为 N，保险储备量为 B，单位存货成本为 KC，则：

$$TC(S、B) = KU \cdot S \cdot N + B \cdot KC$$

以前讨论假定存货的供需稳定且确知，即每日需求量不变，交货时间也固定不变。实际上，每日需求量可能变化，交货时间也可能变化。按照某一订货批量 (如经济订货批量) 和再订货点发出订单后，如果需求增大或送货延迟，就会发生缺货或供货中断。为防止由此造成的损失，就需要多储备一些存货以备应急之需，这称为保险储备 (安全存量)。这些存货在正常情况下不动用，只有当存货过量使用或送货延迟时才动用。保险储备如图 7.4 所示。

图 7.4 中，年需用量 (D) 为 3 600 件，已计算出经济订货量为 300 件，每年订货 12 次。又知全年平均日需求量 (d) 为 10 件，平均交货时间 (L) 为 10 天。为防止需求变化引起缺货损失，设保险储备量 (B) 为 100 件，再订货点 R 由此而相应提高为：

$$R = 平均交货时间 \times 平均日需求 + 保险储备 = L \cdot d + B = 10 \times 10 + 100 = 200(件)$$

在第一个订货周期里，$d = 10$，不需要动用保险储备；在第二个订货周期内，$d > 10$，需求量大于供货量，需要动用保险储备；在第三个订货周期内，$d < 10$，不仅不需动用保

险储备,正常储备亦未用完,下次存货即已送到。

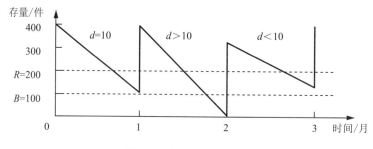

图 7.4 存货的保险储备

建立保险储备,固然可以使企业避免缺货或供应中断造成的损失,但存货平均储备量加大却会使储备成本升高。研究保险储备的目的,就是要找出合理的保险储备量,使缺货或供应中断损失和储备成本之和最小。方法上可先计算出各不同保险储备量的总成本,然后再对总成本进行比较,选定其中最低的。

如果设与此有关的总成本为 $TC(S、B)$,缺货成本为 C_S,保险储备成本为 C_B,则:

$$TC(S、B)=C_S+C_B$$

设单位缺货成本为 K_U,一次订货缺货量为 S,年订货次数为 N,保险储备量为 B,单位储存变动成本为 K_C,则:

$$C_S=K_U \cdot S \cdot N$$

$$C_B=B \cdot K_C$$

$$TC(S、B)=K_U \cdot S \cdot N + B \cdot K_C$$

现实中,缺货量 S 具有概率性,其概率可根据历史经验估计得出;保险储备量 B 可选择而定。

【例 7-4】假定某存货的年需要量 $D=3\,600$ 件,单位储存变动成本 $K_C=2$ 元,单位缺货成本 $K_U=4$ 元,平均交货时间 $L=10$ 天;已经计算出经济订货量 $Q=300$ 件,每年订货次数 $N=12$ 次。交货期内的存货需求量及其概率分布如表 7-2 所示。

表 7-2 某种存货交货期内的需要量及其概率分布表

需要量 ($10 \times d$)	70	80	90	100	110	120	130
概率 (P)	0.01	0.04	0.20	0.50	0.20	0.04	0.01

先计算不同保险储备的总成本:

(1) 不设置保险储备量。即令 $B=0$,且以 100 件为再订货点。此种情况下,当需求量为 100 件或小于 100 件时,不会发生缺货,其概率为 0.75(0.01+0.04+0.20+0.50);当需求量为 110 件时,缺货 10 件 (110−100),其概率为 0.20;当需求量为 120 件时,缺货 20 件 (120−100),其概率为 0.04;当需求量为 130 件时,缺货 30 件 (130−100),其概率为 0.01。因此,$B=0$ 时缺货的期望值 S_0、总成本 $TC(S、B)$ 可计算如下:

$$S_0 = (110-100) \times 0.2 + (120-100) \times 0.04 + (130-100) \times 0.01 = 3.1(\text{件})$$

$$TC(S、B) = K_U \cdot S_0 \cdot N + B \cdot K_C$$
$$= 4 \times 3.1 \times 12 + 0 \times 2$$
$$= 148.8(元)$$

(2) 保险储备量为 10 件。即 $B=10$ 件，以 110 件为再订货点。此种情况下，当需求量为 110 件或小于 110 件时，不会发生缺货，其概率为 0.95(0.01+0.04+0.20+0.50+0.20)；当需求量为 120 件时，缺货 10 件 (120–110)，其概率为 0.04；当需求量为 130 件时，缺货 20 件 (130–110)，其概率为 0.01。因此，$B=10$ 件时缺货的期望值 S_{10}、总成本 $TC(S、B)$ 可计算如下：

$$S_{10} = (120-110) \times 0.04 + (130-110) \times 0.01 = 0.6(件)$$
$$TC(S、B) = K_U \cdot S_{10} \cdot N + B \cdot K_C$$
$$= 4 \times 0.6 \times 12 + 10 \times 2$$
$$= 48.8(元)$$

(3) 保险储备量为 20 件。同样运用以上方法，可计算 S_{20}、$TC(S、B)$ 为：

$$S_{20} = (130-120) \times 0.01 = 0.1(件)$$
$$TC(S、B) = 4 \times 0.1 \times 12 + 20 \times 2 = 44.8(元)$$

(4) 保险储备量为 30 件。即 $B=30$ 件，以 130 件为再订货点。此种情况下可满足最大需求，不会发生缺货，因此：

$$S_{30} = 0$$
$$TC(S、B) = 4 \times 0 \times 12 + 30 \times 2 = 60(元)$$

然后，比较上述不同保险储备量的总成本，以其低者为最佳。

当 $B=20$ 件时，总成本为 44.8 元，是各总成本中最低的。故应确定保险储备量为 20 件，或者说应确定以 120 件为再订货点。

以上举例解决了由于需求量变化引起的缺货问题。至于由于延迟交货引起的缺货，也可以通过建立保险储备量的方法来解决。确定其保险储备量时，可将延迟的天数折算为增加的需求量，其余计算过程与前述方法相同。如前例，若企业延迟到货 3 天的概率为 0.01，则可认为缺货 30 件 (3×10) 或者交货期内需求量为 130 件 (10×10+30) 的概率为 0.01，这样就把交货延迟问题转换成了需求过量问题。

拓展案例

本章小结

本章介绍了存货的基本概念、基本内容及种类，重点介绍存货经济订货批量的基本模式，在此基础上介绍了经济订货批量模式的扩展模式及其运用理解安全库存量的概念，并分析其确定的基本方法，同时介绍了再订购点的确定方法。

关键术语

存货成本　存货功能　存货经济模型　再订货点

综合练习

一、思考题

1. 什么是存货的经济批量？
2. 什么是再订货点？

二、计算题

1. A 企业全面需要某种零件 500 件，每次订货成本为 30 元，每件年储存成本为 3 元，最佳经济批量是多少？

2. B 企业的原材料的保险储备量为 80 件，交货期为 10 天，每天原材料的耗用量为 5 件，则企业的再订货点为多少？

拓展案例

拓展阅读

第 8 章

长期投资决策分析

教学目标

通过本章学习，了解项目投资的概念、类型及项目投资决策的程序；要求掌握货币时间价值的概念及计算方法；理解现金流量的概念及构成内容及计算方法；掌握项目投资决策评价指标的应用，并能做出项目投资决策；理解各种贴现与非贴现指标的特点。

教学要求

知识要点	能力要求	相关知识
项目投资概述	了解项目投资的概念、类型及项目投资决策的程序	(1) 项目投资的概念、类型 (2) 项目投资决策的程序
货币时间价值	(1) 复利终值、复利现值的计算 (2) 普通年金、预付年金、递延年金及永续年金终值、现值的计算	(1) 货币时间价值的概念 (2) 复利终值、复利现值的计算方法 (3) 各种年金的计算方法
现金流量的确定	计算并确定项目的现金流量	(1) 现金流量的假设 (2) 所得税对现金流量的影响 (3) 现金流量的估算 (4) 项目计算期的确定

续表

知识要点	能力要求	相关知识
项目投资决策评价指标	项目投资决策评价指标的计算及利用这些指标对项目进行评价	(1) 计算投资利润率、投资回收期、净现值、现值指数、投资报酬率 (2) 利用静态指标、动态指标对投资项目的可行性进行分析
项目投资决策指标的应用	项目投资决策指标的具体应用	(1) 固定资产更新决策 (2) 固定资产购买或租赁的决策

东方公司投资案例

拓展案例

东方公司开发成功一种电子产品A，准备投入生产。在此之前，进行了一些调研和研究工作，资料如下：

(1) 为生产A产品，需要购买价值315 000元的设备，估计设备可使用12年，期末残值为15 000元。

(2) 未来12年内销售数量预测如下：

表8-1　企业A产品未来12年内销售数量预测

序　号	年　次	销售数量/件
1	1	6 000
2	2	12 000
3	3	15 000
4	4～12	18 000

(3) 生产、销售A产品需垫支60 000元的营运成本，预计在期末可全部收回。

(4) 产品单位售价为35元，单位变动成本为15元。

(5) 每年的固定成本（包括雇员工资、设备维修费、保险费及设备按直线法计提的折旧费）共计135 000元。

(6) 为了迅速占领市场，公司需为此产品大做广告，广告费预算如下：

表8-2　企业A产品广告费预算

序　号	年　次	年广告费支出/元
1	1～2	180 000
2	3	150 000
3	4～12	120 000

(7) 公司董事会要求所有投资方案都要达到 14% 的投资报酬率。

要求：做出东方公司 A 产品是否生产的决策？

解：首先需要计算东方公司 A 产品未来 12 年的净现金流量

NCF_1=(35–15)×6 000–135 000–180 000+(315 000–15 000)/12=–170 000（元）

NCF_2=(35–15)×12 000–135 000–180 000+(315 000–15 000)/12=–50 000（元）

NCF_3=(35–15)×15 000–135 000–150 000+(315 000–15 000)/12=40 000（元）

NCF_{4-12}=(35–15)×18 000–135 000–120 000+(315 000–15 000)/12=130 000（元）

其次计算生产该产品的净现值

NPV=–170 000×(P/F,14%,1)–50 000×(P/F,14%,2)+40 000×(P/F,14%,3)+130 000[(P/A,14%,12)–(P/A,14%,3)]+(15 000+60 000)×(P/F,14%,12)–315 000–60 000=–85 998（元）

因此，东方公司不应该生产 A 产品。

资料来源：冯巧根. 管理会计 [M]. 2 版. 北京：中国人民大学出版社，2013.125-131.

投资决策决定着企业的前途与命运，有很多企业因投资不慎导致经营失败，甚至破产。由此案例我们可以看出：企业投资项目决策正确与否，应在充分考虑各种因素的情况下合理地预测现金流量，选择适当的折现率，并利用科学的评价方法进行项目投资决策，才能使企业健康、稳定的发展。下面我们学习长期投资决策。

8.1 长期投资决策概述

由于决策是一种行为选择的过程，所以企业进行长期投资决策的关键是要充分考虑各种影响因素，认真做好可行性研究和项目的经济评价。

8.1.1 长期投资决策及特点

1. 概念

长期投资决策是指拟定长期投资方案，用科学的方法对长期投资方案进行分析、评价、选择的过程。长期投资决策是涉及企业生产经营全面性和战略性问题的决策，其最终目的是为了提高企业总体经营能力和获利能力。因此，长期投资决策的正确进行，有助于企业生产经营长远规划的实现。

2. 特点

(1) 长期投资决策占用资金数额大。

(2) 长期投资决策主要是对企业固定资产方面进行的投资决策。

(3) 长期投资决策的效用是长期的。

(4) 长期投资决策具有不易逆转性，如果投资正确，形成的优势可以在较长时期内保持。

(5) 投资金额较大，相应的风险也很大。

长期投资决策决定着企业的前景，以至于提出投资方案和评价方案的工作已经不是财务人员能单独完成的，需要所有经理人员的共同努力。

8.1.2 长期投资决策的程序

长期投资决策涉及大量资金投入，会影响企业今后若干年的经济效益的决策。长期投资项目投入的资金，是适应今后生产经营发展的长远需要，不能用当年的收益来补偿。因此又称资本支出。它主要用于固定资产新建、改建、扩建、改造等方面，以提高企业的生产能力。由于投资支出多，影响时间长，因此在长期投资决策中，必须进行可行性研究，做好项目技术经济论证，对各个投资方案进行经济效益的分析，然后从中选择最优方案。长期投资决策的合理与否，是企业今后能否保持良好经济效益的关键。

长期投资决策包括以下程序。

(1) 提出投资项目。

(2) 评价各投资项目。

① 对投资项目技术上的先进性、可行性进行评价 (设备的技术、产品在国际市场上是否畅销)。

② 对投资项目财务上的可行性进行评价。

a. 资金能否保证项目的顺利实施。

b. 投产以后的经济效益的评价 (未来的现金流入量与流出量进行分析比较)。

(3) 决策。综合以上评价结果进行评定。

(4) 项目实施。投资项目采纳后，财务部门、技术部门等紧密配合，互相协作，以使项目低成本、高质量的完成。

8.2 长期投资决策需要考虑的主要因素

由于长期投资所投入的资金数额大，涉及的时间长，因而在长期投资决策中必须重视时间因素的影响，而时间因素的影响是通过货币时间价值、现金流量、投资报酬率等因素加以体现的。

8.2.1 货币时间价值

1. 概念及意义

1) 概念

货币时间价值是指在不考虑通货膨胀和风险因素的情况下，货币经历一定时间的投资和再投资所增加的价值，也称为资金时间价值。

在理解货币时间价值时要注意把握以下要点。

(1) 货币时间价值是指增量，一般以增值率表示。

(2) 必须投入生产经营过程才会增值。

(3) 需要持续或多或少的时间才会增值。

(4) 货币总量在循环和周转中按几何级数增长，即需按复利计算。

例如，已探明一个有工业价值的油田，目前立即开发可获利 100 亿元，若 5 年后开发，由于价格上涨可获利 160 亿元。如果不考虑资金的时间价值，根据 160 亿元大于 100 亿元，可以认为 5 年后开发更有利。如果考虑资金的时间价值，现在获得 100 亿元，可用于其他投资机会，平均每年获利 15%，则 5 年后将有资金 201 亿元 ($100\times1.15^5=201$)。因此，可以认为目前开发更有利。后一种思考问题的方法，更符合现实的经济生活。

2) 表示方法及实质

用相对数（利息率）或绝对数（利息额）来表示。从量的规定性来看，是没有风险和通货膨胀条件下的社会平均资金利润率，但在应用时不仅仅局限于利息率或利息额。

3) 时间价值的意义

(1) 时间价值是进行筹资决策、评价筹资效益的重要依据。

(2) 时间价值是进行投资决策、评价投资收益的重要依据。

(3) 时间价值是企业进行生产经营决策的重要依据。

2. 货币时间价值的计算

为计算方便，本章假定有关字母的含义如下：I 为利息；F 为终值；P 为现值；A 为年金；i 为利率（折现率）；n 为计算利息的期数。

利息的计算有两种方式，即单利计息和复利计息。

1) 单利和复利

(1) 单利的计算，即仅对本金计息，利不再生利。

单利利息的计算公式为：

$$I = P \times i \times n$$

(2) 复利的计算，即每经过一个计息期，要将所生利息加入本金再计利息，逐期滚算，俗称"利滚利"。这里所说的计息期是指相邻两次计息的时间间隔，如年、月、日等，除非特别指明，计息期为 1 年。

复利利息的计算公式为：

$$I = P \times (1+i)^n - P = P \times FVIF_{i,n} - P$$

货币时间价值的计算包括一次性收付款项和非一次性收付款项（年金）的终值、现值的计算。

终值又称将来值，是现在一定量的资金折算到未来某一时点所对应的价值，俗称本利和，通常记作 F。

现值，是指未来某一时点上的一定量资金折算到现在所对应的价值，俗称本金，通常记作 P。

2) 一次性收付款的终值和现值

(1) 单利的终值和现值。

① 单利终值的计算。

$$F = P + P \times i \times n = P \times (1+i \times n)$$

【例 8-1】某人将 800 元存入银行，年利率为 5%，求 5 年后的终值。

解：$F = P \times (1+i \times n) = 800 \times (1+5\% \times 5) = 1\,000(元)$

② 单利现值的计算。

$$p = \frac{F}{1+i \times n}$$

【例 8-2】 某人希望在第 5 年年末得到本利和 1 000 元,用以支付一笔款项。在利率为 5%、单利计息条件下,此人现在需要存入银行多少资金?

解:P=1 000/(1+5×5%)=800(元)

从上面的计算中,我们可以得出以下结论:

★ 单利的终值和单利的现值互为逆运算。

★ 单利终值系数 $(1+i+n)$ 和单利现值系数 $1/(1+i \times n)$ 互为倒数。

(2) 复利的终值和现值。

① 复利终值的计算。

【例 8-3】 某人将 10 000 元投资于一项事业,年报酬率为 6%,经过 1 年时间的期末金额为:

$F=P+Pi$

$F=P(1+i)$

   =10 000×(1+6%)

   =10 600(元)

若此人并不提走现金,将 10 600 元继续投资于该事业,则第二年期末金额为:

$F=[P(1+i)](1+i)$

   =$P(1+i)^2$

   =10 000×(1+6%)^2

   =10 000×1.123 6

   =11 236(元)

同理,第三年的期末金额为:

$F=P(1+i)^3$

   =10 000×(1+6%)^3

   =10 000×1.191 0

   =11 910(元)

第 n 年的期末金额为:

$F=P(1+i)^n$

上式是计算复利终值的一般公式,其中的 $(1+i)n$ 称为"复利终值系数或 1 元的复利终值,用符号 $(F/P, i, n)$ 或 $FVIF_{i,n}$ 表示,可查"复利终值系数表"求得。因此,上式就可以写为:

$$F = P(F/P, i, n) = P \cdot FVIF_{i,n}$$

② 复利现值的计算公式为:

$$P = \frac{F}{(1+i)^n} = F \times (1+i)^{-n} = F \times (P/F, i, n) = F \times PVIF_{i,n}$$

上式中的 $(1+i)^{-n}$ 是把终值折算为现值的系数,称复利现值系数,或称 1 元的复利现值,用符号 $(P/F, i, n)$ 或 $RVIF_{i,n}$ 表示,可查"复利现值系数表"求得。

【例 8-4】 某人拟在 5 年后获得本利和 10 000 元。假设投资报酬率为 10%，他现在应投入多少元？

解：$P = F(P/F, i, n)$

$= 10\ 000 \times (P/F, 10\%, 5)$ 或 $PVIF_{10\%, 5}$

$= 10\ 000 \times 0.620\ 9$

$= 6\ 209(元)$

从上面的计算中，我们可以得出结论：复利终值系数与复利现值系数互为倒数。

3) 年金的终值和现值（非一次性收付款项的终值和现值）

年金是指未来若干均等间隔期所发生的等额收入或支出。年金按其每次收付发生的时点不同，可分为普通年金（后付年金）、预付年金（即付年金或先付年金）、递延年金、永续年金。普通年金是指每期期末收到或付出的等额款项。预付年金是指每期期初收到或付出的等额款项。递延年金是指从期初开始间隔一定时期后才连续发生的年金。永续年金是指无限期连续收款、付款的年金。

年金具有两个特点：一是金额相等；二是时间间隔相等。

(1) 普通年金（后付年金）的终值和现值。

① 普通年金的终值计算。

普通年金终值是每期期末的等额收入或支出按预期的投资报酬率计算的复利终值之和。

$$F = A(1+i)^1 + A(1+i)^2 + \cdots\cdots + A(1+i)^n = A \times \{[(1+i)^n - 1]/i\}$$

$[(1+i)^n - 1]/i$ 称为"年金终值系数"，用符号 $(F/A, i, n)$ 或 $FVIFA_{i,n}$ 表示，可查"年金终值系数表"求得。上式可写成：

$$F = A \times \left[\frac{(1+i)^n - 1}{i}\right] = A \times (F/A, i, n)$$

② 普通年金的现值计算。

普通年金现值是每期期末的等额收入或支出按预期的投资报酬率计算的复利现值之和。

$$P = A(1+i)^{-1} + A(1+i)^{-2} + \cdots\cdots + A(1+i)^{-n} = A \times \{[1-(1+i)^{-n}]/i\}$$

$[1-(1+i)^{-n}]/i$ 称为"年金现值系数"，用符号 $(P/A, i, n)$ 或 $PVIFA_{i,n}$ 表示，可查"年金现值系数表"求得。上式可写成：

$$P = A \times \left[\frac{1-(1+i)^{-n}}{i}\right] = A \times (P/A, i, n) = A \times PVIFA_{i,n}$$

【例 8-5】 某企业在今后的五年里每年都有 500 万元的现金流入，投资报酬率为 10%，试计算这笔现金流入的现值及终值。

解：终值 $F=500\times(F/A, 10\%, 5)=500\times FVIFA_{10\%, 5}=500\times 6.105\ 1=3\ 052.55(万元)$

现值 $P=500\times(P/A, 10\%, 5)=500\times PVIFA_{10\%, 5}=500\times 3.790\ 8 =1\ 895.4(万元)$

(2) 预付年金的终值和现值。

预付年金与普通年金的区别在于收付款的时点不同，普通年金在每期的期末收付款项，预付年金在每期的期初收付款项，见图 8.1。

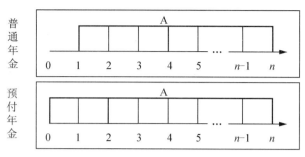

图 8.1 普通年金与预付年金的区别

① 预付年金的终值计算。

$$F = A \times \frac{(1+i)^n - 1}{i} \times (1+i) = A \times [\frac{(1+i)^{n+1} - 1}{i} - 1] = A \times [(F/A, i, n+1) - 1]$$
$$= A \times FVIFA_{i,n} \times (1+i)$$

式中 $[\frac{(1+i)^{n+1} - 1}{i} - 1]$ 为预付年金终值系数，与普通年金终值系数相比，期数 +1，系数 –1，记作 $[(F/A, i, n+1) - 1]$。

【例 8-6】已知 $A=200$，$i=8\%$，$n=6$，预付年金终值是多少？

解：$F = A[(F/A, i, n+1) - 1] = 200 \times [(F/A, 8\%, 6+1) - 1]$

查"年金终值系数表"：$(F/A, 8\%, 7) = 8.9228$

$F = 200 \times (8.9228 - 1) = 1\,584.56(元)$

② 预付年金的现值计算。

$$P = A \times \frac{1 - (1+i)^{-n}}{i} \times (1+i) = A \times [\frac{1 - (1+i)^{-(n-1)}}{i} + 1] = A \times [(P/A, i, n-1) + 1]$$
$$= A \times PVIFA_{i,n} \times (1+i)$$

式中 $[\frac{1 - (1+i)^{-(n-1)}}{i} + 1]$ 为预付年金现值系数，与普通年金现值系数相比，期数 –1，系数 +1，记作 $[(P/A, i, n-1) + 1]$ z。

【例 8-7】张先生采用分期付款方式购入商品房一套，每年年初付款 15 000 元，分 10 年付清。若银行利率为 6%，该项分期付款相当于一次现金支付的购买价是多少？

解：$P = A \times [(P/A, i, n-1) + 1]$

$= 15\,000 \times [(P/A, 6\%, 9) + 1]$

$= 15\,000 \times (6.8017 + 1)$

$= 117\,025.5(元)$

(3) 递延年金的终值和现值。

① 递延年金终值的计算。

$$F = A \times (F/A, i, n)$$

与普通年金终值的计算相同，因为递延年金终值的大小与递延期的长短无关。

② 递延年金现值的计算。

递延年金的现值可用 3 种方法来计算。

第一种方法：把递延年金视为 n 期的普通年金，求出年金在递延期期末 m 点的现值，再将 m 点的现值调整到第一期期初。

$$P = A \times (P/A, i, n) \times (P/F, i, m)$$

第二种方法：先假设递延期也发生收支，则变成一个 $(m+n)$ 期的普通年金，算出 $(m+n)$ 期的年金现值，再扣除并未发生年金收支的 m 期递延期的年金现值，即可求得递延年金现值。

$$P = A \times [(P/A, i, m+n) - (P/A, i, m)]$$

第三种方法：先算出递延年金的终值，再将终值折算到第一期期初，即可求得递延年金的现值。

$$P = A \times [(F/A, i, n) \times (P/F, i, m+n)]$$

【例 8-8】 某企业年初投资一项目，希望从第 5 年开始每年年末取得 10 万元收益，投资期限为 10 年，假定年利率 5%。要求：该企业年初最多投资多少元才有利。

解：方法 (1) $P_A = A \times (P/A, i, n) \times (P/F, i, m)$

=10×(P/A, 5%, 6)×(P/F, 5%, 4)

=10×5.075 7×0.822 7

=41.76(万元)

方法 (2) $P_A = A \times [(P/A, i, m+n) - (P/A, i, m)]$

=10×[(P/A, 5%, 10)–(P/A, 5%, 4)]

=10×(7.721 7–3.546 0)

=41.76(万元)

方法 (3) $P_A = A \times (F/A, i, n) \times (P/F, i, m+n)$

=10×(F/A, 5%, 6)×(P/F, 5%, 10)

=10×6.801 9×0.613 9

=41.76(万元)

(4) 永续年金的终值和现值。

永续年金是指连续无限期的收付的年金。由于期限无限，所以永续年金没有终值。

永续年金现值的计算公式如下：

$$P = \frac{A}{i}$$

【例 8-9】 某公司想使用一办公楼，现有两种方案可供选择。

方案一：永久租用办公楼一栋，每年年初支付租金 10 万元，一直到无穷。

方案二：一次性购买，支付 120 万元。目前存款利率为 10%。

问从年金角度考虑，哪一种方案更优?

解：根据题意，预付年金的现值计算公式 $P = A \times \left[\dfrac{1-(1+i)^{-(n-1)}}{i} + 1\right]$，当 $n \to \infty$，

$P = \dfrac{A(1+i)}{i}$，因此

方案一：$P=10×(1+10\%)÷10\%=110$(万元)
方案二：$P=120$(万元)
所以方案一更优。

8.2.2 现金流量

1. 定义

现金流入量与现金流出量相对应,现金流入量指的是由于实施了该方案而增加的资金。包括经营活动现金流入量、筹资活动现金流入量、投资活动现金流入量。现金流出量：在投资决策中,一个方案的现金流出量指的是在实施此方案的过程中所需投入的资金。包括经营活动现金流出量、筹资活动现金流出量、投资活动现金流出量。

$$年现金净流量 = 年现金流入量 - 年现金流出量$$

2. 现金流量的假设

由于项目投资的现金流量的确定是一项很复杂的工作,为了便于确定现金流量的具体内容,简化现金流量的计算过程,本章特作以下假设。

1) 全投资假设

即假设在确定项目的现金流量时,只考虑全部投资的运动情况,不论是自有资金还是借入资金等具体形式的现金流量,都将其视为自有资金。

2) 建设期投入全部资金假设

即项目的原始总投资不论是一次投入还是分次投入,均假设它们是在建设期内投入的。

3) 项目投资的经营期与折旧年限一致假设

即假设项目主要固定资产的折旧年限或使用年限与其经营期相同。

4) 时点指标假设

即现金流量的具体内容所涉及的价值指标,不论是时点指标还是时期指标,均假设按照年初或年末的时点处理。其中,建设投资在建设期内有关年度的年初发生；垫支的流动资金在建设期的最后一年末即经营期的第一年初发生；经营期内各年的营业收入、付现成本、折旧(摊销等)、利润、所得税等项目的确认均在年末发生；项目最终报废或清理 (中途出售项目除外)，回收流动资金均发生在经营期最后一年末。

3. 估计现金流量时要注意的问题

1) 区分相关成本和非相关成本

相关成本是指与特定决策有关的、在分析评价时必须加以考虑的成本。例如,差额成本、未来成本、重置成本、机会成本等都属于相关成本。与此相反,与特定决策无关的、在分析评价时不必加以考虑的成本是非相关成本。例如,沉没成本等往往是非相关成本。

如果将非相关成本纳入投资方案的总成本,则一个有利的方案可能因此变得不利,一个较好的方案可能变为较差的方案从而造成决策错误。

2) 不要忽视机会成本

在投资方案的选择中,如果选择了一个投资方案,则必须放弃投资于其他途径的机会。其他投资机会可能取得的收益是实行本方案的一种代价,被称为这项投资方案的机会成本。

案例 8.1

王先生是一个公司职员,年收入 50 000 元,现想辞职投资一个儿童图书批发项目,准备把两年前 20 000 元购买的现在闲置的家具投入该项目使用。请你想一想,哪些成本是机会成本?

机会成本不是我们通常意义上的"成本",它不是一种支出或费用,而是失去的收益。这种收益不是实际发生的,而是潜在的。机会成本总是针对具体方案的,离开被放弃的方案就无从计量确定。

机会成本在决策中的意义在于它有助于全面考虑可能采取的各种方案,以便为既定资源寻求最为有利的使用途径。

3) 要考虑投资方案对公司其他项目的影响

当我们采纳一个新的项目后,该项目可能对公司的其他项目造成有利或不利的影响。例如,若新建车间生产的产品上市后,原有其他产品的销路可能减少,而且整个公司的销售额也许不增加甚至减少。因此,公司在进行投资分析时,不应将新车间的销售收入作为增量收入来处理,而应扣除其他项目因此减少的销售收入。当然,也可能发生相反的情况,新产品上市后将促进其他项目的销售增长。这要看新项目和原有项目是竞争关系还是互补关系。

当然,诸如此类的交互影响,事实上很难准确计量。但决策者在进行投资分析时仍要将其考虑在内。

4) 对净营运资金的影响

在一般情况下,当公司开办一个新业务并使销售额扩大后,对于存货和应收账款等经营性流动资产的需求也会增加,公司必须筹措新的资金以满足这种额外需求;另外,公司扩充的结果,应付账款与一些应付费用等经营性流动负债也会同时增加,从而降低公司流动资金的实际需要。所谓净营运资金的需要,指增加的经营性流动资产与增加的经营性流动负债之间的差额。

当投资方案的寿命周期快要结束时,公司将与项目有关的存货出售,应收账款变为现金,应付账款和应付费用也随之偿付,净营运资金恢复到原有水平。通常,在进行投资分析时,假定开始投资时筹措的净营运资金在项目结束时收回。

4. 现金流量的估计

现金流入:销售收入;固定资产净残值(残值收入–清理费用);回收流动资金;其他现金流入量。

现金流出:投资支出;垫支的净营运资金(付现成本);垫支的流动资金。

现金净流量:现金流入量与现金流出量的差额。

现金流量的计量也可从另一个角度进行说明。

拓展案例

1) 投资现金流量

投资现金流量包括投资在固定资产上的资金和投资在流动资产上的资金两部分。其中投资在流动资产上的资金一般在项目结束时将全部收回。这部分现金流量由于在会计上一般不涉及企业的损益,因此不受所得税的影响。

投资在固定资产上的资金有时是以企业原有的旧设备进行投资的。在计算投资现金流量时,一般是以设备的变现价值作为其现金流出量的(但是该设备的变现价值通常并不与其折余价值相等)。另外还必须注意将这个投资项目作为一个独立的方案进行考虑,即假设企业如果将该设备出售可能得到的收入(设备的变现价值),以及企业由此而可能将支付或减免的所得税,即:

投资现金流量 = 投资在流动资产上的资金 + 设备的变现价值 −(设备的变现价值 − 折余价值)× 税率

2) 营业现金流量

从净现金流量的角度考虑,交纳所得税是企业的一项现金流出,因此这里的损益指的是税后净损益,即税前利润减所得税,或税后收入减税后成本。

折旧作为一项成本,在计算税后净损益时是包括在成本当中的,但是由于它不需要支付现金,因此需要将它当作一项现金流入看待。

综上所述,企业的营业现金流量可用公式表示如下。

营业现金流量 = 收入 − 付现成本 − 所得税
  = 税后净损益 + 折旧
  = 税前利润 ×(1− 税率)+ 折旧
  =(收入 − 总成本)×(1− 税率)+ 折旧
  = 收入 ×(1− 税率)− 付现成本 ×(1− 税率)+ 折旧 × 税率

3) 项目终止现金流量

项目终止现金流量包括固定资产的残值收入和收回原投入的流动资金。在投资决策中,一般假设当项目终止时,将项目初期投入在流动资产上的资金全部收回。这部分收回的资金由于不涉及利润的增减,因此也不受所得税的影响。固定资产的残值收入如果与预定的固定资产残值相同,那么在会计上也同样不涉及利润的增减,所以也不受所得税的影响。但是在实际工作中,最终的残值收入往往不等于预计的固定资产残值,它们之间的差额会引起企业的利润增加或减少,因此在计算现金流量时,不能忽视这部分的影响。

项目终止现金流量 = 实际固定资产残值收入 + 原投入的流动资金 −(实际残值收入 − 预计残值)× 税率

【例 8-10】A 公司投资 300 万元建设一个项目,3 年建成,每年年初投入 100 万元,在第三年末投入流动资金 200 万元,项目使用寿命为 5 年,报废后有残值收入 50 万元,采用直线法计提折旧,该项目每年实现销售总额 400 万元,成本总额为 300 万元。该企业所得税税率为 25%,试确定该投资项目各年净现金流量。

解:A 公司每年折旧额:(300−50)÷5=50(万元)

A 公司营业现金流量:(400−300)×(1−25%)+50=125(万元)

每年的现金流量见表 8-3。

表 8-3　每年的现金流量计算表

单位：元

第×年	初始现金流量	营业现金流量	终结现金流量	现金流量合计
0	−100			−100
1	−100			−100
2	−100			−100
3	−200			−200
4		125		125
5		125		125
6		125		125
7		125		125
8		125	250	375

8.3　长期投资决策的主要方法

　　投资决策评价指标是投资项目技术经济可行性评价的重要组成部分。企业进行项目投资首先必须对项目进行可行性分析与评价，通过分析来评价其是否具有财务可行性。可行性研究是项目投资决策的重要依据，它决定了一个项目是否建设和运营，作为项目前期工作的最重要内容。可行性研究是从事一种经济活动(投资)之前，要从经济、技术、生产、营销直到社会各种环境、法律等各种因素进行具体调查、研究、分析，确定有利不利因素、项目是否可行，估计成功率大小、经济效益和社会效益程度，由此考察项目经济上的合理性、盈利性、技术上的先进性、适用性，实施上的可能性、风险性。从而提出该项目是否值得投资和如何进行建设的咨询意见，为项目投资决策提供科学依据，或者为主管机关审批而进行的一种分析。项目可行性研究的最后结果是编写可行性研究报告，一般情况下，可行性研究报告的主要内容包括：项目总论；项目建设背景、必要性、可行性；项目产品市场分析；加工项目产品规划方案；项目建设地与土建总规；项目环保、节能与劳动安全方案；项目组织计划和人员安排；项目实施进度安排；项目不确定性分析；项目效益评价；项目风险分析及风险防控；项目可行性研究结论与建议。关于可行性研究的相关内容可参考相关的技术经济学教材。

拓展阅读

拓展视频

　　长期投资决策的主要方法一般有非贴现现金流量指标法(静态分析方法)、贴现现金流量指标法(动态分析方法)。非贴现现金流量指标法一般是指没有考虑货币的时间价值，主要包括投资回收期和投资报酬率指标，又称静态指标。贴现现金流量指标一般是指考虑货币的时间价值，主要包括净现值、现值指数和内含报酬率指标，又称动态指标。

8.3.1　非贴现现金流量指标

　　非贴现现金流量指标是指在指标计算中不考虑货币时间价值的决策指标，主要包括投资回收期和投资报酬率指标。

1. 投资回收期

投资回收期（Payback Period，PP）指的是自投资方案实施起，至收回初始投入资本所需的时间，即能够使与此方案相关的累计现金流入量等于累计现金流出量的时间，用公式表示则为：

$$\frac{A_o}{\sum_{i=1}^{n} A_i} = 1$$

式中，A_o——原始总投资；
　　　A_i——第 i 年的净现金流量；
　　　i——年数。

若当每年的现金净流量相等时，投资回收期 i＝投资总额／年现金净流量

投资回收期一般以年为单位。

投资回收期法的主要优点是计算简便，最大缺点在于它既没有考虑货币的时间价值，也没有考虑回收期后的现金流量。在实际工作中，长期投资往往看重的是项目中后期得到的较为丰厚的长久收益。对于这种类型的项目，用投资回收期法来判断其优劣，就显得片面了。

【例 8-11】某企业有甲、乙两个投资方案，投资总额均为 10 万元，全部用于购置新的设备，折旧采用直线法，使用期均为 5 年，无残值，其他有关资料见表 8-4。

表 8-4　现金流量计算表

单位：元

项目计算期	甲方案		乙方案	
	利润	现金净流量（NCF）	利润	现金净流量（NCF）
0		−100 000		−100 000
1	15 000	35 000	10 000	30 000
2	15 000	35 000	14 000	34 000
3	15 000	35 000	18 000	38 000
4	15 000	35 000	22 000	42 000
5	15 000	35 000	26 000	46 000
合　计	75 000	75 000	90 000	90 000

要求：计算甲、乙两方案的投资回收期。

解：由于甲方案每年的营业现金流量都相同，所以

$$投资回收期 = \frac{投资总额}{年现金净流量}$$

甲方案投资回收期 =100 000÷35 000=2.86（年）

由于乙方案每年的营业现金流量不相等，所以投资回收期计算见表 8-5。

表 8-5　累计现金流量计算表

单位：元

项目计算期	乙方案	
	现金净流量 (NCF)	累计现金净流量
0	–100 000	–100 000
1	30 000	–70 000
2	34 000	–36 000
3	38 000	2 000
4	42 000	44 000
5	46 000	90 000

从表 8-5 可知，乙方案从第 3 年累计现金净流量为正数，可见投资回收期在第 2 年与第 3 年之间，由于第 2 年累计现金净流量为 –36 000 元，而第 3 年的现金净流量为 38 000 元，因此乙方案的投资回收期为 2.95 年 (2+36 000÷38 000)。

2. 投资报酬率

投资报酬率 (Average Rate of Return，ARR) 也叫投资利润率或平均投资利润率，它表示年平均利润占总投资的百分率，即：

投资报酬率 =(年平均利润 ÷ 投资总额)×100%

投资报酬率法与回收期法相比，虽然考虑了回收期后的收益，但它仍然忽略了资金时间价值。这种方法的主要优点在于计算简便，并且使用的是普通会计学上的收益和成本的概念，容易被接受和掌握。

【例 8-12】沿用例 8-11 的有关资料，要求计算甲、乙两方案的投资报酬率。

解：甲方案的投资报酬率 =15 000÷100 000×100%=15%

乙方案的投资报酬率 =(90 000÷5)÷100 000×100%=18%

8.3.2　贴现现金流量指标

与非贴现现金流量指标不同，贴现现金流量指标是在充分考虑资金时间价值的基础上，对方案的优劣进行判断。贴现现金流量指标主要有：净现值、净现值率、现值指数和内含报酬率指标。

1. 净现值法

1) 概念

净现值 (Net Present Value，NPV) 指的是在方案的整个实施运行过程中，未来现金流入量的现值之和与现金流出量现值之和的差额，即

某方案 NPV= 该方案未来现金流入量现值 – 该方案未来现金流出量现值

净现值法是根据某方案净现值是否大于或等于零判断方案是否可行的方法。

2) 净现值 (NPV) 计算步骤

第一步：绘制现金流量图，并计算每一时点现金流量。

第二步：将营业现金流量、残值收入以及收回流动资金折成现值。
第三步：将投资额折成现值。
第四步：计算净现值。

3) 净现值法判断标准

若某个方案净现值≥0，表明该方案的投资报酬率大于预定的折现率，该方案可行。

若某个方案净现值<0，表明该方案的投资报酬率小于预定的折现率，该方案不可行。

若几个方案的投资额相同，项目计算期相等且净现值均大于零，那么净现值最大的方案为最优方案。

【例8-13】某企业拟建设一个项目，需投资55万元，按直线法计提折旧，使用寿命10年，期末有5万元净残值。该项工程建设期为1年，投资额分别于年初投入30万元，年末投入25万元。预计项目投产后每年可增加营业收入15万元，总成本10万元，假定贴现率为10%。要求：计算该投资项目的净现值。

解：建设期现金净流量

$NCF_0 = -30(万元)$

$NCF_1 = -25(万元)$

经营期营业现金净流量

$$NCF_{2\sim10} = (15-10) + \frac{55-5}{10} = 10(万元)$$

经营期终结现金净流量

$NCF_{11} = 10+5 = 15(万元)$

$NPV = 10 \times [(P/A, 10\%, 10) - (P/A, 10\%, 1)] + 15 \times (P/F, 10\%, 11) - [30 + 25 \times (P/F, 10\%, 1)]$

$\quad\quad = 10 \times (6.144\ 6 - 0.909\ 1) + 15 \times 0.350\ 5 - (30 + 25 \times 0.909\ 1)$

$\quad\quad = 4.885(万元)$

判断：由于NPV>0，所以该方案可行。

4) 净现值法优缺点

净现值是一个贴现的绝对值正指标。

优点：

(1) 综合考虑了资金时间价值，能较合理地反映了投资项目的真正经济价值。

(2) 考虑了项目计算期的全部现金净流量；体现了流动性与收益性的统一。

(3) 考虑了投资风险性，因为贴现率的大小与风险大小有关，风险越大，贴现率就越高。

缺点：

(1) 无法直接反映投资项目的实际投资收益率水平。

(2) 当各项目投资额不同时，难以确定最优的投资项目。

2. 净现值率法

1) 概念

净现值率 (Rate of Net Present Value，NPVR) 指的净现值与投资现值的比值，即

某方案 NPVR= 净现值 / 投资现值

净现值率法是根据某方案净现值率是否大于或等于零判断方案是否可行的方法。

2) 净现值 (NPVR) 计算步骤

第一步：计算净现值。

第二步：将投资额折成现值。

第三步：计算净现值率。

3) 净现值率法判断标准

若某个方案净现值率≥0，表明该方案的投资报酬率大于预定的折现率，该方案可行。

若某个方案净现值率＜0，表明该方案的投资报酬率小于预定的折现率，该方案不可行。

【例 8-14】 见例 8-13。

解：建设期现金净流量

$NCF_0 = -30$（万元）

$NCF_1 = -25$（万元）

经营期营业现金净流量

$NCF_{2\sim10} = (15-10) + \dfrac{55-5}{10} = 10$（万元）

经营期终结现金净流量

$NCF_{11} = 10 + 5 = 15$（万元）

$NPV = 10 \times [(P/A, 10\%, 10) - (P/A, 10\%, 1)] + 15 \times (P/F, 10\%, 11) - [30 + 25 \times (P/F, 10\%, 1)]$

　　$= 10 \times (6.144\,6 - 0.909\,1) + 15 \times 0.350\,5 - (30 + 25 \times 0.909\,1)$

　　$= 4.885$（万元）

$NPVR = 4.885 / [30 + 25 \times (P/F, 10\%, 1)] = 0.093$

判断：由于 $NPVR > 0$，所以该方案可行。

4) 净现值率法优缺点

优点：

(1) 综合考虑了资金时间价值，能较合理地反映投资项目的真正经济价值。

(2) 考虑了项目计算期的全部现金净流量；体现了流动性与收益性的统一。

(3) 考虑了投资风险性，因为贴现率的大小与风险大小有关，风险越大，贴现率就越高。

缺点：

无法直接反映投资项目的实际投资收益率水平。

3. 获利指数法

1) 概念

获利指数 (Profitability Index, PI) 也叫现值指数，指的是在方案的整个实施运行过程中，未来现金流入量的现值之和与原始投资额的现值的比值，即

$$\text{某方案的 PI} = \dfrac{\sum \text{该方案未来现金流入现值}}{\sum \text{原始投资额的现值}}$$

获利指数法，它是根据方案获利指数是否大于或等于 1 来判断方案是否可行的方法。

2) 获利指数法判断标准

若某方案现值指数≥1，表明该方案的投资报酬率大于预定的折现率，该方案可行。

若某方案现值指数＜1，表明该方案的投资报酬率小于预定的折现率，该方案不可行。

若当有多个投资方案可供选择时，由于获利指数越大，企业的投资报酬水平就越高，所以应采用获利指数大于1中的最大者。

【例8-15】 某企业购入设备一台，价值为30 000元，按直线法计提折旧，使用寿命6年，期末无残值。预计投产后每年可获得利润4 000元，假定贴现率为12%。

要求：计算该项目的获利指数并判断方案是否可行。

解析：$NCF_0 = -30\,000(元)$

$NCF_{1\sim 6} = 4\,000 + 30\,000 \div 6 = 9\,000(元)$

$PI = 9\,000 \times (P/A, 12\%, 6) \div 30\,000 = 9\,000 \times 4.111\,4 \div 30\,000 = 1.233\,4$

判断：由于$PI > 1$，所以该方案可行。

3) 获利指数法优缺点

优点：与净现值相比，获利指数是一个相对数，因此克服了不同投资额方案间的净现值缺乏可比性的问题。它的经济意义是每元投资额在未来获得的现金流入量的现值数。

缺点：无法直接反映投资项目的实际收益率；计算相对复杂。

应当注意的是，在方案决策中，正确选择折现率至关重要，它直接影响决策的结果，但是如何确定折现率却有一定的难度。而且选择不同的折现率，也会引起净现值和获利指数发生变化，有时甚至会影响到判断结果。在实务中，确定折现率的方法一般有以下几种：以投资项目的资本成本作为折现率；以投资项目的机会成本作为折现率；以行业平均资金收益率作为折现率。

4. 内含报酬率

1) 概念

内含报酬率(Internal Rate of Return，IRR)，又称为内部收益率，反映的是方案未来可实现的投资报酬率，它是在整个方案的实施运行过程中，当现金流入量的现值之和与现金流出量的现值之和相等时方案的报酬率，亦即能够使得项目的净现值为零时的报酬率。

内含报酬率法，是根据某方案的内含报酬率是否大于或等于资金成本来判断该方案是否可行的方法。资金成本：也叫行业基准收益率或是方案的已知利率。它是投资者在未来希望达到的最低投资报酬率。

2) 内含报酬率的计算方法

(1) 经营期内各年现金净流量相等，且全部投资均于建设起点一次投入，建设期为零，即经营期每年相等的现金净流量 $(NCF) \times$ 年金现值系数 $(P/A, IRR, n)$ − 投资总额 $=0$

计算步骤：第一步，计算年金现值系数 $(P/A, IRR, n)$

$$年金现值系数 = \frac{投资总额}{经营期每年相等的现金流量}$$

第二步，根据计算出来的年金现值系数与已知的年限 n，查年金现值系数表，确定内含报酬率的范围。

第三步，用插入法求出内含报酬率。

【例 8-16】根据例 8-15 的资料，计算内含报酬率。

解：$(P/A, IRR, 6) = 30\ 000 \div 9\ 000 = 3.333\ 3$

查附录中的现值系数表可知：

```
 18%              IRR              20%
 3.497 6        3.333 3          3.325 5
```

$$IRR = 18\% + \frac{3.497\ 6 - 3.333\ 3}{3.497\ 6 - 3.325\ 5} \times (20\% - 18\%) = 19.91\%$$

(2) 经营期内各年现金净流量不相等，采用逐次测试的方法，计算能使净现值等于零的贴现率，即内含报酬率。计算步骤如下。

第一步，估计一个贴现率，用它来计算净现值。如果净现值为正数，说明方案的实际内含报酬率大于预计的贴现率，应提高贴现率再进一步测试；如果净现值为负数，说明方案本身的报酬率小于估计的贴现率，应降低贴现率再进行测算。如此反复测试，寻找出使净现值由正到负或由负到正且接近零的两个贴现率。

第二步，根据上述相邻的两个贴现率用插入法求出该方案的内含报酬率。由于逐步测试法是一种近似方法，因此相邻的两个贴现率不能相差太大，否则误差会很大。

【例 8-17】假定例 8-15 资料中，投产后每年可获得利润分别为 3 000 元、3 000 元、4 000 元、4 000 元、5 000 元、6 000 元，其他资料不变。

要求：计算内含报酬率。

解：先按 16% 估计的贴现率进行测试，其结果净现值 2 855.8 元，是正数；于是把贴现率提高到 18% 进行测试，净现值为 1 090.6 元，仍为正数，再把贴现率提高到 20% 重新测试，净现值为 –526.5 元，是负数，说明该项目的内含报酬率为 18%～20%。有关测试计算见表 8-6 所示。

表 8-6 内含报酬率测算表

单位：元

第 × 年	现金净流量 (NCF)	贴现率 =16%		贴现率 =18%		贴现率 =20%	
		现值系数	现值	现值系数	现值	现值系数	现值
0	–30 000	1	–30 000	1	–30 000	1	–30 000
1	8 000	0.862 1	6 896.8	0.847 5	6 780	0.833 3	6 666.4
2	8 000	0.743 2	5 945.6	0.718 2	5 745.6	0.694 4	5 555.2
3	9 000	0.640 7	5 766.3	0.608 6	5 477.4	0.578 7	5 208.3
4	9 000	0.552 3	4 970.7	0.515 8	4 642.2	0.482 3	4 340.7
5	10 000	0.476 2	4 762	0.437 1	4 371	0.401 9	4 019
6	11 000	0.410 4	4 514.4	0.370 4	4 074.4	0.334 9	3 683.9
净现值			2 855.8		1 090.6		–526.5

然后用插入法近似计算内含报酬率：

$$IRR = 18\% + \frac{1\,090.6 - 0}{1\,090.6 - (-526.5)} \times (20\% - 18\%) = 19.35\%$$

3) 判断标准

若某个方案内含报酬率≥该方案资金成本，该方案可行。

若某个方案内含报酬率＜该方案资金成本，该方案不可行。

若有多个可行的投资方案，应选择内含报酬率较高的方案投资。

4) 内含报酬率法优缺点

优点：内含报酬率是个动态相对量正指标，它既考虑了资金时间价值，又能从动态的角度直接反映投资项目的实际报酬率，且不受贴现率高低的影响，比较客观。

缺点：该指标的计算过程比较复杂。

注意，贴现评价指标之存在以下关系。

当 $NPV > 0$ 时，$PI > 1$，$IRR > i$。

当 $NPV < 0$ 时，$PI < 1$，$IRR < i$。

当 $NPV = 0$ 时，$PI = 1$，$IRR = i$。

5. 贴现现金流量指标的比较

在几种评价指标中，净现值是比较科学、合理的，可以说它是评价投资项目的万能法则，作为一种基本的投资评价指标，其稳健而现实的再投资比率在理论上更符合企业财富最大化的假设及长期发展目标。该指标不仅考虑了资金的时间价值，而且全面考虑了项目在整个计算期内的经济状况，经济意义明确直观，能够直接以货币额表示项目的盈利水平，判断直观。无论在互斥项目的方案中还是独立项目的方案中均能做出较好的决策。净现值率、获利指数、内部收益率三个指标实际只是对净现值准则起验证和补充的作用。因此，净现值是一个很好的评价指标，目前在投资决策评价中得到广泛使用。

拓展视频

需要注意的是，在进行项目长期投资决策时，非贴现现金流量指标和贴现现金流量指标方法一般是结合起来应用，除了考虑这些指标外，长期投资决策还需要考虑国家的政策、技术创新、发展前景等。

8.4 投资决策分析的应用

投资决策分析的应用一般包括以下几方面内容：固定资产修理或更新的决策和固定资产购买或租赁决策。

8.4.1 固定资产修理或更新决策

固定资产修理或更新的决策是在假定维持现有生产能力不变的情况下，是继续使用旧设备还是购买新设备的决策。固定资产修理或更新决策的方法有很多种,我们下面介绍两种决策方法:现金流出量总现值法和平均年成本法。

继续使用旧设备和购置新设备是两个互斥的方案,而不是一个更换新设备的特定方案,要有正确的局外观,即从局外人角度来考察:一个方案是购置旧设备;另一个方案是购置新设备。也就是说,考虑购置新设备时,只考虑与购置新设备有关的现金流量,不考虑出售旧设备产生的现金流入量。

1. 现金流出量总现值法

适用范围:无论修理旧设备还是更新设备,未来的收入相同,未来尚可使用年限相同。

【例8-18】万达公司有一台设备,购于3年前,新旧设备的生产能力相同。最低投资报酬率为10%,所得税率为25%,要求:进行设备是否需要更新的决策。其他资料见表8-7的详细资料如下。

表8-7 新旧设备资料

单位:元

项　目	旧　设　备	新　设　备
原价	60 000	60 000
税法规定残值	6 000	6 000
税法规定使用年数	6	4
已使用年数	2	0
尚可使用年数	4	4
每年操作成本	7 000	3 000
两年后大修理费用	20 000	
最终报废残值	8 000	5 000
现行市价	29 000	29 000
每年折旧额	直线法	双倍余额递减法
第1年	9 000	30 000
第2年	9 000	15 000
第3年	9 000	4 500
第4年	9 000	4 500

解:由于新旧设备生产能力相同,未来每年的营业收入相同,未来尚可使用年限相同,应采用现金流出量总现值法,判断方案优劣。计算见表8-8。

表8-8 新旧设备净现值计算表

单位:元

项　目	现金流量	时间(年次)	系　数	现　值
继续使用旧设备: 旧设备变现价值	(29 000)	0	1.000	(29 000)

续表

项 目	现金流量	时间(年次)	系 数	现 值
旧设备变现损失减税	[29 000−(60 000−18 000)]×25%=(3 250)	0	1.000	(3 250)
每年操作成本(付现)	7 000×(1−25%)=(5 250)	1～4	3.169 9	(16 641.98)
两年后大修成本	20 000×(1−25%)=(15 000)	2	0.826 4	(12 396)
折旧抵税	9 000×25%=2 250	1～4	3.169 9	7 132.28
残值变现收入	8 000	4	0.683	5 464
残值净收入纳税	(6 000−8 000)×25%=(500)	4	0.683	(341.5)
合 计				(49 033.2)
更新设备:				
设备投资	(60 000)	0	1.000	(60 000)
每年操作成本(付现)	3 000×(1−25%)=(2 250)	1～4	3.169 9	(7 132.28)
折旧抵税				
第1年	30 000×25%=7 500	1	0.909 1	6 818.25
第2年	15 000×25%=3 750	2	0.826 4	3 099
第3年	4 500×25%=1 125	3	0.751 3	845.21
第4年	4 500×25%=1 125	4	0.683	768.38
残值收入	5 000	4	0.683	3 415
残值净收入抵税	(6 000−5 000)×25%=250	4	0.683	170.75
合 计				(52 015.69)

从表 8-8 的计算可看出,旧设备的现金流出总现值为 49 033.2 元,比更新设备的现金流出总现值 52 015.69 元节约 2 982.49 元。因此,继续使用旧设备较好。

如果未来的尚可使用年限不同,则需要将现金流出量总现值转换成平均年成本,然后进行比较。

2. 平均年成本法

平均年成本法一般适用范围:修理旧设备与更新设备未来收入相同,但尚可使用年限不同。

【例 8-19】某公司拟采用新设备取代已使用 3 年的旧设备,旧设备原价 14 950 元,当前估计尚可使用 5 年,每年操作成本 2 150 元,预计最终残值 1 750 元,目前变现价值 8 500 元,购置新设备需花费 13 750 元,预计可使用 6 年,每年操作成本 850 元,预计最终残值 2 500 元。该公司预期报酬率 12%,所得税率 25%,税法规定该类设备应采用直线法折旧,折旧年限 6 年,残值为原值的 10%。要求:进行是否应该更换设备的分析决策,并列出计算分析过程。

解:因新旧设备使用年限不同,应运用考虑货币时间价值的平均年成本比较二者的优劣。

(1) 继续使用旧设备的平均年成本。

每年付现操作成本的现值 =2 150×(1−25%)×(P/A, 12%, 5)

=1 612.5×3.604 8

=5 812.74(元)

年折旧额 =(14 950−1 495)÷6=2 242.50(元)

每年折旧抵税的现值 =2 242.50×25%×(P/A, 12%, 3)=560.625×2.401 8=1 346.51(元)
残值收益的现值 =[1 750–(1 750–14 950×10%)×25%]×(P/F, 12%, 5)
　　　　　　　=1 686.25×0.567 4
　　　　　　　=956.78(元)
继续使用旧设备的机会成本 =8 500–[8 500–(14 950–2 242.50×3)]×25%=8 430.63(元)
继续使用旧设备的现金流出总现值 =5 812.74+8 430.63–1 346.51–956.78
　　　　　　　　　　　　　　　=11 940.08(元)
继续使用旧设备的平均年成本 =11 940.08÷(P/A, 12%, 5) =11 940.08÷3.604 8
　　　　　　　　　　　　　=3 312.27(元)

(2) 更换新设备的平均年成本。

购置成本 =13 750(元)
每年付现操作成本现值 =850×(1–25%)×(P/A, 12%, 6) =850×(1–25%)×4.111 4
　　　　　　　　　　=2 621.02(元)
年折旧额 =(13 750–1 375)÷6=2 062.50(元)
每年折旧抵税的现值 =2 062.50×25%×(P/A, 12%, 6) =515.625×4.111 4=2 119.94(元)
残值收益的现值 =[2 500–(2 500–13 750×10%)×25%]×(P/F, 12%, 6)
　　　　　　　=2 218.75×0.506 6
　　　　　　　=1 124.02(元)
更换新设备的现金流出总现值 =13 750+2 621.02–2 119.94–1 124.02=13 127.06(元)
更换新设备的平均年成本 =13 127.06÷(P/A, 12%, 6) =13 127.06÷4.111 4
　　　　　　　　　　　=3 192.84(元)

因为更换新设备的平均年成本 3 192.84 元低于继续使用旧设备的平均年成本 3 312.27 元，故应更换新设备。

8.4.2　固定资产购买或租赁决策

固定资产购买或租赁的决策是在假定满足生产能力要求的情况下，是购买还是租赁固定资产的决策，下面举例说明。

【例 8-20】 万达公司需要一台生产设备，若购买需支付设备价款 650 000 元，该设备预计残值率 10%，可使用年限为 10 年；若采用租赁的方式租入设备，每年将支付 100 000 元的租赁费用，租期 10 年。最低投资报酬率为 8%，所得税率为 25%。要求：进行购买设备还是租赁设备的决策。

解：购买设备支付价款 650 000(元)
折旧抵税现值 =(650 000–65 000)/10×25%×(P/A, 8%, 10)
　　　　　　=58 500×25%×6.710 1
　　　　　　=98 135.21(元)
设备残值变现值 =65 000×(P/F, 8%, 10)
　　　　　　　=65 000×0.463 2
　　　　　　　=30 108(元)

购买设备的现金流出总现值 =650 000–98 135.21–30 108=521 756.79(元)
租赁设备的现金流出总现值 =100 000×(1–25%)×(P/A, 8%, 10)
=100 000×(1–25%)×6.710 1
=503 257.5(元)

计算结果表明,购买设备的现金流出总现值为 521 756.8 元,比租赁设备的现金流出总现值 503 257.5 元多 18 499.3 元,故应租赁设备。

8.5 投资决策的敏感性分析

投资决策的结果一般受项目的现金流量、固定资产的使用年限的影响,如果这些变量发生变化,那么,投资决策的结果也会发生变化。敏感性分析就是用来分析探讨当这些变量发生变化时,会怎样影响投资决策的结果,影响程度的大小如何?一般来说,如果某个变量在很小范围内发生变化,就会影响投资决策结果的,就表明该变量的敏感性强;如果某个变量在很大范围内发生变化,才会影响投资决策结果的,就表明该变量的敏感性弱。一般用敏感系数来反映敏感程度的指标。敏感系数是目标值变动百分比与变量值变动百分比的比值,计算公式如下:

敏感系数 = 目标值的变动百分比 / 变量值的变动百分比

8.5.1 以净现值为基础进行敏感性分析

【例 8-21】白山公司有一投资项目,总投资额为 150 000 元,建成后可使用 5 年,每年的净现金流入量为 60 000 元,折现率按 10% 计算。

解:该项目的净现值 =60 000×(P/A, 10%,5)–150 000
=60 000×3.790–150 000
=77 400(元)

该项目的净现值大于零,说明该项目可行。

下面进行项目的敏感性分析。

(1) 如果年净现金流入量不变,该项目的最低使用年限是多少。假定年净现金流入量为 60 000 元,该项目的最低使用年限计算如下:

60 000×(P/A, 10%, n)–150 000=0
(P/A, 10%, n)=2.5

查年金系数表,(P/A, 10%,4)=3.169,(P/A, 10%,3)=2.486,采用插值法计算如下:
最低使用年限 n=3+(2.5–3.169)/(2.486–3.169)=3.97(年)

通过以上计算,可以看出,该项目如果每年的净现金流入量不发生变化,最低使用年限应为 3.97 年,这时该项目的净现值为零,如果使用年限低于 3.97 年,则该项目不可行。

(2) 如果使用年限不变,该项目的最低年净现金流入量是多少。假定使用年限为 5 年,那么年净现金流入量最低额,计算如下:

150 000/(P/A, 10%, 5)=150 000/3.790=39 577(元)

通过以上计算,可以看出,该项目如果使用年限不变 (设为 5 年),则该项目每年的净现金流入量最低为 39 577 元，这时该项目的净现值为零，如果每年的净现金流入量小于 39 577 元，则该项目不可行。

8.5.2 以内含报酬率为基础进行敏感性分析

【例 8-22】的内含报酬率计算如下：

$$60\ 000\times(P/A, i,5)-150\ 000=0$$

$$(P/A, i,5)=2.5$$

查年金系数表，$(P/A, 25\%,5)=2.689$ $(P/A,30\%,5)=2.435$，采用插值法计算如下：

最低使用年限 $i=25\%+(2.222-1.735)/(2.486-1.735)=28.7\%$

年现金净流量对内含报酬率的敏感系数 $=[(28.7\%-10\%)/28.7\%]/[(60\ 000-39577)/60\ 000]=1.91$

使用年限对内含报酬率的敏感系数 $=[(28.7\%-10\%)/28.7\%]/[(5-3.97)/5]=3.16$

通过计算可知，年净现金流入量的敏感系数比使用年限的敏感系数小，说明年净现金流入量对内含报酬率的影响比使用年限小。另外，因为这两个的敏感系数大于 1，都属于敏感因素。

可见，当内含报酬率降低 18.7%(28.7%–10%) 时，会使年净现金流入量减少 20 423 (60 000–39 577) 元，使用年限减少 1.03(5–3.97) 年。

本章小结

本章介绍了货币时间价值的概念，重点学习了复利现值、终值；年金现值、终值的计算，现金流量的测算。介绍了长期投资的评价方法，重点学习了净现值法、净现值率法、现值指数法、内含报酬率法。强调长期投资决策的实际应用，学习了固定资产修理或更新决策、固定资产投资与租赁决策等实际应用问题，使学生能够对企业具体的投资项目进行评价。最后学习了投资决策的敏感性分析。

关键术语

货币时间价值　年金　复利　现值　终值　后付年金　先付年金　递延年金　永续年金　项目计算期　机会成本　投资主体　现金流量　净现值法　现值指数法　内含报酬率　插入法　逐步测试法　投资回收期　投资收益率

综合练习

一、思考题

1．简述项目投资的特点及项目投资的决策程序。

2．在进行项目投资决策时，如何分析项目的现金流量？

3．在计算投资项目的现金流量时应该注意哪些问题？

4．简述项目投资决策的基本方法。

二、判断题

1．预付年金的终值与现值，可在普通年金终值与现值的基础上乘以 $(1+i)$ 得到。（　　）

2．在利率和计息期数相同的条件下，复利终值系数和复利现值系数互为倒数，因此，年金终值系数与年金现值系数也互为倒数。（　　）

3．在通货膨胀率很低的情况下，国库券的利率可视同为资金时间价值。（　　）

4．在计算现金净流量时，无形资产摊销额的处理与折旧额相同。（　　）

5．不考虑时间价值的前提下，投资回收期越短，投资获利能力越强。（　　）

6．一般情况下，使某投资方案的净现值小于 0 的折现率，一定高于该投资方案的内含报酬率。（　　）

7．终结点净现金流量等于终结点那一年的经营净现金流量与该期回收额之和，其回收额必须大于零。（　　）

8．在更新改造项目中，旧设备的投资额等于旧设备的变现价值，与旧设备的账面价值无关。（　　）

三、单项选择题

1．下列各项年金中，只有现值没有终值的年金是（　　）。

　　A. 普通年金　　　　　　　　B. 递延年金

　　C. 永续年金　　　　　　　　D. 预付年金

2．企业发行债券，在名义利率相同的情况下，其实际利率最小的复利计息期是（　　）。

　　A. 一年　　　　　　　　　　B. 半年

　　C. 一季度　　　　　　　　　D. 一月

3．企业年初借得 30 000 元贷款，十年期，年利率 12%，每年末等额偿还。已知年金现值系数 $(P/A, 12\%, 10)$=5.650 2，则每年应付金额为（　　）元。

　　A.8 849　　　　　　　　　　B.5 310

　　C.6 000　　　　　　　　　　D.28 251

4．某人年初存入银行 5 000 元，银行按年利率 10% 复利计息，每年年末提出 600 元，则最后一次能够足额 (200 元) 提款的时间是（　　）。

　　A. 第 10 年年末　　　　　　B. 第 11 年年末

　　C. 第 9 年年末　　　　　　　D. 第 12 年年末

5．某投资项目按贴现率 10% 计算的净现值为 –200 万元，这说明该投资项目的内含报酬率（　　）。

　　A. 大于 10%　　　　　　　　B. 等于 10%

　　C. 小于 10%　　　　　　　　D. 小于 8%

6．年末某公司进行固定资产更新决策，旧设备于 8 年前以 40 000 元购入，税法规定折旧年限为 10 年，按直线法折旧，净残值率为 10%，目前可按 10 000 元卖出，该公司所得税税率 25%，旧设备的初始投资额为（　　）元。

A.300 B.10 000
C.9 700 D.10 300

7. 某企业每年末将 100 000 元资金划拨为技术改造资金，专户存储，假定 10 年，10% 的年金现值系数为 6.144 57，年金终值系数为 15.937 4。到第 10 年末，企业可用于技术改造的资金总量为 (　　) 元。

A.1 593 740 B.1 000 000
C.614 457 D.385 543

8. 某项目有一年建设期，原始投资 200 万元在建设期初一次投入，使用年限为 10 年，每年现金净流量 50 万元，若资金成本为 12%，则该项目的现值指数为 (　　)。

A.0.412 6 B.1.412 6
C.0.261 3 D.1.261 3

四、多项选择题

1. 下列表述中，正确的有 (　　)。
   A. 复利终值系数和复利现值系数互为倒数
   B. 普通年金终值系数和普通年金现值系数互为倒数
   C. 普通年金终值系数和偿债基金系数互为倒数
   D. 普通年金现值系数和资本回收系数互为倒数

2. 影响资金时间价值大小的因素主要有 (　　)。
   A. 资金额 B. 利率
   C. 计息方式 D. 风险

3. 下面各项中，属于普通年金形式的项目有 (　　)。
   A. 偿债基金 B. 年等额净现值
   C. 定期定额支付的养老金 D. 零存整取储蓄存款的整取额

4. 下面各项中，会影响内含报酬率的有 (　　)。
   A. 原始投资额 B. 投资项目的折现率
   C. 投资项目有效期限 D. 投资项目的现金净流量

5. 贴现指标的优点主要有 (　　)。
   A. 考虑了资金时间价值
   B. 考虑了整个项目计算期的全部现金净流量
   C. 考虑了投资的风险
   D. 从动态的角度反映了项目的实际收益率水平

6. 对于同一投资方案，下面表述正确的有 (　　)。
   A. 资金成本越高，净现值越高
   B. 资金成本越高，净现值越低
   C. 资金成本高于内含报酬率时，净现值为负数
   D. 资金成本等于内含报酬率时，净现值一定为零

7. 一个投资项目的经营期期末发生的现金净流量包括( )。
   A. 经营现金净流量　　　　　　B. 回收固定资产残值
   C. 回收流动资金　　　　　　　D. 资本化的利息
8. 若净现值为负数,表明该投资项目( )。
   A. 为亏损项目,不可行
   B. 它的内含报酬率小于零,不可行
   C. 它的内含报酬率没有达到预定的贴现率,不可行
   D. 它的内含报酬率不一定小于零

五、计算与案例分析题

1. 某公司现有 A、B 两个固定资产投资方案,有关资料见表 8-9。

表 8-9　A、B 投资方案相关资料表

单位:元

	A 方案	B 方案
原始投资	100 000	100 000
现金净流量:		
第一年	35 000	20 000
第二年	35 000	30 000
第三年	35 000	40 000
第四年	35 000	50 000
第五年	35 000	60 000

要求:计算 A、B 两个方案的投资回收期。

2. 某公司准备开发一条新流水线,原始投资额为 30 万元,项目期限为 4 年,每年的会计税后利润分别为 3 万元、4 万元、5 万元、6 万元。按直线法计提折旧。要求:计算该项目的投资利润率。

3. 某企业准备购入一台设备以扩充生产能力需要投资 12 000 元,该设备使用寿命 5 年,采用直线法计提折旧,5 年后有残值收入 2 000 元,5 年中每年销售收入为 8 000 元,付现成本第一年为 3 000 元,以后每年增加 400 元,另需垫支营运资金 3 000 元(设备报废时收回),所得税率为 40%,投资收益率为 10%。

(1) 计算该方案各年的现金净流量。
(2) 计算该方案的净现值和净现值率。
(3) 计算该方案的现值指数。
(4) 判断该方案经济上是否可行。

4. 计算下列各题。

(1) 现在存入银行 10 000 元,若年利率为 8%,1 年复利一次,6 年后的复利终值应为多少?

(2) 现在存入银行 10 000 元,若年利率为 8%,每季度复利一次,10 年后的复利终值应为多少?

(3) 如果年利率为 10%，1 年复利一次，8 年后的 10 000 元其复利现值应为多少？

(4) 如果年利率为 12%，每半年复利一次，20 年后的 10 000 元其复利现值应为多少？

(5) 若要使复利终值经过 8 年后变为本金的 3 倍，每季度复利一次，则其年利率应为多少？

(6) 如果年利率为 12%，每月复利一次，其实际利率为多少？

5. 某公司拟购置一台设备，有两种付款方案可供选择。

(1) 从现在起每年年初支付 30 万元，连续支付 10 次。

(2) 从第五年开始，每年年初支付 40 万元，连续支付 10 次。

假设该公司的资金成本率为 10%，你认为该公司应选择哪个付款方案？

6. 某公司为了提高效率准备更新一台旧设备，旧设备原值 85 000 元，已使用了 3 年，尚可使用 5 年，直线法折旧，使用期满预计残值为 5 000 元。旧设备变现价值为 15 000 元。使用旧设备每年可获得营业收入 80 000 元，产生经营成本 60 000 元。新设备购置价格 126 000 元，可使用 6 年，使用期满预计残值为 6 000 元。使用新设备每年可增加营业收入 12 000 元，同时降低经营成本 17 000 元。该公司所得税税率 25%，资金成本 10%。

要求：做出设备是否要更新的决策。

7. 某企业现有一项设备，准备更新。新旧设备有关资料见表 8-10。

表 8-10 新旧设备相关资料表

项 目	旧 设 备	新 设 备
原价 / 万元	100	150
旧设备变现价格 / 万元	40	
税法规定残值 (2%)/ 万元	2	3
已使用年限 / 年	5	0
尚可使用年限 / 年	5	5
年总成本 / 万元	49.8	49.4
实际报废残值 / 万元	2	4

该企业所得税税率为 40%，企业要求的最低报酬率为 10%。要求：填列新旧设备各年现金流量计算表（列示必要的计算过程），并采用成本现值法评价是否应进行更新。（计算结果小数点后保留三位）

8. 某企业现有一项设备，准备更新。新旧设备有关资料见表 8-11。

表 8-11 新旧设备相关资料表

项 目	旧 设 备	新 设 备
原价 / 万元	100	150
旧设备变现价格 / 万元	40	
税法规定残值 (2%)/ 万元	2	3
已使用年限 / 年	5	0

续表

项　　目	旧　设　备	新　设　备
尚可使用年限 / 年	5	5
年总成本 / 万元	49.8	49.4
实际报废残值 / 万元	2	4

该企业所得税率为 40%，企业要求的最低报酬率为 10%。要求：填列新旧设备各年现金流量计算表 (列示必要的计算过程)，并采用成本现值法评价是否应进行更新。(计算结果小数点后保留三位)

拓展习题

第 3 篇 规划与控制会计篇

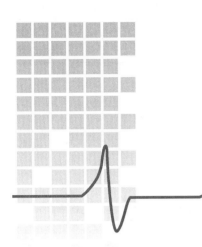

第 9 章 全面预算

教学目标

通过本章学习,了解全面预算对于企业管理的重要意义,明确全面预算的体系,掌握全面预算的编制原理及全面预算的编制方法。

教学要求

知识要点	能力要求	相关知识
全面预算概述	(1) 领会全面预算的内涵及构成 (2) 了解预算管理在企业管理中的重要作用及地位	(1) 内涵 (2) 构成
全面预算的编制	掌握编制预算的编制流程	(1) 销售预算 (2) 生产预算 (3) 直接材料预算 (4) 直接人工预算 (5) 制造费用预算 (6) 期末产品存货预算 (7) 销售与管理费用预算 (8) 现金预算 (9) 预计损益表 (10) 预计资产负债表

续表

知识要点	能力要求	相关知识
预算的编制方法	掌握预算编制的方法	(1) 固定预算与弹性预算 (2) 增量预算与零基预算 (3) 定期预算与滚动预算

神华集团16年预算管理实施过程中的意义建构模式

神华集团在16年预算管理的实施过程中，在经济危机、国企改革、企业兼并扩张和企业信息化等剧烈多变的内外部环境下，先后经历了预算管理植入、预算管理与管理控制系统融合、预算管理向业务纵深层次扎根和预算管理成为企业战略支持工具等四个阶段，建立了四个不同的意义建构模式：最低程度的意义建构、受限的意义建构、分散的意义建构和导向明确的意义建构。

资料来源：刘凌冰，韩向东，杨飞. 集团企业预算管理的演进意义建构 [J]. 会计研究，2015(7):42-48.

以上案例表明全面预算管理在企业的实施已经展开，而且对企业来说意义重大。那么，什么是全面预算？预算对企业管理的重要作用体现在哪些方面？这些问题只有通过本章的学习，才能弄清楚。本章对全面预算管理进行阐述。首先阐述了全面预算管理的特点、体系及对企业管理的重要意义；然后说明全面预算如何编制；最后介绍全面预算编制的6种方法。

1999年，国家经贸委发布的《关于国有大中型企业建立现代企业制度，加强企业管理的规范意见》要求"推行全面预算管理"。2000年9月，国家经贸委发布《国有大中型企业建立现代企业制度和加强管理的基本规范(试行)》明确提出企业应建立全面预算管理制度。2001年和2002年，财政部相继下发《企业国有资本与财务管理暂行办法》及《关于企业实行财务预算管理的指导意见》，进一步提出企业应实行包括财务预算在内的全面预算管理。之后，我国大中型制造企业的预算实施比例相当高，并进一步扩展到商业、服务业等各类非制造业企业。除了财政部等国家部委外，各级政府也投入到了引导和推广管理会计经验与方法的潮流之中。赵仲杰2008年6月牵头成立了联合调查组，对我国企业现阶段全面预算管理情况进行了调查，调查结果显示我国63.16%的企业已实施了全面预算管理。这说明随着我国改革开放的不断深入，全面预算管理作为现代企业的综合管理工具之一逐渐得到应用与推广，我国颁布实施的相关法律、法规也促进了企业全面预算管理的实施。比如在《公司法》中明确企业应建立法人治理结构，企业总经理、董事会应依次向上级报告年度财务预算和决算情况，客观上促进了企业在全面预算管理方面的实践。财政部颁布的《内部会计控制规范——基本规范(试行)》《内部会计控制规范——

第 9 章 全面预算

货币资金(试行)》《企业国有资本与财务管理暂行办法》《关于企业实行财务预算管理的指导意见》《企业财务通则》以及国资委颁布的《中央企业财务预算管理暂行办法》等规章中均对企业预算管理做出了相应规范和指引,客观上也促进了我国企业全面预算管理实践。

国务院国资委2011年11月24日公布《关于进一步深化中央企业全面预算管理工作的通知》,要求中央企业加强关键指标的预算控制,包括:加强投资项目的预算控制,严控亏损或低效投资;加强现金流量预算管理,加快资金周转;加强债务规模与结构的预算管理,严控债务规模过快增长。

9.1 全面预算概述

9.1.1 全面预算及全面预算管理

1. 预算及全面预算的概念

"预算"源于法文,意思是用皮革制成的袋子或公文包,原指英国财政大臣公文包中下一年度财政预算数据。预算是用货币单位表示的财务计划,它是用货币的形式来反映企业未来某一特定期间的有关现金收支、资金需求、资金融通、营业收入、成本及财务状况和经营成果等方面的详细计划。预算是一种系统的方法,用来分配企业的财务、实物及人力等资源,以实现企业既定的战略目标。企业可以通过预算来监控战略目标的实施进度,有助于控制开支,并预测企业的现金流量与利润。预算是决策的具体化。

全面预算(comprehensive budget)反映的是企业未来某一特定期间(一般不超过一年或一个经营周期)的全部生产、经营活动的财务计划),它以实现企业的目标利润(企业一定期间内利润的预计额,是企业奋斗的目标,根据目标利润制定作业指标,如销售量、生产量、成本、资金筹集额等)为目的,以销售预算为起点,进而对生产、成本及现金收支等进行预测,并编制预计损益表、预计现金流量表和预计资产负债表,反映企业在未来期间的财务状况和经营成果。

就像韦尔奇所言,很多公司都把预算作为自己的经营管理体系的大梁,所以正确的预算管理程序确实具有改变公司经营面貌的力量。

2. 全面预算管理及特点

预算管理连接战略规划与战略执行,并为战略绩效和评估提供依据,是战略管理体系的重要环节。全面预算管理作为对现代企业成熟与发展起着重大推动作用的管理系统,是企业内部管理控制的一种主要方法。这一方法自从19世纪20年代在美国的通用电气、杜邦、通用汽车公司应用之后,很快就成了大型工商企业的标准作业程序。从最初的计划、协调,发展到现在的兼具控制、激励、评价等诸多功能的一种综合贯彻企业经营战略的管理工具,全面预算管理在企业内部控制中日益发挥核心作用。正如著名管理学家戴维·奥利所说的,全面预算管理是为数不多的几个能把企业的所有关键问题融合于一个体系之中的管理控制方法之一。

全面预算管理(Master Budgeting Management)是按照企业制定的经营目标、战略目标、发展目标，层层分解于企业各个经济单位，以一系列预算、控制、协调、考核为内容建立的一整套科学完整的指标管理控制系统。它体现了"权力共享前提下的分权"的哲学思想，通过"分散权力，集中监督"来有效配置企业资源，提高管理效果，实现企业目标。一般来说，全面预算管理具有以下几个特点。

(1) 对未来的精确规划。

(2) 以提高企业整体经济效益为根本出发点。

(3) 以价值形式为主的定量描述。

(4) 以市场为导向。在企业全面预算的编制、监督、控制与考核中必须始终牢牢树立以市场为导向的管理意识，注意把握市场的特点和变动，揣摩市场规律，并在实际工作中较好地运用规律为企业创造效益。

(5) 全面预算管理的核心在于"全面"二字，具有全员、全额、全程、全面的特点。全员，是指预算过程的全员参与；全额，指预算金额的总体性，不仅包括财务预算，也包括业务预算、资本预算等；全程，指预算管理的全程化，不能仅停留在预算指标的设定、预算的编制与下达上，更重要的是要通过预算的执行和监控、分析和调整、考核与评价，真正发挥预算管理的权威性和对经营活动的指导作用；全面，全面预算指集所有预算于一体的综合性预算体系，预算内容涉及财务与非财务、货币与非货币的各个方面。

(6) 以财务管理为核心。预算的编制、执行、控制和考评等一系列环节，以及众多信息的收集、传递工作都离不开财务管理工作，财务管理部门是全面预算管理的中坚力量，具有不可替代的重要作用。

3. 全面预算管理的模式

全面预算是人的行为的集中体现，因此，预算管理也就表现为对人的行为的管理。卡普兰教授认为，预算中人的行为与企业中组织结构有着直接的关系，他将这一关系分解为两种类型，即集权管理模式与分权管理模式。

1) 集权管理模式

集权管理模式是建立在泰罗的科学管理学说基础上的，有三大假设。

(1) 企业经营目标是实现利润最大化。企业的一切经营都围绕这一目标进行，利润最大化目标可分解为若干个分目标，下达到各部门，只要各部门达到利润最大化，企业整体利润就会达到最大化。

(2) "经济人"假设。这是经济学的前提假设，即人的行为受经济利益的驱使。人天生具有惰性，乐于享受而厌恶工作。只有人们确信努力工作会得到公正的报偿，其行为才有利于企业的整体利益。因此，企业可以用经济手段刺激员工工作的积极性。

(3) 管理者的职责是保证企业实现利润最大化。管理者必须严格控制与激励员工的行为，抑制浪费和低效率的产生。管理控制的本质就是寻求一种激励措施，这种措施来自于管理者对员工的不同行为结果给予不同的经济报酬。根据以上假设，预算就是分解利润目标，落实责任，制定激励措施，并帮助企业管理层控制员工的管理行为。在这一模式下，所有预算指标均由高层做出，并逐级向下分解，落实到有关责任单位和个人。相应地，各部门将预算执行情况自下而上逐级上报，由管理层对预算执行结果进行分析，揭示偏差，提出纠正措施。

这种模式最大的特点是，自上而下的强制性，传递信息的途径是单向的，缺乏部门之间的横向交流。但是由于参与人数少，导致其效率比较高，有利于贯彻高管层意图，发挥集权管理的优势。

2) 分权管理模式

分权管理是在现代企业规模不断扩大、生产经营管理日趋复杂的情况下产生的，它强调企业各基层单位是一个责、权、利相结合的经济实体，这一模式有3大假设。

(1) 企业是由多人组成的一个群体，这个群体处在不断变化的外部环境中，企业的目标表现为多元化和变动性。在同一时期由于目标要求不同，占主导地位的群体目标将体现为企业的目标。

(2) 企业目标在很大程度上受到人的需求动机的驱使。按照马斯洛需求层次理论，人的需求由低到高表现为物质需求与精神需求，只有未满足的需求才是激励的原动力。在企业内部的不同员工之间，由于个人需求存在较大差异，使企业目标能够满足大部分人的利益需求，能起到很好的协调作用。

(3) 企业高管层是一个决策机构，他们通过各种预测、控制和激励手段来影响基层责任主体和员工个体的行为。当员工实现了企业目标时，他们的个人目标也得到认可。管理层的责任是在员工个人目标与企业目标之间寻求一个最好的结合平衡点。

在分权管理模式下，预算管理有以下特点：分权预算管理模式提高了预算指标的现实性与可靠性；分权预算管理模式，激发了预算责任主体和员工执行预算的自觉性；在分权预算管理模式下，部门之间，预算执行主体、员工、企业之间的信息得以充分交流，责任主体和员工的目标在企业目标中体现出来，企业内部资源能够得到最佳配置。

尽管分权预算管理模式有以上这么多的优点，同样它也有一些弊端。例如，企业高管层与预算执行主体之间、部门之间不可避免地存在许多矛盾与冲突，特别是预算松弛现象表现得特别突出。预算松弛主要在预算编制阶段，预算执行主体低估收入、高估成本、夸大完成预算的难度等；或者为了争取新的预算资金，在项目申报时压低支出预算，项目批准后又不断要求增加预算额度。

拓展视频

所有这些矛盾都取决于对预算管理模式的选择，企业可以根据具体情况，在集权与分权这两种模式中间选择平衡点，而不是必然的选择集权的或分权的。

9.1.2 全面预算的体系

全面预算是由一系列单项预算组成的有机整体，是以财务形式制定的企业在一定期间内对经营和资料分配的计划，由一整套预计的财务报表和其他附表构成，用来反映企业计划期内预期的经济活动及其成果。一般而言，全面预算按其内容分为业务预算、财务预算和资本支出预算(专门决策预算)。具体内容见图9.1 全面预算体系。

1. 业务预算 (operating budget)

业务预算是指为供、产、销及管理活动所编制的，与企业日常业务直接相关的预算，这些预算以实物量指标和价值量指标分别反映企业收入与费用的构成情况。业务预算一般指预算期内企业日常发生的各种经营活动的预算，包括销售预算、生产预算、直接材料预算、直接人工预算、制造费用预算、单位成本预算、销售及管理费用预算。

图 9.1 全面预算体系

2. 财务预算 (financial budget)

财务预算是指反映企业预算期现金收支、经营成果和财务状况的各项预算,主要包括现金预算、预计损益表和预计资产负债表。

3. 资本支出预算 (special decision budget)

资本支出预算(专门决策预算)是指企业为那些在预算期内不经常发生的、一次性业务活动所编制的预算,需要投入大量资金,对企业若干期的收益都有影响的一次性专门预算。

表 9-1 是通达公司的预算体系:由经营预算、资本预算、资金预算、财务预算等几部分组成。通达公司根据公司具体业务的特点不同,四种预算的构成内容也不同。

表 9-1 通达公司的预算体系

预算类别	预算项目	预算内容	编制责任部门
经营预算	通行费收入预算	年度通行费收入	营运部
	机电费用预算	收费、通信监控等设备维护费	机电管理部
	工程费用预算	公路日常养护等工程费用	路产与工程管理部
	行政经费预算	各职能部门管理费用	综合管理部门各职能部门
	人力费用预算	全体员工的人工成本以及培训招聘费用	人力资源部
	财务费用预算	筹资而发生的费用	财务管理部
	资产折旧摊销及准备预算	公司各部门资产折旧摊销费用以及计提准备	财务管理部
资本预算	资产更新预算	固定资产购置、建造、扩建、改建、更新	路产与工程管理部
	长期借款还本预算	本年长期借款还款计划	财务管理部

续表

预算类别	预算项目	预算内容	编制责任部门
资金预算	资金收支	资金筹集　筹资利息	财务管理部
财务预算	预计资产负债表		财务管理部
	预计利润表		财务管理部
	预计现金流量表		财务管理部

9.1.3 全面预算的编制

预算管理是一种重要而有效的管理工具。运用战略规划工具预演未来，合理配置企业内外部资源，并通过有效的控制系统对预算执行过程中出现的偏差及时地进行调整和修正，是提高企业经营效率、实现组织目标的关键。

拓展案例

全面预算的编制一般是企业组成一个预算委员会，负责管理预算。一般来说，可以分成以下几个步骤（具体见表 9-2）。

(1) 下达目标：财务不根据董事会批准的预算目标，向各责任主体下达预算目标。

(2) 编制上报：各个责任中心结合下达的目标，研究规划，分析影响预算的各个因素，确定编制的依据，按照统一的格式编制各个部门的预算，经领导审核后上报预算。一般称为自下而上过程。

(3) 审核汇总：财务部门收到各个责任主体上报的预算，进行审查、汇总、平衡各部门预算，有偏差的则提出调整建议，召集预算讨论会议，修改预算方案，达成一致后，汇总上报预算。一般称为上下结合过程。

(4) 审议批准：上报预算管理委员会，审议预算。

(5) 下达执行：财务部门根据批准的预算，逐级下达预算。

以上过程可以总结为：自上而下、自下而上、上下结合、分级编制、逐级汇总。

表 9-2　全面预算的编制

程序	要点
下达目标	财务部根据领导或者董事会批准的预算目标和预算政策，向各责任主体下达预算目标和预算政策
编制上报	各个责任主体结合下达的目标，研究规划，分析影响预算的各个因素，确定编制的依据（市场、营销、人员等等），按照统一的格式编制各个部门的预算，经部门领导审核过后上报预算
审核、汇总	财务部门收到各个责任主体上报的预算，进行审查、汇总、平衡各部门预算，有偏差的则提出调整建议，召集预算讨论会议，修改预算方案，达成一致后，汇总上报预算
审议批准	上报公司最高决策层审议预算并获得批准
下达执行	财务部门根据批准的预算，逐级下达预算

自上而下
自下而上
上下结合
分级编制
逐级汇总

战略规划是长期的，时限通常为五年及以上，也因为时间跨度较大，不确定因素较多，战略规划的目标不一定能达到。因此企业更加关注年度预算，进而分解成季度、月度预算。在实务中，一般编制预算是以企业产品的生命周期来编制的，实施由"长期规划——项目全生命周期预算——年度目标预测——年度预算——月度滚动预算——预算分析——预算调整——预算考核"组成的闭环全面预算，一是运用战略规划模型、年度目标测算模型等模型，分别编制战略预算及年度预算，打通了业务预算与财务预算之间的壁垒，使预算目标既体现总部的要求，又体现各责任中心的实际情况。二是将战略目标进一步细化为关键业绩指标，基于项目全生命周期的财务测算和分析，进一步确定年度目标并以此为指导制定年度预算，以年度预算及财务规划为指导编制月度滚动预算，并依据关键绩效指标仪表盘、分布图、排名表等可视化图形实现动态监控。三是在"事前、事中控制为主，事后控制为辅"的模式下，加强项目全生命周期成本控制。四是在强化预算约束力的前提下，采用财务指标与非财务指标相结合、定量评价与定性评价相结合的方式，不断丰富和完善预算考核机制。

预算编制案例——上下混合模式

1. 企业预算编制

IDC 跨国集团是支持性服务行业中的一员，目前已在全球超过 100 个国家拥有 2 000 多个办事处及实验室、超过 30 000 名全职专业人员、9 个营运部门，为全球超过 35 个行业提供各类产品的测试、检验、认证及其他相关服务。IDC 在它超过 43 年的发展过程中，较早地开始了全面预算管理，并摸索出了一套极具特色的全面预算管理模式，具体为：集团每年进行两次大型预算，被称为"3+9"和"9+3"预算。"3+9"预算是以 1~3 月实际的数据预测未来 9 个月的数据；"9+3"预算是以 1~9 月实际的数据预测未来 3 个月的数据和明年一年的数据，是年度预算中最为重要的一次预算。

这种"上下混合"预算模式的具体实施步骤为：①每年 3 月份，各生产部门根据现有设备和人员配备情况计算可能的最大产能；销售部门根据市场情况，编制下年度销售计划。然后将产能报告和销售计划做比较，用最大产能挖掘最大的销售潜力，依据销售计划看是否会超过最大产能，以此计算出需要增加的人员和设备等，并为明年做出初步的预算计划上报区域营运部门。②区域营运部门在接到上交的预算后，根据自身的考核指标和明年可获得的投资经费等，对该报告做出调整后上报全球营运部门。③全球营运部门接到预算报告后，根据收入和利润的考核指标、最大投资额度和投资力度侧重区域等，对该报告做出调整后上报 IDC 全球总部。④总部综合考虑宏观经济形势对市场的影响后，根据增长率、投资额度、各营运部门的侧重点、分配额度等，制定各分部年度考核指标和计划资金用量，对报告进行调整并将该考核指标和计划资金用量下发给全球营运部门。

值得注意的是，这种"上下混合"的预算模式，往往需要经过两三个循环，以争取到较低的销售指标和较高的投资额度。而选择预算编制方法时，主要关注预算编制本身的成本与效率，必须根据企业规模、管理要求、企业文化、内部控制情况、管理方式、产品生命周期、技术手段、所处环境等综合考虑。

2. 企业预算管理的核心：预算执行和预算调整

预算执行是整个预算管理工作的核心环节。笔者把预算执行的整个过程控制分成外部控制和自我控制两种。外部控制是指预算执行过程中上级对下级的控制；自我控制是指每一责任单位对自身预

第 9 章 全面预算

算执行过程的控制。这其中应以自我控制为主。

在"上下混合"的预算编制模式下，要保证预算的执行，首先要层层签订目标责任书，正确划分权、责、利，做到权力和责任相匹配，形成三角对等关系。其次要尽可能地划分小的核算单位，最好具体到岗位、产品或生产线等，以增加成本核算的准确性，并尽可能划分成小的时间单位，因为时间单位越大，效率越低。再次要做好预算信息反馈工作，建立报告制度，最好以日报的形式，包括销售日报、回款日报、资金日报。最后是保证信息沟通顺畅。

除了执行外，由于预算管理具有动态性，因此需要根据实际不断进行调整。当出现以下情况时，企业需要及时进行预算调整。

(1) 市场需求发生变化或增补临时预算。三年前 IDC 集团推出新业务时预测其将能为公司带来超过 42% 的利润。该项业务推出半年后，结果却和预期完全相反，就在董事会抽出资金计划下架该项业务时，却遭遇市场需求反弹，该项业务的人力及技术等支持跟不上，随时面临客户流失的可能。IDC 集团及时组织财务部、生产部以及市场部等修改预算，增加该项业务的预算资金，重新投入生产设备和人力资源，使得该项业务在保住老客户的同时又不断开发新客户。

(2) 企业内部资源发生变化，应相应调整生产经营预算，并适当调整预算目标和责任。当具体到公司经营发展时，预算只是一个风向标，起到引导和辅助的作用，经营过程中大量的执行、监测、评估、反馈等工作才是重点。这就要求各部门在制定预算时将预算与公司的战略挂钩，预算要及时响应企业内部资源的变化并衍生出面向新要求的内容来。

(3) 外部市场环境发生重大变化，在调整预算的同时还要调整目标和责任。比如由于受日本大地震的影响，IDC 在日本的几家公司难以完成当年的全年指标。为了保证当年整个亚太地区的指标能够顺利完成，区域营运部门就在当年 6 月份调整了其他亚太地区子公司 6~12 月的收入指标。

3. 企业预算管理的保障：预算考评和预算激励

预算考评包括两个层面：一是对整个预算管理系统的考评，即对企业经营业绩进行整体评价，它是优化预算管理系统的有效手段；二是对预算执行者的考核和业绩评价，它是实现预算约束与激励作用的必要措施。预算考评的基本原则包括可控性原则、风险收益对等原则、总体优化原则、分级考评原则、公平和公开原则。构建科学、合理的预算考评指标是预算考评制度的关键，笔者认为，必须做到以下几点：①考核周期的安排应是：总经理级（包括副总），属于高管级，每半年考评一次；经理级（包括主管），属于中层考核，按月或者季度考评；基层主管，按月度考评；基层员工，按日考评。考核以报表考核为主，对不能按时完成任务的单位要深入内部进行分析并重点跟进，人为因素引起的变因要及时发现并杜绝，而对不可控因素则要及时调整预算指标。②把经济增加值、回款等纳入考核指标体系，把对一把手的考核作为考评的重点，考核结果直接与其任免奖惩、工资福利等挂钩。在考评的开展过程中，将预算管理的内容自上而下地分解成脉络清晰的岗责明细表，通过制衡各领导岗位的职责与权力，形成以制排岗、以岗定人、权责清晰的全面预算考评机制。③以预算考评结果为依据，对预算执行主体进行激励。要确立以人为本的管理观念，建立科学、合理的激励制度并严格执行。

9.1.4　全面预算管理对企业的意义

全面预算是各个部门的奋斗目标、协调工具、控制标准、考核依据，在经营管理中发挥着重大作用。预算管理是信息社会对财务管理的客观要求。市场

拓展阅读

风云变幻,能否及时把握信息,抓住机遇是企业驾驭市场的关键。全面预算管理对现代企业的意义可以概括如下。

1. 提升战略管理能力

战略目标通过全面预算加以固化与量化,预算的执行与企业战略目标的实现成为同一过程;对预算的有效监控,将确保最大程度地实现企业战略目标。通过预算监控可以发现未能预知的机遇和挑战,这些信息通过预算汇报体系反映到决策机构,可以帮助企业动态地调整战略规划,提升企业战略管理的应变能力。

2. 有效的监控与考核

预算的编制过程向企业和企业内部各部门提供了设定合理业绩指标的全面信息,同时预算执行结果是业绩考核的重要依据。将预算与执行情况进行对比和分析,为经营者提供了有效的监控手段。

3. 高效使用企业资源

预算计划过程和预算指标数据直接体现了企业各部门使用资源的效率以及对各种资源的需求,因此是调度与分配企业资源的起点。通过全面预算的编制和平衡,企业可以对有限的资源进行最佳的安排使用,避免资源浪费和低效使用。

4. 有效管理经营风险

全面预算可以初步揭示企业下一年度的经营情况,使可能的问题提前暴露。参照预算结果,公司高级管理层可以发现潜在的风险所在,并预先采取相应的防范措施,从而达到规避与化解风险的目的。

5. 收入提升及成本节约

全面预算管理和考核、奖惩制度共同作用,可以激励并约束相关主体追求尽量高的收入增长和尽量低的成本费用。编制全面预算过程中相关人员要对企业环境变化做出理性分析,从而保证企业的收入增长和成本节约计划切实可行。预算执行的监控过程关注收入和成本这两个关键指标的实现和变化趋势,这迫使预算执行主体对市场变化和成本节约造成的影响做出迅速有效的反应,提升企业的应变能力。

拓展案例

我国著名的企业家李嘉诚先生曾经说过:"我未有幸在商学院聆听教授指导,我年轻的时候,最喜欢翻阅的是上市公司的年度报告书,表面上挺沉闷,但这些会计处理方法的优点和漏弊、方向的选择和公司资源的分布,对我有很大的启示。对我而言,管理人员对会计知识的把握和尊重、对正现金流以及公司预算的控制,是最基本的元素。"李嘉诚先生的话给我们的启示是预算管理是企业管理最基本的元素之一,也是最重要的元素之一,一个企业全面预算管理的水平和层次在很大程度上代表着企业管理的水平和层次(赵仲杰,2011)。

9.1.5 推行全面预算管理应注意的问题 ①

预算管理是企业对未来整体经营规划的总体安排,是一项重要的管理工具,能帮助管

---

① http://yh.gzntax.gov.cn/k/2007-3/726279.html。

第 9 章 全面预算

理者进行计划、协调、控制和业绩评价。推行全面预算管理是发达国家成功企业多年积累的经验之一，对企业建立现代企业制度，提高管理水平，增强竞争力有着十分重要的意义。推行全面预算管理应注意的问题如下。

1. 预算编制宜采用自上而下、自下而上、上下结合的编制方法

整个过程为：一般来说，应该设置组织机构，有些企业的全面预算管理的组织体系以董事会为最高决策机构，全面预算管理领导小组、全面预算管理办公室为主体的组织机构，预先由高层管理者提出企业总目标和部门分目标；各基层单位根据一级管理一级的原则据以制定本单位的预算方案，呈报分部门；分部门再根据各下属单位的预算方案，制定本部门的预算草案，呈报预算委员会；最后，预算委员会审查各分部预算草案，进行沟通和综合平衡，拟订整个组织的预算方案；预算方案再反馈回各部门征求意见。经过自下而上、自上而下的多次反复，形成最终预算，经企业最高决策层审批后，成为正式预算，逐级下达各部门执行。[①]

2. 预算内容要以营业收入、成本费用、现金流量为重点

营业收入预算是全面预算管理的中枢环节，它上承市场调查与预测，下启企业在整个预算期的经营活动计划。营业收入预算是否得当，关系到整个预算的合理性和可行性。成本费用预算是预算支出的重点，在收入一定的情况下，成本费用是决定企业经济效益高低的关键因素；制造成本和期间费用的控制也是企业管理的基本功，可以反映出企业管理的水平。现金流量预算则是企业在预算期内全部经营活动和谐运行的保证，否则整个预算管理将是无米之炊。在企业预算管理中，特别是对资本性支出项目的预算管理，要坚决贯彻"量入为出，量力而行"的原则。这里的"入"一方面要从过去自有资金的狭义范围拓宽到举债经营，同时又要考虑企业的偿债能力，杜绝没有资金来源或负债风险过大的资本预算。

3. 预算管理工作要建立单位、部门行政主要负责人责任制

开展全面预算管理，是企业强化经营管理，增强竞争力，提高经济效益的一项长期任务。因此，要把全面预算管理作为加强内部基础管理的首要工作内容，成立预算管理组织机构，并确定预算管理的第一责任人为各单位、部门的行政主要负责人，切实加强领导，明确责任，落实措施。

4. 推行全面预算管理必须切实抓好"四个结合"

(1) 要与实行现金收支两条线管理相结合。预算控制以成本控制为基础，现金流量控制为核心。只有通过控制现金流量才能确保收入项目资金的及时回笼及各项费用的合理支出；只有严格实行现金收支两条线管理，充分发挥企业内部财务结算中心的功能，才能确保资金运用权力的高度集中，形成资金合力，降低财务风险，保证企业生产、建设、投资等资金的合理需求，提高资金使用效率。

(2) 要同深化目标成本管理相结合。全面预算管理直接涉及企业的中心目标——利润，因此，必须进一步深化目标成本管理，从实际情况出发，找准影响企业经济效益的关键问

---

① http://www.xucpa.net/Article/yxlw/cwgl/cwys/200902/20090216182106.html.

题，瞄准国内外先进水平，制定降低成本、扭亏增效的规划、目标和措施，积极依靠全员降成本和科技降成本，加强成本、费用指标的控制，以确保企业利润目标的完成。

(3) 要同落实管理制度、提高预算的控制和约束力相结合。预算管理的本质要求是一切经济活动都围绕企业目标的实现而开展，在预算执行过程中落实经营策略，强化企业管理。因此，必须围绕实现企业预算，落实管理制度，提高预算的控制力和约束力。预算一经确定，在企业内部即具有"法律效力"，企业各部门在生产营销及相关的各项活动中，要严格执行，切实围绕预算开展经济活动。企业的执行机构按照预算的具体要求，按"以月保季，以季保年"的原则，编制季、月滚动预算，并建立每周资金调度会、每月预算执行情况分析会等例会制度。按照预算方案跟踪实施预算控制管理，重点围绕资金管理和成本管理两大主题，严格执行预算政策，及时反映和监督预算执行情况，适时实施必要的制约手段，把企业管理的方法策略全部融会贯通于执行预算的过程中，最终形成全员和全方位的预算管理局面。

(4) 要同企业经营者和职工的经济利益相结合。全面预算管理是一项全员参与、全面覆盖和全程跟踪、控制的系统工程，为了确保预算各项主要指标的全面完成，必须制定严格的预算考核办法，依据各责任部门对预算的执行结果，实施绩效考核。可实行月度预考核、季度兑现、年度清算的办法，并做到清算结果奖惩到位。把预算执行情况与经营者、职工的经济利益挂钩，奖惩分明，从而使经营者、职工与企业形成责、权、利相统一的责任共同体，最大限度地调动经营者、职工的积极性和创造性。

拓展案例

9.2 全面预算的编制

9.2.1 销售预算

销售预算是编制全面预算的关键和起点。按照各种产品的预计单价和预计销售量计算各该产品的预计销售收入。

【例 9-1】假设某公司预算年度只生产和销售一种产品，根据销售预测，该公司每季度的销售收入有 50% 于当季收到现金，其余 50% 将于下一季度收到现金，年初应收账款为 300 000 元，该公司预算年度的销售预算见表 9-3 所示。

表 9-3 销售预算

摘　　要	第 1 季度	第 2 季度	第 3 季度	第 4 季度	全年合计
预计销售量/件	10 000	20 000	30 000	40 000	100 000
销售单价/元	50	50	50	50	50
销售收入/元	500 000	1 000 000	1 500 000	2 000 000	5 000 000

9.2.2 生产预算

生产预算是以销售预算为基础编制的，它根据预计产品销售量，加上预计期末存货量，

减去预计期初存货量,据以确定本期预计生产量。其公式为:

预计生产量 = 预计销售量 + 预计期末存货量 – 预计期初存货量

【例 9-2】 假设预计销量如销售预算,每季期末的产品存货量为次季销售量的 10%,年末预计产品存货量为 3 000 件。据此编制生产预算见表 9-4 所示。

表 9-4 生产预算

单位:件

摘 要	第 1 季度	第 2 季度	第 3 季度	第 4 季度	合计
预计销售量(表 9-3)	10 000	20 000	30 000	40 000	100 000
加:预计期末存货量	2 000	3 000	4 000	3 000	3 000
预计需要量合计	12 000	23 000	34 000	43 000	103 000
减:预计期初存货量	2 000	2 000	3 000	4 000	2 000
预计生产量	10 000	21 000	31 000	39 000	101 000

9.2.3 直接材料预算

直接材料预算根据生产预算编制的,它根据预计生产量和单位产品材料消耗量确定直接材料预计需要量,再加预计期末材料存货减预计期初材料存货,最后确定预计材料采购量和采购额,并预计本期材料采购现金支出。预计材料采购量可按下式计算:

预计材料采购量 = 预计生产需用量 + 预计期末材料存货 – 预计期初材料存货

【例 9-3】 假设单位产品材料消耗量为 2 千克,材料单价为 10 元,季末预计的材料存货为下季度生产需用量的 10%,年末预计的材料存货为 5 500 千克。假定每季采购的材料有 50% 需要在当季支付现金,其余将于下一季度支付现金,年初应付账款为 300 000 元。据此编制直接材料预算见表 9-5 所示。

表 9-5 直接材料预算

摘 要	第 1 季度	第 2 季度	第 3 季度	第 4 季度	合 计
预计生产量 / 件(表 9-4)	10 000	21 000	31 000	39 000	101 000
单位产品材料消耗量 /(千克 / 件)	2	2	2	2	2
预计生产需用量 / 千克	20 000	42 000	62 000	78 000	202 000
加:预计期末材料存货 / 千克	4 200	6 200	7 800	5 500	5 500
预计需用量合计 / 千克	24 200	48 200	69 800	83 500	207 500
减:预计期初材料存货 / 千克	6 000	4 200	6 200	7 800	7 800
预计材料采购量 / 千克	18 200	44 000	63 600	75 700	199 700
材料单价 /(元 / 千克)	10	10	10	10	10
预计材料采购额 / 元	182 000	440 000	636 000	757 000	1 997 000

9.2.4 直接人工预算

直接人工预算是以生产预算为基础编制的,它根据预计生产量和单位产品直接人工工时,计算各期需用的直接人工总工时,然后乘以单位工时工资率,就可确定预计直接人工总成本。

【例 9-4】 假设该公司预算年度所需要直接人工只有一个工种,期初、期末在产品数量也没有变动,单位产品直接人工工时为 2 工时,单位工时工资率为 3 元,根据生产预算的预计生产量,编制直接人工预算见表 9-6 所示。

表 9-6 直接人工预算

摘 要	第 1 季度	第 2 季度	第 3 季度	第 4 季度	合 计
预计生产量 / 件 (表 9-4)	10 000	21 000	31 000	39 000	101 000
单位产品直接人工工时 /(工时 / 件)	2	2	2	2	2
预计直接人工总工时 / 工时	20 000	42 000	62 000	78 000	202 000
单位工时工资率 / 元	3	3	3	3	3
预计直接人工总成本 / 元	60 000	126 000	186 000	234 000	606 000

9.2.5 制造费用预算

在生产预算的基础上,对预计生产规模所需的各种制造费用分别预计汇总。该公司的制造费用预算见表 9-7 所示。

表 9-7 制造费用预算

摘 要	第 1 季度	第 2 季度	第 3 季度	第 4 季度	合 计
预计直接人工总工时 / 工时 (表 9-6)	20 000	42 000	62 000	78 000	202 000
变动制造费用分配率 /(元 / 工时)	2	2	2	2	2
变动制造费用 / 元	40 000	84 000	124 000	156 000	404 000
固定制造费用 / 元	60 000	60 000	60 000	60 000	60 000
其中:折旧费 / 元	18 000	18 000	18 000	18 000	18 000

9.2.6 期末产品存货预算

根据销售预算、生产预算、直接材料、直接人工、制造费用预算编制单位成本和期末产成品存货成本预算,见表 9-8 所示。

表 9-8 单位成本和期末产成品存货成本预算

项 目	单位产品用量	单位价格	单位成本
直接材料	2	10	20
直接人工	2	3	6
变动制造费用	2	2	4
产品单位成本 /(元 / 件)			30
期末产品存货数量 / 件			3 000
期末产品存货成本 / 元			90 000

9.2.7 销售与管理费用预算

该公司的销售与管理费用预算见表9-9所示。

表9-9 销售与管理费用预算

摘　　要	第1季度	第2季度	第3季度	第4季度	合计
预计销售量/件（表9-3）	10 000	20 000	30 000	40 000	100 000
变动销售与管理费用分配率	2	2	2	2	2
变动销售与管理费用/元	20 000	40 000	60 000	80 000	200 000
固定变动销售与管理费用/元	30 000	30 000	30 000	30 000	120 000
其中：折旧费/元	15 000	15 000	15 000	15 000	60 000

9.2.8 现金预算

将上述各种预算中涉及现金收支的各项目进行汇总，编制预算期内现金收支、现金余缺及融资等预算。

【例9-5】 假定该公司预算期内现金余额最低限额为10 000元，预计每季支付股利2 000元，专门决策计划第一季度购置设备支出60 000元，第二季度购置设备支出360 000元，预算期期初现金余额为10 000元。编制现金预算见表9-10所示。

表9-10 现金预算

单位：元

	第1季度	第2季度	第3季度	第4季度
期初现金余额	10 000	10 000	10 000	10 000
加：本期现金收入	550 000	750 000	1250 000	1 750 000
合计	560 000	760 000	1260 000	1 760 000
减：本期现金支出	630 000	980 000	967 000	1 255 500
直接材料（表9-5）	391 000	311 000	538 000	696 500
直接人工（表9-6）	60 000	126 000	186 000	234 000
制造费用（表9-7）	82 000	126 000	166 000	198 000
销售与管理费用（表9-9）	35 000	55 000	75 000	95 000
预计设备购置	60 000	360 000		
预计支付股利	2 000	2 000	2 000	2 000
现金余缺	−70 000	−220 000	293 000	5 045 000
向银行借款	80 000	230 000		
偿还借款			283 000	27 000
期末现金余额	10 000	10 000	10 000	5318 000

9.2.9 预计资产负债表

根据预算期初的资产负债表和预算期内其他各项预算整理汇总编制预算期末各项资产、负债及权益状况，预计资产负债表见表9-11所示。

表 9-11 预计资产负债表

20××年12月31日　　　　　　　　　　　　　　　　　　　单位：元

资　产	金　额	负债及所有者权益	金　额
流动资产：		流动负债：	
现金（见表 9-10）	5 318 000		
应收账款（表 9-3）	100 000	应付账款（表 9-5）	378 500
原材料（见表 9-5）	55 000	未交税金	604 000
产成品存货（表 9-8）	90 000	负债合计	982 500
流动资产合计	6 463 000		
固定资产：		所有者权益：	
固定资产原值（表 9-10）	420 000	股本	2 662 500
累计折旧（表 9-7 和 9-9）	132 000	留存收益	3 106 000
固定资产合计	288 000	所有者权益合计	5 468 500
资产合计	6 751 000	负债及所有者权益合计	6 751 000

9.2.10　预计损益表

在前述各种预算基础上，对涉及预算期内损益变动的各项目，按正常损益表格式进行汇总测算编制，预计损益表见表 9-12 所示。

表 9-12　预计损益表

20××年度　　　　　　　　　　　　　　　　　　　　　　单位：元

项　目	金　额
销售收入（见表 9-3）	5 000 000
销售成本（见表 9-4，表 9-7，表 9-8）	3 180 000
毛利	1 820 000
销售及管理费用（见表 9-9）	320 000
利润总额	1 500 000
所得税（估计）	504 000
税后净收益	996 000

9.3　预算编制方法

企业全面预算的构成内容比较复杂，编制预算需要采用适当的方法。预算编制方法一般有固定预算法、增量预算法、定期预算法、弹性预算法、零基预算法、滚动预算法等。

9.3.1　固定预算法 (fixed budget)

1. 含义

固定预算法，又称静态预算 (static budget)，将预算期内的有关预算内容的业务量水平固定在某一特定水平的基础上，逐步测算出相应的固定预算值的方法。

2. 固定预算法的特点

(1) 不考虑预算期内业务量水平可能发生的变动，而只按照预算期内预定的某一业务量水平为基础确定其相应的数额。

(2) 将预算期的实际执行结果与按预算期内计划规定的某一业务量水平所确定的预算数进行比较分析，并据以进行业务评价考核。

固定预算法适用于编制相对稳定的预算，一般在计划和实际不会有较大出入的情况下，可采用固定预算法。固定预算法的计算比较直接和简单。由于企业生产经营状况受主观条件影响很大，不确定的因素很多，经常发生变动，使固定预算的作用受到了限制。

9.3.2 增量预算法 (incremental budget)

1. 增量预算法的含义

增量预算方法，又称调整预算方法，是指以基期成本费用水平为基础，结合预算期业务量水平及有关影响成本因素的未来变动情况，通过调整有关原有费用项目而编制预算的一种方法。这是一种传统的预算方法。

2. 增量预算方法的假设前提

(1) 现有的业务活动是企业必需的。
(2) 原有的各项开支都是合理的。
(3) 增加费用预算是值得的。

3. 增量预算的特征及缺陷

(1) 增量预算基本上都是从前一期的预算推演出来的，每一个预算期间开始时，都采用上一期的预算作为参考点，而且只有那些要求增加预算的申请才会得到审查。

(2) 增量预算往往缺乏针对性。当资金分配给企业内部的各部门以后，在一个部门内部区分活动的优先次序变得困难起来。因为，企业各个部门通常具有多重目标和从事多项活动，但增量预算并不考虑这种活动的多样性，它们只管把资金分配给部门而不是分配给活动或任务。对于具有多重目标的部门或单位，一般都会存在这样的问题：即一些目标比其他目标更加重要和达到不同目标的难易程度往往存在差异。而增量预算对此不加区分。因此，作为一种计划工具，增量预算方法缺乏有效的针对性。

(3) 当管理层希望用预算来控制成本或提高效率时，增量预算的缺陷显得更加严重。事实上，增量预算最容易掩盖低效率和浪费。其中，最普遍的问题就是，在典型的增量预算中，原有的开支项一般很难砍掉，即使其中的一些项目已没有设立的必要了。这是因为在编制新年度的预算时，会首先参看上一期的资金是怎样分配的，然后部门管理者再加上对新活动的预算要求和通货膨胀率，管理层重点只审查增加部分的预算，对于与上期相同的部分的预算一般不作为重点审查。

9.3.3 定期预算法 (periodic budget)

1. 定期预算的含义

定期预算的方法简称定期预算,是指在编制预算时以不变的会计期间(如日历年度)作为预算期的一种编制预算的方法。

2. 定期预算法的优缺点

1) 优点

定期预算法的唯一优点是能够使预算期间与会计年度相配合,便于考核和评价预算的执行结果。

2) 缺点

按照定期预算方法编制的预算主要有以下缺点。

(1) 盲目性。由于定期预算往往是在年初甚至提前两三个月编制的,对于整个预算年度的生产经营活动很难做出准确的预算,尤其是对预算后期的预算只能进行笼统地估算,数据笼统含糊,缺乏远期指导性,给预算的执行带来很多困难,不利于对生产经营活动的考核与评价。

(2) 滞后性。由于定期预算不能随情况的变化及时调整,当预算中所规划的各种活动在预算期内发生重大变化时(如预算期临时中途转产),就会造成预算滞后过时,使之成为虚假预算。

(3) 间断性。由于受预算期间的限制,致使经营管理者们的决策视野局限于本期规划的经营活动,通常不考虑下期。例如,一些企业提前完成本期预算后,以为可以松一口气,其他事等来年再说,形成人为的预算间断。因此,按固定预算方法编制的预算不能适应连续不断的经营过程,从而不利于企业的长远发展。为了克服定期预算的缺点,在实践中可采用滚动预算的方法编制预算。

9.3.4 弹性预算法 (flexible budget)

1. 弹性预算法的含义

弹性预算,顾名思义,是一种具伸缩性的预算。它是为克服固定预算的缺点而设计的,又称变动预算或滑动预算,是指在成本习性分析的基础上,以业务量、成本和利润之间有规律的依存关系为依据,按照预算期可预见的各种业务量水平,编制能够适应多种情况预算的方法。弹性预算法是在固定预算模式的基础上发展起来的一种预算模式。它是根据计划或预算可预见的多种不同的业务量水平,分别计算其相应的预算额,以反映在不同业务量水平下所发生的费用和收入水平的预算编制模式。由于弹性预算随业务量的变动而做相应调整,考虑了计划期内业务量可能发生的多种变化。

拓展案例

2. 弹性预算的特点

(1) 预算范围宽。弹性预算能够反映预算期内与一定相关范围内的可预见的多种业务量水平相对应的不同预算额,从而扩大了预算的适用范围,便于预算指标的调整。因为弹性预算不再是只适应一个业务量水平的一个预算，而是能够随业务量水平的变动作机动调整的一组预算。一经编制，只要各项消耗标准和价格等依据不变，便可连续使用，从而可大大减少工作量。采用弹性预算方法编制财务预算有效地弥补了固定预算方法的不足。由于弹性预算的出现，使不同的财务经济指标水平或同一经济指标的不同业务量水平有了相应的预算额。因此，在实际业务量发生后，可将实际发生量同与之相适应的预算数进行对比。弹性预算仅以某个"相关范围"为编制基础，而不是以某个单一业务水准为基础。弹性预算的性质是"动态"的。弹性预算的编制可适应任何业务要求，甚至在期间结束后也可使用。也就是说，企业可视该期间所达到的业务要求编制弹性预算，以确定在该业务要求下，"应有"的成本是多少。英国特许管理会计师协会对弹性预算的定义是"通过确认不同的成本性态，使其随着产出量的变动而变动的一种预算"。

(2) 可比性强。在预算期实际业务量与计划业务量不一致的情况下，可以将实际指标与实际业务量相应的预算额进行对比，从而能够使预算执行情况的评价与考核建立在更加客观和可比的基础上，比较确切并容易为被考核人所接受，便于更好地发挥预算的控制作用。

弹性预算的预算指标留有一定的调整余地，有关的当事人可以在一定的范围内灵活执行预算确定的各项目标和要求。弹性预算在制定预算时就考虑到了未来事项的不可预知性，只确定了行为的基本原则或范围，实际执行时可以根据具体情况调整，灵活性强。缺点是灵活性掌握不好就成了失控，可控性差，克制力度弱。

由于未来业务量的变动会影响到成本(费用)、利润等各个方面，因此，弹性预算从理论上讲适用于编制全面预算中所有与业务量有关的各种预算，但从实用角度看，主要用于编制弹性成本(费用)预算和弹性利润预算等。在实务中，由于收入、利润可按照概率的方法进行风险分析预算，直接材料、直接人工可按标准成本制度进行标准预算，只有制造费用、推销及行政管理费用等间接费用应用弹性预算频率较高，以至于有人将弹性预算误认为只是编制费用预算的一种方法。

3. 编制弹性预算的基本程序

(1) 选择和确定各种经营活动的计量单位如消耗量、人工小时、机器工时等。选择业务量的计量单位。应根据企业的具体情况来选择，一般来说，生产单一产品的部门，可以选用产品实物量(生产量)；生产多品种产品的部门，可以选用人工工时、机器工时等；动力车间供应能源，可使用电度量或煤炭量、蒸汽量等；修理车间提供劳务，可用修理工时；服务部门，可用企业共同的工作量计量单位；以手工操作为主的企业应选用人工工时；机械化程度高的企业，更宜采用机器工时而非人工工时。此外还要注意计量单位应易取得和易理解。

(2) 确定业务量的范围。业务量的范围是指弹性预算所适用的业务量区间，即预期业务量变动的相关范围，应根据企业的具体情况来定，但应使将来可能发生的业务量不超过此范围，一般来说，可定在正常生产能力的70%～110%，或以历史上的最高业务量或最低业务量为其上下限。

(3) 按成本性态将成本分为固定成本、变动成本、混合成本。根据成本性态和业务量之间的依存关系，将企业生产成本划分为变动和固定两个类别，并逐项确定各项费用与业务量之间的关系。

(4) 确定预算期内各业务活动水平。计算各种业务量水平下的预测数据，并用一定的方式表示，形成某一项的弹性预算。

9.3.5 零基预算法

零基预算法(Zero Base Budget，ZBB) 又称零底预算，其全称为"以零为基础编制计划和预算的方法"，简称零基预算，最初是由德州仪器公司开发的，是指在编制预算时对于所有的预算支出，均以零为基底，不考虑以往情况如何，从根本上研究分析每项预算有否支出的必要和支出数额的大小。这种预算不以历史为基础作修修补补，在年初重新审查每项活动对实现组织目标的意义和效果，并在成本—效益分析的基础上，重新排出各项管理活动的优先次序，并据此决定资金和其他资源的分配。

1. 预算编制方法的演变及比较①

现代预算编制工作是在资产阶级革命取得胜利之后，随着现代预算制度的建立而逐步形成的。17世纪，英国编制了世界上第一个国家预算，到了20世纪，绝大多数国家都建立了国家预算编制制度。期间，预算编制方法也经历了多次变革。由于早期的政府预算内容比较单一，预算编制采用十分简单的"职能预算编制法"。随着社会生产力的发展，政府预算所包含的内容逐渐增多，为满足这一需要，逐步形成了一套比较完整的预算程序，其中包括现代的预算编制方法，如"计划和绩效预算编制法"(绩效预算)、"项目预算编制法"(项目预算)等，目前世界相当多的国家使用"零基预算编制法"(零基预算)。

上述国际通行的预算编制方法(绩效预算、项目预算)，均用于改进政府预算规划和评估的功能。绩效预算(Performance Budget) 是一种强调工作项目和活动业绩计量的预算编制方法。通过编制绩效预算，可以对投入成本和产生效益进行比较。项目预算(Program Budget)是依据实施项目或执行的功能的总成本来组织提议的支出预算。而零基预算(ZBB)，是指不考虑过去预算项目和收支水平，以零为基点编制的预算。零基预算主要是作为计划工具，而不是控制或评估的工具。因此，作为编制具有法律效力的国家年度财政收支计划，即国家预算的预算编制方法来说，零基预算法具有明显的优越性。

由此可以看出，预算编制方法是处于经常的变革和发展之中。如果认真分析每一种预算编制方法，就可以发现，在新的预算编制方法中，往往可以看到旧的影子。即每一次变革，对原有的预算编制方法并不是全盘抛弃，而是扬弃，即在吸取原有方法优点的基础上创新。零基预算是从总体上控制政府财政支出的一种预算组织形式，其基本特征是不受以往预算安排和预算执行情况的影响，一切预算收支都建立在成本效益分析基础上，根据需要和可能，一切从零开始来编制预算。"零基预算法"要求每个政府行政部门在申请预算时，应该首先对本部门所有的(新的和原有的)计划项目和行动进行系统评价和审查，然后再编制预算。从本质上讲，零基预算是一种关于组织机构的目标、活动范围以及资源运用等先后顺序安排的一种思维方式。重点着眼于"需要优先"，然后根据资源(财力)可能进行比较分析，按顺序筛选安排。

---

① 凌斐.零基预算编制方法理论探折[J]，江苏大学学报，2003(4).

2. 零基预算在国外的发展状况[1]

零基预算起源于美国。理论上最早可追溯到 1952 年。然而，自零基预算出现以后，人们对它的态度反差之大，是其他预算编制法所不能比的。赞成的人认为，从理论上讲，应用零基预算可以更合理、更有效地分配各项资金。彼得·派尔预言，实行零基预算后，可有可无的计划将会缩减或干脆取消，而举足轻重的计划将会增加。而持反对态度的人则把零基预算视为"江湖骗术"，认为零基预算不可能"消除"计划的赘瘤部分，实施全套零基预算体系太耗费时间，因此是行不通的。

实践是检验真理的唯一标准。零基预算编制法在 20 世纪 70 年代初期异军突起，以出人意料的速度在美国传播、发展开来，随后又传播到其他国家。1977 年美国卡特总统上任后，发布行政命令，要求政府各行政部门均要采取零基预算方式来编制 1979 年财政预算。到 1982 年，美国已经大约有 18 个州采用了零基预算编制法。与此同时，零基预算编制法也传到了加拿大，该国公共部门纷纷采用零基预算。目前，世界上其他国家实行零基预算的基础工作已经完成，并从理论上制定出一系列科学的预算定编、定额、定标准等的方法。

3. 零基预算在我国的发展概况

我国的预算管理制度是在 1951 年 8 月由政务院发布的《预算决算暂行条例》，规定了国家预算的组织体系、各级人民政府的预算权、各级预算的编制、审查、核定与执行的程序、决算的编报与审定程序等之后，初步建立起来的。

20 世纪 80 年代末至 90 年代中期，我国在部分省级财政如安徽、河南、湖北、云南以及深圳等地区开始试行零基预算制度，并取得了一定成效。尚未实行零基预算的地区也十分关注这项改革。

当然，由于国情不同，国内各地区试行"零基预算"时，不可能完全照搬国外的做法，只能结合自身具体的情况进行尝试。

4. 零基预算法的步骤[2]

零基预算编制有以下 5 个步骤。

第一步，划分和确定基层预算单位。企业里各基层业务单位通常被视为能独立编制预算的基层单位。

第二步，编制本单位的费用预算方案。由企业提出总体目标，然后各基层预算单位根据企业的总目标和自身的责任目标出发，编制本单位为实现上述目标的费用预算方案，在方案中必须详细说明提出项目的目的、性质、作用，以及需要开支的费用数额。

第三步，进行成本—效益分析。基层预算单位按下达的"预算年度业务活动计划"，确认预算期内需要进行的业务项目及其费用开支后，管理层对每一个项目的所需费用和所得收益进行比较分析，权衡轻重，区分层次，划出等级，挑出先后。基层预算单位的业务项目一般分为 3 个层次：第一层次是必要项目，即非进行不可的项目；第二层次是需要项

---

[1] 凌斐. 零基预算编制方法理论探折 [J]，江苏大学学报，2003(4).

[2] http://wiki.mbalib.com/wiki/%E9%9B%B6%E5%9F%BA%E9%A2%84%E7%AE%97%E6%B3%95.

目,即有助于提高质量、效益的项目;第三层次是改善工作条件的项目。进行成本效益分析的目的在于判断基层预算单位各个项目费用开支的合理程度、先后顺序以及对本单位业务活动的影响。

第四步,审核分配资金。根据预算项目的层次、等级和次序,按照预算期可动用的资金及其来源,依据项目的轻重缓急次序,分配资金,落实预算。

第五步,编制并执行预算。资金分配方案确定后,就制定零基预算正式稿,经批准后下达执行。执行中遇有偏离预算的地方要及时纠正,遇有特殊情况要及时修正,遇有预算本身问题要找出原因,总结经验加以提高。

5. 零基预算法的优点[①]

和传统预算编制方法,零基预算具有以下优点。

(1) 有利于提高员工的"投入—产出"意识。传统的预算编制方法,主要是由专业人员完成的,零基预算是以"零"为起点观察和分析所有业务活动,并且不考虑过去的支出水平,因此,需要动员企业的全体员工参与预算编制,这样使得不合理的因素不能继续保留下去,从投入开始减少浪费,通过成本—效益分析,提高产出水平,从而能使投入产出意识得以增强。

(2) 有利于合理分配资金。每项业务经过成本—效益分析,对每个业务项目是否应该存在、支出金额若干,都要进行分析计算,精打细算,量力而行,能使有限的资金流向富有成效的项目,所分配的资金能更加合理。

(3) 有利于发挥基层单位参与预算编制的创造性。零基预算的编制过程,企业内部情况易于沟通和协调,企业整体目标更趋明确,多业务项目的轻重缓急容易得到共识,有助于调动基层单位参与预算编制的主动性、积极性和创造性。

(4) 有利于提高预算管理水平。零基预算极大地增加了预算的透明度,预算支出中的人头经费和专项经费一目了然,各级之间争吵的现象可能缓解,预算会更加切合实际,会更好地起到控制作用,整个预算的编制和执行也能逐步规范,预算管理水平会得以提高。

6. 零基预算法的缺点

尽管零基预算法和传统的预算方法相比有许多好的创新,但在实际运用中仍存在一些"瓶颈"。由于一切工作从"零"做起,因此采用零基预算法编制工作量大、费用相对较高;分层、排序和资金分配时,可能有主观影响,容易引起部门之间的矛盾;任何单位工作项目的"轻重缓急"都是相对的,过分强调当前的项目,可能是有关人员只注重短期利益,忽视本单位作为一个整体的长远利益。

9.3.6 滚动预算法[②](rolling budget)

1. 滚动预算法的定义

滚动预算法又称连续预算或永续预算(perpetual budget),是指按照"近细远粗"的原则,

---

① http://baike.baidu.com/view/1250765.html?tp=3_01.

② http://wiki.mbalib.com/wiki.

根据上一期的预算完成情况，调整和具体编制下一期预算，并将编制预算的时期逐期连续滚动向前推移，使预算总是保持一定的时间幅度。简单地说，就是根据上一期的预算指标完成情况，调整和具体编制下一期预算，并将预算期连续滚动向前推移的一种预算编制方法。滚动预算的编制，可采用长计划、短安排的方式进行，即在编制预算时，可先按年度分季，并将其中第一季度按月划分，编制各月的详细预算。其他三个季度的预算可以粗一些，只列各季总数，到第一季度结束前，再将第二季度的预算按月细分，第三、四季度及下年度第一季度只列各季总数，依此类推，使预算不断地滚动下去。

2. 滚动预算法的优点

(1) 能保持预算的完整性、继续性，从动态预算中把握企业的未来。

(2) 能使各级管理人员始终保持对未来一定时期的生产经营活动作周详的考虑和全盘规划，保证企业的各项工作有条不紊地进行。

(3) 由于预算能随时间的推进不断加以调整和修订，能使预算与实际情况更相适应，有利于充分发挥预算的指导和控制作用。

(4) 有利于管理人员对预算资料作经常性的分析研究，并根据当前的执行情况及时加以修订，保证企业的经营管理工作稳定而有秩序地进行。

这种方法适用于规模较大、时间较长的工程类或大型设备采购项目。

当然，采用滚动预算的方法，预算编制工作比较繁重。所以，也可以采用按季度滚动来编制预算，而在执行预算的那个季度里，再按月份分旬具体地编制预算，这样可以适当简化预算的编制工作。总之，预算的编制是按月份滚动还是按季度滚动，应视实际需要而定。

拓展案例

本章小结

全面预算管理对现代企业重要性不言而喻，它在企业的经营管理中起着目标激励、过程控制及有效奖惩的作用。如何建立内部预算体系，进行风险及危机的管理，不仅是一项管理上的创新，更是企业完善的法人治理结构的体现。全面预算管理是一个由预算规划、编制、执行、评价与激励所组成的管理过程。

全面预算是由一系列单项预算组成的有机整体，是以财务形式制定的企业在一定期间内对经营和资料分配的计划，由一整套预计的财务报表和其他附表构成，用来反映企业计划期内预期的经济活动及其成果。一般而言，全面预算按其内容分为业务预算、财务预算和资本支出预算。

预算管理是企业对未来整体经营规划的总体安排，是一项重要的管理工具，能帮助管理者进行计划、协调、控制和业绩评价。推行全面预算管理是发达国家成功企业多年积累的经验之一，对企业建立现代企业制度，提高管理水平，增强竞争力有着十分重要的意义。推行全面预算管理应注意的问题：预算编制宜采用自上而下、自下而上、上下结合的编制方法；预算内容要以营业收入、成本费用、现金流量为重点；预算管理工作要建立单位、部门行政主要负责人责任制；推行全面预算管理必须切实抓好"四个结合"，即要与实行现金收支两条线管理相结合；要同深化目标成本管理相结合；要同落实管理制度、提高预算的控制和约束力相结合；要同企业经营者和职工的经济利益相结合。

　　预算编制方法一般有固定预算、增量预算、定期预算、弹性预算、零基预算、滚动预算等。

关键术语

全面预算　弹性预算　零基预算　滚动预算　固定预算　增量预算

综合练习

一、单项选择题

1. 生产预算是以（　　）为基础编制的。
   A. 销售预算　　　　　　　　B. 现金预算
   C. 直接材料预算　　　　　　D. 产品成本预算
2. 下列预算中，不属于日常业务预算的是（　　）。
   A. 生产预算　　　　　　　　B. 产品成本预算
   C. 直接人工预算　　　　　　D. 资本支出预算
3. 直接材料预算以（　　）为基础编制，并同时考虑到期初期末材料存货水平。
   A. 销售预算　　　　　　　　B. 经营预算
   C. 生产预算　　　　　　　　D. 财务预算
4. 编制全面预算的基础是（　　）。
   A. 直接材料预算　　　　　　B. 直接人工预算
   C. 生产预算　　　　　　　　D. 销售预算
5. 下列各项中，没有直接在现金预算中得到反映的是（　　）。
   A. 现金余额　　　　　　　　B. 现金余缺
   C. 现金筹措及运用　　　　　D. 预算期产量和销量
6. 在编制（　　）时，需按成本性态分析的方法将企业的成本分为固定成本和变动成本。
   A. 滚动预算　　　　　　　　B. 弹性预算
   C. 固定预算　　　　　　　　D. 零基预算

二、判断题

1. 全面预算包括业务预算和财务预算。　　　　　　　　　　　　　　　（　　）
2. 业务预算包括销售预算、生产预算、资本支出预算。　　　　　　　　（　　）
3. 在编制制造费用预算、销售及管理费用预算时，不应该包括折旧费用。（　　）
4. 弹性预算能适应多种业务量水平的需要。　　　　　　　　　　　　　（　　）
5. 滚动预算总是使预算保持一定的时间幅度。　　　　　　　　　　　　（　　）
6. 零基预算只是适用于企业编制预算的一种方法。　　　　　　　　　　（　　）
7. 财务预算包括现金预算、直接材料预算、销售预算等。　　　　　　　（　　）

三、简答题

1. 什么是全面预算？全面预算的特点及作用是什么？
2. 什么是弹性预算？其有何优缺点？
3. 什么是零基预算？其有何优缺点？
4. 什么是滚动预算？其有何优缺点？
5. 编制全面预算有哪些原则？

四、名词解释

全面预算　弹性预算　零基预算　滚动预算

【实际操作训练】

课题 9-1：全面预算的编制。

实训项目：全面预算编制方法及流程。

实训目的：学习怎样编制全面预算。

实训内容：在收集了××公司的相关的信息之后，采用一定的方法编制全面预算。××公司的资料如下：

××公司20××年第一、二、三、四季度预计销售量为1 000、2 000、1 500、2 500件，销售价格为200元，货款在当季度收回80%，另20%在下一季度收回；年初存货量为100件，预期年末存货量为80件，其他各季度期末存货量均按下季度销售量的10%计算；年初材料存货为100千克，预计年末材料存货量为120千克，各季度的期末材料存货量按下期生产需用量的20%计算，单位产品耗用材料为每件20千克，计划单价为5元，货款在当支付50%，另50%在下一季度支付，年初应付账款为1 000元；生产产品所需人工工时为6小时，单位工时成本为5元，第一、二、三、四季度人工总小时分别为1 100、1 000、1 200以及1 100工时。

实训要求：将参加实训的学生分成若干小组，分别编制：销售预算、生产预算、直接材料预算、直接人工预算、产品成本预算。

第 10 章 作业成本法

教学目标

通过本章学习,掌握作业成本法的内涵,了解作业成本法的发展历程,学会分析作业成本法在企业中如何成功实施。

教学要求

知识要点	能力要求	相关知识
作业成本法的内涵	掌握作业成本法的内涵,了解作业成本法的发展历程	(1) 作业成本法的内涵 (2) 作业成本法的发展历程
作业成本法的应用	能够分析作业成本法在我国企业中如何成功实施	作业成本法在企业中的应用

第 10 章 作业成本法

长安汽车的作业成本法

重庆长安汽车股份有限公司(以下简称长安汽车)以产品盈利为核心、以达成公司整体盈利能力提升为目标,在运用传统管理工具的同时,根据企业内部管理需求,改革创新,积极应用如作业成本管理等管理会计工具,更精确地控制成本,较大程度提高了产品利润。

长安汽车作业成本法的实施步骤分为七个部分:一是培训动员。二是采集基础信息,如生产车间的组织架构、设备能耗参数等。三是确认计量资源,如人工成本、燃动费、折旧费等。四是为资源消耗选择动因,如人工成本的消耗动因是"人工作业时间",即:按照对应生产线,分作业项目统计人员有效工作时间、停线等待时间、停工时间。五是按照一定逻辑计算作业成本,如人工成本=某生产线某项作业好用人工时间×固定人工分配率,固定人工分配率=某生产线固定人工成本总额÷该生产线人工作业时间之和。六是选择作业动因。七是产品成本计算。

资料来源:王辊,耿克成,张小全,等.长安汽车的作业成本法试点探索[J].财务与会计,2015(3).

以上案例说明,作业成本法对准确计算并分配企业成本具有重要的作用,但作业成本法并非万能的,其发挥作用需要一定的适用条件。本章介绍作业成本法的内涵以及如何应用作业成本法。

在竞争日益激烈的环境下,准确计算产品成本对企业的重要意义不言而喻。传统的成本计算方法多采用完全成本法,虽然简便,但是在有些企业里,这种成本计算方法会出现误导,导致成本计算不准确;而作业成本法在有些企业里可以提供与成本核算有关的精确信息,有利于企业决策。一般来说,直接人工和直接材料的成本与产品发生直接的关系,可以直接计入产品成本,而间接费用在传统成本分配体系下,则需要根据直接人工工时或机器工时的比例分别计入不同产品成本中去,在有些企业中这种分配方法不科学,作业成本管理制度在这种情况下逐渐受到重视。因此,本章介绍作业成本法和作业成本管理。

10.1 作业成本法的内涵及作业成本管理

10.1.1 作业成本法的概念

1. 作业成本法的内涵

一般认为,作业成本法(Activity—Based Costing,ABC)是顺应经济发展分配间接费用的一种方法,1980年由库伯(cooper)和卡普兰(kaplan)首次提出。

作业成本法是将间接成本和辅助费用更准确地分配到作业、生产过程、产品、服务及顾客中的一种成本计算方法[1]。作业成本法是以作业为中心,以资源流动为线索,通过对

---

[1] 中国注册会计师协会.财务成本管理[M].北京:中国财政经济出版社,2009:423.

资源耗用因果关系的分析和对作业成本的确认、计量、报告，计算出真实的产品成本，并为企业对内对外各项经营管理决策提供相关信息支持的新的成本核算和管理方法。作业成本法的基本逻辑是"产品消耗作业，作业消耗资源"，需要在传统成本法的资源和成本对象之间增加作业这个分配中介。基本理论是成本动因理论，强调按照作业对资源、成本对象对作业消耗的实际情况进行分配，找到最合适的成本动因，并尽可能直接分配，也就是符合"谁受益谁承担"的原则。此外，作业成本法强调把作业分为增值作业和非增值作业，要提高增值作业效率，消除非增值作业以降低成本。作业是构成流程的元素，作业成本核算的结果是流程优化的基础。

与传统成本核算方法相比，作业成本法增加了作业层次，把传统成本法下的一次分配变为多次分配，单一的分配标准改变为按照实际消耗情况确定的多种成本动因，因而能够非常精细地核算成本、真实地反映产品和作业对于企业资源的消耗。同时，作业是日常管理的对象，是成本降低的主体。作业总是与企业中的组织或者具体责任相关联，因而，作业成本法能够明确成本责任，有助于企业推行目标成本管理，加强责任考核，调动全员的力量进行成本控制。由于作业成本法能够详细核算到每一个活动的成本，因此成为企业内部推行精细化管理的最佳工具，不仅有助于通过作业分析细化管理对象，而且把每一个细分的管理对象与企业价值联系起来，明确每个作业为企业创造的价值。

案例 10.1

A 房地产公司实施作业成本法

1. 按照完全成本法核算房地产企业的成本

A 企业在某年度一个三栋楼房的开发项目，传统的成本法下的成本资料见表 10-1。

表 10-1 传统成本计算表

名称	成本（元）
材料费	
商品房 1 的混凝土	3 033 450
商品房 2 的混凝土	1 587 600
商品房 3 的混凝土	1 077 300
商品房 1 钢筋	2 426 760
商品房 2 钢筋	1 270 080
商品房 3 钢筋	861 840
小计	10 257 030
人工费	
商品房 1 的混凝土	605 970
商品房 2 的混凝土	328 500
商品房 3 的混凝土	320 550

续表

名称	成本(元)
小计	2 016 546
质检费	38 859
监理费	388 590
环境监测费	13 200
管理费用	787 500
桩基检测费	49 680
档案整理费	30 000
其他费用	5 614 014
小计	6 921 843
合计	19 195 419

从上面可以看出,间接成本一般很难分配到每一个商品房中去,因此要想得到每一商品房的准确成本十分困难。如果企业将与之关联度较小的人工工时作为分配间接费用的基础,势必会使商品房的成本偏离实际,从而企业不仅无法得到真实的利润信息,也无法减少资源的浪费。

2. 按照作业成本法核算房地产企业的成本

利用作业成本法计算上述项目的成本,假设商品房1、商品房2、商品房3分别有结构施工和钢筋施工两个成本计算对象,间接费用分配如表10-2所示,假定作业分析结果如表10-3和表10-4所示。所谓报监费用是指工程从取得建筑施工许可证后到开工前的这段时间为了从市质监站取得备案号而发生的费用,通常是根据中标价总额的0.2%确定,由此确定其成本的驱动因素是标价;桩基检测费用合计是用单位检测费用180元乘以桩基个数,因此桩基检测费的推动因素为检测的桩数;设备搬运费指将机械、设备等施工工具搬运到施工现场以及在施工现场进行的第二次搬运而发生的费用,一般来讲与搬运的次数有关,因此选择搬运次数为其成本推动因素,若搬运10次的总成本为110 500元,则作业成本分配率为165 750÷10=16 575;钢筋搬运费用是指钢筋在施工场地内进行第二次搬运所发生的费用,故其成本的推动因素为搬运次数;结构施工钢筋绑扎工作及其因为不合格而进行的返工所花费的费用与直接人工工时密切相关,所以其成本的推动因素为直接人工工时;对结构及钢筋进行的检验、对环境所做的检测及整理有关的档案所发生的费用都是施工过程中不可缺少的环节,通过检验合格后方可进行进一步的工作,否则需要返工修理后重新检验,故选检验的次数作为其成本的推动因素;管理费用包括为管理施工现场而发生的费用及整个公司为施工现场所提供服务而发生的费用,选择作业中心作为其成本的推动因素;工程监理费是指按照国家有关部门要求,将施工项目委托具有资质的专门机构对全过程实施监督所发生的费用,通常是用中标价格总额×2%得到,所以选择标价总额作为其成本的推动因素。ABC和传统本成管理法对比、传统成本法下的利润、作业成本法下的利润如表10-5~表10-7所示。

表10-2 间接费用分配表(以直接费用作为分配基础)

单位:元

名称	直接材料	直接人工	直接费用合计	间接费用合计	分配率	间接成本	合计
商品房1	5 460 210	955 800	6 416 010		52.3%	3 623 626	10 039 636

续表

名称	直接材料	直接人工	直接费用合计	间接费用合计	分配率	间接成本	合计
商品房2	2 857 680	534 600	3 392 280		27.65%	1 915 741	5 308 021
商品房3	1 939 140	519 450	2 458 590		20.05%	1 389 172	3 847 762
合计	10 257 030	2 009 850	12 266 880	6 928 539	100%	6 928 539	19 195 419

表10-3 作业成本计算表

流程	成本动因	商品房1（结构）	商品房2（结构）	商品房3（结构）	商品房1（钢筋）	商品房2（钢筋）	商品房3（钢筋）	合计	单位比率
报监费	总标价	10 111 500	5 532 000	3 786 000					0.2%
桩基检测	检测桩数	102	90	84				276	180
设备搬运	次数	3	2	2				7	16 575
钢筋搬运次数					3	2	2	7	3 510
结构施工	直接人工工时	21 600	11 700	11 400				44 700	115
钢筋绑扎	直接人工工时				11 700	6 900	6 675	25 275	90
返工（结构）	直接人工工时	45	30	42				117	115
返工（钢筋）	直接人工工时				39	30	45	114	90
检查（结构）	检查次数	3	2	3				8	3 281.25
检查（钢筋）检查次数					3	2	3	8	3 093.75
环境检测	检测次数	4	1	1				6	2 200
档案整理	次数	4	2	2				8	3 750
管理费用	作业中心	10	10	10				30	26 250
监理费	标价总额	10 111 500	5 532 000	3 786 000					2%

第 10 章 作业成本法

表 10-4 作业成本计算表

单位：元

	商品房1（结构）	商品房2（结构）	商品房3（结构）	商品房1（钢筋）合计	商品房2（钢筋）	商品房3（钢筋）	合计
直接材料	3 033 450	1 587 600	1 077 300	2 426 760	1 270 080	861 840	10 257 030
报监费	20 223	11 064	7 572				38 859
桩基检测	18 360	16 200	15 120				49 680
设备搬运	49 725	331 505	33 150				11 602
钢筋搬运				10 530	7 020	7 020	3 510
结构施工	2 484 000	1 345 500	1 311 000				5 140 500
钢筋绑扎				1 053 000	621 000	600 750	2 274 750
返工结构	5 175	3 450	4 830				13 455
返工钢筋				3 510	2 700	4 050	10 260
检查（结构）	9 843.75	6 562.5	9 843.75				26 250
检查（钢筋）				9 281.25	6 187.5	9 281.25	24 750
环境检测	8 800	2 200	2 200				13 200
档案整理	15 000	7 500	7 500				30 000
管理费用	262 500	262 500	262 500				787 500
监理费	202 230	110 640	75 720				388 590
流程成本合计	3 075 856.75	1 798 766.5	1 729 435.75	1 076 321.25	636 907.5	621 101.25	8 938 389
合计	6 109 306.75	3 386 366.5	2 805 735.75	3 503 081.25	1 906 987.5	1 482 941.25	19 195 419

表 10-5 ABC 和传统成本管理法的对比表

单位：元

	传统成本法				作业成本法		
	直接材料	直接人工	间接费用	合计	直接材料	流程成本	合计
商品房1	5 460 210	955 800	3 623 626	10 039 636	5 460 210	4 152 178	9 612 388
商品房2	2 857 680	534 600	1 915 741	5 308 021	2 857 680	2 435 674	5 293 354
商品房3	1 939 140	519 450	1 389 172	3 847 762	1 939 140	2 350 537	4 289 677
合计	10 257 030	2 009 850	6 928 539	19 195 419	10 257 030	8 937 389	19 195 419

表 10-6 传统成本法下的利润

单位：元

	商品房1	商品房2	商品房3
销售额	10 111 500	5 532 000	3 786 000
成本	10 039 636	5 308 021	3 847 762
利润	71 864	223 979	−61 762

表 10-7 作业成本法下的利润

单位：元

	商品房 1	商品房 2	商品房 3
销售额	10 111 500	5 532 000	3 786 000
成本	9 612 388	5 293 354	4 289 677
利润	499 112	238 646	−503 677

3. 两种方法的差异及结论

通过上面的案例分析可以看到，利用作业成本法和传统的完全成本法所核算的项目的成本与利润不相同，具体体现在以下几个方面：首先，可以看出利用作业成本法和传统完全成本法所计算的三栋商品房的成本不同，由于传统的完全成本法采用直接费用作为间接费用分配的基础，商品房 1 和商品房 2 的直接费用较多，导致其所分配的间接费用较多，而商品房 3 由于其直接费用较少而导致其分配的间接费用较少，由此就导致了商品房 1 和商品房 2 的成本被高估，而商品房 3 的成本被低估的现象。其次，三栋商品房的利润被错误的估计，如表 10-6 和表 10-7 所示：在两种方法下商品房 2 的利润相对波动不大，然而利用传统成本法计算的商品房 1 的利润高于实际，商品房 3 的利润低于实际，根据这样的数据资料进行判断很容易使管理层做出错误的决策，使资源得不到充分利用。再次，在采用作业成本法核算商品房的成本时，能够看到项目耗费的作业情况及其成本，从而能够对资源的耗费情况进行追踪，有利于管理者找出成本降低的方法，而采用传统的完全成本法核算项目成本时仅能够看到项目耗用资源的类型及其成本，从而使得在传统的完全成本法下，对间接费用的分配并不精确。通过上面计算企业的利润，可以看出企业应该加强对商品房 3 的成本管理，并通过进一步研究发现利用人工工时分配间接费用时，由于商品房 3 耗费人工工时较多，从而致使商品房 3 的成本被严重高估，所以可以通过利用降低商品房 3 的人工耗费、提高其机械化水平、采用新技术等方式来降低商品房 3 的成本水平。最后，作业成本法能够为施工单位提供正确的成本信息。由于能够追溯导致产品成本发生的每一驱动因素，进而能够将其准确划分到作业，从而能够消除施工过程中的非增值作业，改变传统成本核算方法下平摊间接费用的思想，从而能够优化资源配置，实现对成本进行有效控制的目的。所以，通过利用作业成本法进行成本核算所得的资料，有助于管理者对投标合同进行管理，有利于管理者在激烈的竞争环境中做出有利于企业的正确决策。通过对案例公司的分析可以看出通过利用作业成本法核算，可以使企业管理者得到每一项目的确切成本，并为管理者提供流程观点，这是在传统成本核算方法下所不能达到的，所以房地产企业应充分利用作业成本法核算产品成本，以达到控制和节约成本的目的。

资料来源：孙栋梁，陈静.作业成本法在房地产开发企业中的应用研究[J].山东青年政治学院学报，2013：(1).

拓展阅读

2. 作业成本法产生的基础

1) 作业成本法的理论依据

作业成本法的理论依据是：传统的成本计算方法以产品作为成本分配的对象，把单位产品耗用某种资源(如工时)占当期该类资源消耗总额的比例，当成了对所有的间接费用进行分配的比例，这是不合理的；当全球化进程加速，竞争日趋激烈的情况下，对企业的要求是企业提供个性化的产品，也就是在产品成本中，直接材料、直接人工占的比重小，而间接费用占得比重大，在这种情况下，按照传统的成本计算方法计算成本不准确，因此成本分配的对象应该是作业，分配的依据应该是作业的耗用数量，即对每种作业都单独计算其分配率，从而把该作业的成本分配到每一种产品。

2) 实践依据

(1) 从必要性上来讲。作业成本法产生的依据体现在针对传统成本计算法的科学性、传统管理会计的研究和实践中对于成本习性的假设所产生的质疑。传统成本计算法假定直接成本比例较高，同时，在传统管理会计中，把成本习性划分为变动成本和固定成本，并且建立模型 $y=a+bx$，而这种成本的划分和模型的相关性，是立足于短期内经营、业务量也无显著变化的假设上的。然而，20 世纪 70 年代以后，企业要应对多变的市场风险，强调长远的可持续发展，突出了战略管理，企业管理部门对持续经营的要求日益增加，而从长期经营的角度来看，绝大部分成本都是变动的，传统认为成本属性应该划分为固定成本和变动成本的假定和模型 $y=a+bx$，很大程度上失去了时间上的相关性。兼并的浪潮、生产的规模化、经营的全球化，导致企业的业务量急剧上升，突破了模型 $y=a+bx$ 的业务量假定。随着高科技的发展，计算机为主导的智能化、自动化日益普遍，技术密集型产业占据主导地位，同时，网络经济为首的信息经济、知识经济已经到来，这些经济活动，导致直接人工和直接材料等直接成本投入比例大大降低，许多企业的间接成本占绝大部分，这导致模型 $y=a+bx$ 即使在短期内和一定业务量内也失去了相关性。时代的发展，需要一种解决传统信息失真问题、打破 $y=a+bx$ 模型的成本计算理论，而作业成本法就是满足这一需要的理论。

拓展阅读

(2) 从可能性上来看。适时生产法 (Just In Time，JIT) 使作业成本法在实际中得以应用。JIT 是由日本丰田汽车公司的大野耐一创立的，其基本思想是要杜绝一切浪费，设计合理的生产系统，以提高效率、降低成本。它将企业的生产经营活动分为两类：增值作业和不增值作业。增值作业是指能为最终产品增加功能，更好地满足客户需要的作业，是企业生产经营所必需的；不增值作业是不能给最终产品增加功能，不能增加客户消费效用的作业，从效率观点看也就是一种浪费。只有尽量使不增值作业为零，增值作业接近百分之百，才能提高效率。这就要从企业的整个经营过程中找出浪费及其产生的原因，并加以解决。一般企业中常见有 7 种浪费现象：制造过程的浪费、停工待料的浪费、搬运方式的浪费、加工本身的浪费、库存的浪费、动作的浪费和制造废次品的浪费。其中以制造过量和库存过多为浪费之首。制造过量产生了存货，存货的存在造成了存储、搬运有可能形成延误，并掩盖了生产中可能存在的质量缺陷和无效率。杜绝浪费的根本在于使生产的必要数量与销售的必要数量一致。这就要把原材料、机械设备和人力等生产要素合理地组织起来。如果按传统的加工顺序从前面工序到后面工序安排生产，各个工序都和后面工序互不联系，生产效率越高的工序，如果其节奏与后面工序不适应，则产生的制造过剩的浪费也越多。JIT 把传统的由前向后的零部件移送方式颠倒过来，改按订货方式由后面工序向前面工序提出订货要求，前面工序只在必要时按必要的数量，提供必要的产品。

在日本等国家，JIT 已经逐渐推广。在该生产系统中，企业在生产自动化、财务电算化条件下，合理规划，大大减少生产和销售过程中的周转时间，使原材料进厂、产品出厂、进入流通的每个环节,都能紧密衔接,甚至完全消除停工待料、有料待工等浪费现象,减少生产环节中不增值的作业活动,使企业生产经营的各个环节,像钟表的零件一样相互协调,准确无误地运转,达到减少产品成本、全面提高产品质量、提高劳动生产率和综合经济效益的目的。JIT系统需要较高的管理水平。如要有"零存货制度",以保证减少原材料、半成品和产成品占用的资金,真正做到适时生产,进而要求良好的交通、完善的原料市场等社会条件;要有"零缺陷制度",保证各环节衔接正常,及时提供合格产品;要有"单元式生产制度",如同银行的"柜员制",消除过细的分工,这又要求车间工人是全能的,保证封闭式生产,因为过细的分工带来了过多的流水环节。由于作业账户的设置方法是从最低层、最具体、最详细的作业开始,逐级向上设置的,操作比较复杂,因而需要较为精确而高效的成本统计和计算手段,需要严格而科学的控制和管理体系。而JIT的出现,就使作业成本法的应用成为可能。

10.1.2 作业成本管理

作业成本管理(Activity-Based Costing Management,ABCM)是基于作业成本法的新型集中化管理方法,通过作业成本计量,开展成本链分析,指导企业有效执行作业,降低成本,提高效率。1995年Kee在作业成本法中加入了限制理论的因素,被称为扩展的作业成本法。Schneeweiss于1998年提出了混合项目优化模型,在此模型中加入了计划和决策程序及假想的定量分析。1997年Kim提出了针对投资问题决策的多期线性模型。Ozbararak于2003年对此模型进行了改进和扩展,并将此模型应用到先进的制造体系中,可以与"物资需求计划"和"适时制生产"结合。可见作业成本从最初的成本计算的功能已经转变成一种管理方法[①]。

作业成本管理可以提供经理人员决策所需的信息。在推行科学和流程管理的企业,一定要以客户和作业流程为中心来对工作任务进行管理,即开展作业成本管理。通过对作业及作业成本的确认、计量,最终计算产品成本,同时将成本计算深入到作业层次,对企业所有作业活动追踪并动态反映,进行成本链分析,包括动因分析、作业分析等,为企业决策提供准确信息;指导企业有效地执行必要的作业,消除和精简不能创造价值的作业,从而达到降低成本,提高效率的目的。许多国际性的大型制造和IT企业如惠普公司都已实施了作业成本管理,中国的一些制造企业如许继电气集团等也在尝试开展作业成本管理、作业的精简和效能的提高,作用十分明显。

10.2 作业成本法的核算要素

作业成本管理涉及的四大核算要素是:资源、作业、成本对象及成本动因。其中前三个要素是成本的承担者,成本动因则是导致生产中成本发生变化的因素。

10.2.1 资源

作业成本法中的资源,实质上是指为了产出作业或产品而进行的费用支出,换言之,

---

① 刘智英. 多阶分配在制造业的应用分析——作业成本法和变动成本法的精妙结合[J]. 会计之友,2013(1)

资源就是指各项费用总体。作为分配对象的资源就是消耗的费用，或可以理解为每一笔费用。资源如果直接面向作业和成本对象分配，就是传统成本法的直接材料。

10.2.2 作业

作业是指在一个组织内为了某一目的而进行的耗费资源的工作。它是作业成本管理的核心要素。作业是指企业中特定组织(成本中心、部门或产品线)重复执行的任务或操作。如签订材料采购合同、将材料运达仓库、对材料进行质量检验、办理入库手续、登记材料明细账等。一项作业可能是一项非常具体的活动，如车工作业；也可能泛指一类活动，如机加工车间的车、铣、刨、磨等所有作业可以统称为机加工作业；甚至可以将机加工作业、产品组装作业等统称为生产作业(相对于产品研发、设计、销售等作业而言)。由若干个相互关联的具体作业组成的作业集合，被称为"作业中心"。执行任何一项作业，都需要消耗一定的资源。资源是作业消耗的人工、能源和资本资产(车床和厂房等)。作业是连接资源和产品的纽带。

根据企业业务的层次和范围，可将作业分为以下四类：单位作业、批别作业、产品作业和支持作业。

1. 单位作业

使单位产品或服务受益的作业，它对资源的消耗量往往与产品的产量或销量成正比。常见的作业如加工零件、每件产品进行的检验等。

2. 批别作业

使一批产品受益的作业，作业的成本与产品的批次数量成正比。常见的如设备调试、生产准备等。

3. 产品作业

使某种产品的每个单位都受益的作业。如零件数控代码编制、产品工艺设计作业等。

4. 支持作业

为维持企业正常生产，而使所有产品都受益的作业，作业的成本与产品数量无相关关系。如厂房维修、管理作业等。通常认为前三个类别以外的所有作业均是支持作业。

10.2.3 成本对象

成本对象是企业需要计量成本的对象。根据企业的需要，可以把每一个生产批次作为成本对象，也可以把一个品种作为成本对象。在顾客组合管理等新的管理工具中，需要计算出每个顾客的利润，以此确定目标顾客群体，这里的每个顾客就是成本对象。成本对象可以分为市场类成本对象和生产类成本对象。市场类成本对象的确定主要是按照不同的市场渠道、不同的顾客确定的成本对象，它主要衡量不同渠道和顾客带来的实际收益，核算结果主要用于市场决策，并支持企业的产品决策。生产类成本对象是在企业内部的成本对象，包括各种产品和半成品，用于计量企业内部的生产成果。

10.2.4 成本动因

成本动因，指的是解释发生成本的作业的特性的计量指标，反映作业所耗用的成本或其他作业所耗用的作业量。成本动因是指作业成本或产品成本的驱动因素。例如，产量增加，直接材料成本就增加，产量是直接材料成本的驱动因素，即直接材料的成本动因；检验成本随着检验次数的增加而增加，检验次数就是检验成本的驱动因素，即检验成本的成本动因。传统成本法下的成本动因个数少，一般是一种或少数几种，而作业成本法下，成本动因种类与个数，与制造程序的复杂度有关，制造程序越复杂，成本动因的个数就越多。成本动因可分为三类：交易性成本动因、延续性成本动因和精确性成本动因。

1. 交易性成本动因

计量作业发生的频率，例如设备调整次数、订单数目等。当所有的产出物对作业的要求基本一致时，可选择交易性成本动因。

2. 延续性成本动因

反映完成某一作业所需要的时间。如果不同数量的产品所要求的作业消耗的资源显著不同时，则应采用更为准确的计量标准。例如，工艺流程简单的产品每次所进行的设备调整时间较短，而工艺流程复杂的产品所需要的设备调整时间较长，如果以设备调整次数为成本动因的话，则可能导致作业成本计算不实，此时以设备调整所需要的时间为成本动因更为合适。

3. 精确性成本动因

直接计算每次执行每项作业所消耗资源的成本。在每单位时间里进行设备调整消耗的人力、技术、资源等存在显著差异的情况下，则可能需要采用精确性成本动因，直接计算作业所消耗资源的成本。

10.3 作业成本法的实施步骤

一般认为，作业成本法是一个以作业为基础的管理信息系统。它以作业为中心，作业的划分从产品设计开始，到物料供应。从工艺流程的各个环节、总装、质检到发运销售全过程，通过对作业及作业成本的确认计量，最终计算出相对准确的产品成本。同时，经过对所有与产品相关联作业的跟踪，消除不增值作业，优化作业链和价值链，增加需求者价值，提供有用信息，促进最大限度地节约，提高决策、计划、控制能力，以最终达到提高企业竞争力和获利能力，增加企业价值的目的。

在作业成本法下，成本计算程序分为两大阶段五个步骤。第一阶段是将制造费用分配到同质的作业成本库(同一成本)，并计算每一个成本库的分配率；第二阶段是利用作业成本库分配率，把制造费用分摊给产品，计算产品成本。其实际操作步骤如下。

1. 定义、识别和选择主要作业

作业调研目标是详细了解企业的经营和作业过程，理清企业的成本流动次序和导致成本发生的因素，了解各个部门对成本的责任，便于设计作业以及责任控制体系。作业往往分散在企业的组织结构中，随着企业的规模、工艺和组织形式的不同而不同，认定作业可采用几种方法：一是绘制企业的生产流程图，将企业的各种经营过程以网络的形式表现出来，每一个流程都分解出几项作业，最后将相关或同类作业归并起来；二是从企业现有的职能部门出发，通过调查分析，确定各个部门的作业，再加以汇总；三是召集全体员工开会，由员工或工作组描述其所完成的工作，再进行汇总，这种办法有助于提高全体员工的参与意识，加速作业成本管理的实施。前两种办法可以较快取得资料，准确性高，不会对员工造成干扰。

2. 归集资源费用到同质成本库

这些资源通常可以从企业的总分类账中得到，但总分类账并无执行各项作业所消耗资源的成本。一旦选定作业成本动因后，就可按照同质的成本动因将相关的成本归集起来。每个成本库可以归集人工、直接材料、机器设备折旧、管理性费用等，如设备调整人员的工资、福利，调整所用的物料、工具的损耗等。有几个成本动因，就建立几个成本库。建立不同的成本库按多个分配标准分配制造费用是作业成本计算优于传统成本计算之处。

3. 选择成本动因和计算成本库分配率

从中选择一个成本动因作为计算成本分配率的基准。成本计量要考虑成本动因材料是否易于获得；成本动因和消耗资源之间相关程度越高，现有的成本核算就越精确。各类的资源成本在发生时，已由传统会计进行了记录，反映在应付工资、应付账款、存货等日记账中。在选择成本动因，计算成本库分配率时，要找出与各项作业相关的资源成本，可以通过现有的计量指标直接进行分配，例如将材料成本归集到消耗材料的加工作业中，也可以通过分析某一职能或某一员工的工作时间在不同作业上的分配来估计该职能部门的成本或该员工的工资如何分配到不同的作业上。然后，根据作业的类型和资源成本的性质来确定成本动因。

4. 把作业库中的费用分配到产品上去

$$某产品某成本动因成本 = 某成本库分配率 \times 成本动因数量$$

5. 计算产品成本

作业成本计算的目标是最终要计算出产品的成本。直接成本可单独作为一个作业成本库处理。将产品分摊的制造费用，加上产品直接成本，就得到产品成本。

$$某产品成本 = \sum 成本动因成本 + 直接成本$$

在实施生产作业成本管理的过程中，注重在这 5 个步骤的基础上创新和灵活应用，是实现 ABCM 成功的关键。美国管理会计学会自 20 世纪 90 年代以来，一直调查了解美国企业中实施作业成本管理的情况。数据表明，实施和采纳作业成本管理的企业从 20 世纪 90 年代初期的 11%(1991 年)，中期上升到 49%(1996 年)。目前评定并采用作业成本管理的企业比例已超过 70%。这些企业将作业成本管理用于战略决策和作业分析等方面，取得了明显的成效。

在实际的作业成本法实施项目中，需要对这些理论灵活运用，不能盲目照搬。作业成本法理论精髓在作业和成本动因两个要点,这从根本上突破了传统成本法的束缚。增加作业层次,可以通过定义作业设计与业务一致的成本核算体系;通过寻找正确的成本动因帮助发现影响成本的因素,保证成本信息的正确性,使得成本信息能够真正指导降低成本。

10.4 作业成本法的特点及适用对象

10.4.1 作业成本法的特点

1. 作业成本法的优点

作业成本法产生的基础,以及它促进成本分配的精确化、所能提供成本信息的决策相关性、提供有意义的非财务信息、拓展成本服务的范围等特点,表明与现代企业相适应的成本控制制度,应是建立在作业管理基础上的;它将形成产品的各项作业作为责任和控制中心,从成本发生的根源上展开分析,区分增值作业和非增值作业,建立最优的动态的增值标准,从财务和经营两个方面对作业业绩进行评价,不断改变作业方式,从而达到持续降低成本的目标。作业成本法为成本管理提供了一种新的管理方法——作业成本管理,体现了成本计算方法由传统的数量基础到作业基础的最新进展。为此,作业成本法有较好的应用前景。

2. 作业成本法的缺陷

作业成本法的指导思想是"产品消耗作业、作业消耗资源"。它首先依据作业对资源的消耗情况,将资源的成本分配到作业,再依据作业动因将作业成本追踪到产品,由此得出最终产品的成本。但是作业并非产生成本的唯一原因,也并非成本的根源,以作业作为分配成本的标准,实为以偏概全。所以尽管 ABC 本质上有分配成本的合理性,但是 ABC 重作业,轻资源,忽视了对资源成本计算,这很可能导致 ABC 最终无法达到支持决策的需求。从资源成本的计量角度来看,ABC 存在以下缺陷:由于它提供的仍然是历史成本信息,所以要发挥决策作用必须要有附加条件;没有合并对同类生产能力的计量;没有直接表示出资源要素之间的相互关系,即投入和产出之间的相互关系;没有反映出成本固有的初始性态;没有合理地计算超额或空闲的生产能力。

空闲生产能力可以用资源的产出量与使用量之间的差异来反映。但是 ABC 法没有对资源产出量的准确计量,也就无法将空闲生产能力分离出来,最终还是归集到总成本中,分配给所有作业量。不合理的超额和空闲生产能力衡量方法会导致产品间的相互补贴,混淆各期产品的毛利,导致决策的失误。

10.4.2 作业成本法的适用对象

作业成本法是适应现代高科技生产的需要而产生的,一般来说,具备下列特征的企业将从作业成本法的采用中获得更多收益。

(1) 企业自动化程度高,高额的制造费用。
(2) 企业生产经营规模大,产品种类繁多。

(3) 各产品需要技术服务的程度不同。
(4) 生产经营的作业环节多，各次生产运行数量相差很大且生产准备成本昂贵。
(5) 企业已经较好地实施了适时生产系统和全面质量管理体系。
(6) 有先进的计算机技术。

【例 10-1】 中华制造厂生产甲、乙两种产品，两种产品 2016 年 1 月份的有关成本资料见表 10-8。甲产品为小批量生产，科技含量较高。乙产品为大批量生产，科技含量较低。

表 10-8　甲、乙两种产品 2016 年 1 月份的有关成本资料

项目	甲产品	乙产品
产量 / 件	100	200
机器制造工时 / 小时	200	800
单位直接材料成本 / 元	50	80
单位直接人工成本 / 元	40	30
制造费用总额	50 000	

中华制造厂每月制造费用总额为 50 000 元，与制造费用相关的作业有四个，有关资料见表 10-9。

表 10-9　中华制造厂制造费用

作业名称	成本动因	作业成本 / 元	作业动因数		
			甲	乙	合计
质量检验	检验次数	4 000	5	15	20
订单处理	生产订单份数	4 000	30	10	40
机器运行	机器小时数	40 000	200	800	1 000
设备调整准备	调整准备次数	2 000	6	4	10
合计		50 000			

试分别用作业成本法和传统成本计算法(机器小时作为制造费用的分配标准)，计算甲、乙两种产品的单位成本。

解：(1) 用传统方法计算
　　制造费用分配率 =50 000÷1 000=50
① 甲产品分配制造费用 =50×200=10 000(元)
　　单位制造费用 =10 000÷100=100(元)
　　单位成本 =50+40+100=190(元)
② 乙产品分配制造费用 =50×800=40 000(元)
　　单位制造费用 =40 000÷200=200(元)
　　单位成本 =80+30+200=310(元)
(2) 用作业成本法计算
① 计算成本动因率。

质量检验 =4 000÷20=200(元)
订单处理 =4 000÷40=100(元)
机器运行 =40 000÷1 000=40(元)
调整准备 =2 000÷10=200(元)
② 甲产品分配的作业成本 =200×5+100×30+40×200+200×6=13 200(元)
单位作业成本 =13 200/100=132(元)
单位成本 =50+40+132=222(元)
③ 乙产品分配的作业成本 =200×15+100×10+40×800+200×4=36 800(元)
单位作业成本 =36 800÷200=184(元)
单位成本 =80+30+184=294(元)

通过计算，可以知道，用作业成本法和传统的成本计算法计算两种产品成本时，是不一样的。通过比较可知，采用作业成本法，甲产品单位成本由传统成本计算法下的190元提高到了222元，增加了32元；而乙产品单位成本则由传统成本计算法下的310元下降到294元，下降了16元。由此可以判断，在传统成本计算法下，批量小、科技含量较高的产品常常被低估；而那些批量大、科技含量不高的产品的成本则常常被高估。产生差异的主要原因是，在传统成本计算法下，只采用单一的分配标准分配制造费用；而在作业成本法下，采用了多元化的分配标准分配制造费用，即为不同的作业耗费选择相应的成本动因来向产品分配费用。所以，作业成本法与传统成本计算法相比，其成本计算的准确性大大提高。

10.5 作业成本法的应用

10.5.1 作业成本法在国内外的应用

在20世纪70年代初，著名学者斯托布斯教授在《作业成本计算和投入产出会计》一书中提出了作业会计、作业成本等要领和作业成本处理方法。1988年R·库珀等教授正式提出作业量基准成本计算方法及作业量基准成本管理、作业成本管理等概念和方法。2006年美国会计学会管理会计学部(Management Accounting Section of the American Accounting Association)授予哈佛大学的罗伯特·卡普兰教授2006年度管理会计终身贡献奖(Lifetime Contribution Award to Management Accounting Award)，成为自2001年美国会计学会管理会计学部决议设立该奖项以来第五位获奖者。卡普兰教授在此次会议上发表了题为《管理会计的竞争优势》的演讲，指出作业成本法和平衡计分卡在管理会计系统领域所做出的理论、实践创新和贡献，二者拥有坚实的经济学基础，并强调作业成本法和平衡计分卡在实践应用中取得成功的关键。作业成本法的诞生是由于科学技术的进一步发展、内外部生产环境的变化，是一种较切合现代高新技术生产环境的成本计算方法。随着时代的发展，技术上的变化使许多公司的生产制造环境发生了显著的改变，使用大量机器和由计算机控制的仪器设备，使得生产制造过程的自动化程度不断提高，从而减少了从事直接生产的人工。而许多早期的会计系统主要是为人工成本的计量和报告而设计的，已不适用于自动化生产的要求。并且，随着经营复杂性的增加，产品、服务的多样化也随之增加，要求更为精确地定量资源消耗，产品组合、定价和其他决策也都需要更为准确的成本信息。作业成本法是一个非常好的工具来解决这种费用的分配，不论产量高低、制造工艺复杂与否，计算出来的产品成本较准确地反映产品与其所耗资源之间的因果关系，接近于真实成本。在高度自动化的生产环境与日益加剧的市场竞争情况下，更能为企业计划、控制和决策提供准确可靠的成本信息，也优于管理会计早先提倡的变动成本法。这也就是作业成本法兴起的原因。因为作业成本法在精确成本信息、改善经营过程、为资源决策和产品定价及组合决策提供完善的信息方面都比传统的成本管理更加适合现在企业生产运作的需要。目前，国外以及我国许多企事业单位已经实施作业成本法以改善原有的会计系统，增强企业竞争力。

作业成本法在国外应用很广泛。相关的调查显示，美国有超过50%企业采用了作业成本法，中国香港1999年调查显示，11%的企业已经采用作业成本法。作业成本法不只是适用于制造行业，也适用与所有行业，国外有在政府部门应用作业成本法的，也有在大学应用作业成本法的(计算培养一个学生到底要花多少成本)。国内在非制造行业的典型应用案例就是计算铁路运输成本，随着我国一些先进的制造企业开始推广使用作业成本法，铁路运输、物流、教育、传媒、航空、医疗、保险等行业或部门的企业也开始展开试点并取得了一些成功的经验。作业成本法在企业的具体应用过程中，也开始超越单一的精确计算成本的职能，在生产决策、企业定价决策、企业内部转移价格的制定、供应商的选择与评价、客户关系管理等方面发挥着管理的职能，开始了多方位的作业成本管理实践探索。

拓展案例

10.5.2 作业成本法应用中需要注意的事项[①]

作业成本法与适时制生产系统配合使用，可实现技术、管理和经济的统一，发挥更大的作用。但是，作业成本法作为先进成本计算方法、先进管理方法与先进管理思想相统一的综合管理体系，其应用在很大程度上具有灵活性，并不绝对地为环境条件所限制。普通企业可以应用作业成本法体现的先进管理思想改善企业管理，还可根据实际需要部分应用作业成本法作为一种辅助手段。

(1) 应用作业管理思想。企业应适应买方市场的环境特点，深入开展增值性分析和因果联系分析，关注增值性及成本与产品服务、顾客的因果联系，以高质量、低成本、适销对路的产品保证企业的生存和持续发展。

(2) 应用过程管理思想。企业应着眼于整体最优化和长远利益，一方面重视产品开发和设计的管理，关注新产品的开发，提高市场应变能力，同时不断改进产品设计和工艺设计，使资源配置更为合理、有效；另一方面关注销售、售后服务等非生产环节发生的作业成本。

(3) 根据产品的特性制定售价。在传统成本法下，产量高、复杂程度低的产品成本往往高于其实际发生成本；产量低、复杂程度高的产品成本往往低于其实际发生成本。根据这一结论，对那些产品规格特殊且无明显市价规则、价格弹性也很低的产品，企业可以适当提高售价，赚取高额利润；对那些产量高、复杂程度低、市场竞争激烈的产品，企业可以适当降低售价，扩大市场占有率，赚取较高利润。

---

① http://www.cma-china.org/CMABase/LP/ABC/ABC043.htm.

(4) 企业根据实际情况部分产品采用作业成本法。企业参照市场、行业、竞争对手等相关信息，发现传统成本法提供的产品成本信息不够准确，影响到企业决策的正确性时，可以部分地采用作业成本法重新计算产品成本。例如，企业产量较高的某类产品的定价出乎意料地高于市场价格或竞争对手的同类产品价格，则有可能是传统成本计算高估了产量高、复杂程度低的产品成本。又如，两类产品的工艺复杂程度相差很大，但会计资料却显示二者的产品成本相近，这也可能是传统成本计算低估了工艺复杂、产量低的产品成本；高估了工艺简单、产量高的产品成本所致。

(5) 可以采用多个分配标准分配简介成本。企业可根据导致成本发生的不同作业，采用多个分配标准分配间接成本，提供相对准确的成本信息，而不再局限于直接人工或机器工时标准。

(6) 可以局部使用作业成本法。对于相对重要或者管理难度大的部门，企业可以局部使用作业成本法，立足于作业层次进行管理，充分利用非财务信息，结合财务信息进行业绩评价与考核。

(7) 受环境变化影响较大的企业，可以对其生产经营过程进行经常性的作业分析和过程分析，进行作业链、价值链管理，在变化的环境中实现局部或整体的优化组合。

尽管作业成本法还存在如上一些问题，但决不能说它毫无借鉴之处。它不仅是一种先进的成本计算方法，同时也是实现成本计算与控制相结合的全面成本管理制度。正如某些学者所说的：由于作业成本法独具的特点，完全可以在成本管理的其他方面采用，尤其是成本控制方面，可以用作业成本法来达到控制和节约成本的目的。在一般应用中，应先分析作业成本法应考虑的问题，为顺利实施准备充分的条件，坚持作业成本法与目标成本、改进成本、生命周期成本、限制理论等其他管理会计方法结合。在具体运用中，除了在制造业应用外，亦可在服务业上进行尝试。如作业成本法运用于银行业在国际金融界已有不少成功案例，它在银行业的应用有重要意义。作业成本法在银行应用可分为战略成本管理、产品成本核算、顾客水平盈利分析和日常成本管理等几个方面。

拓展案例

本章小结

作业成本法的基本逻辑是"产品消耗作业，作业消耗资源"，因此需要在传统成本法的资源和成本对象之间增加作业这个分配中介；基本理论是成本动因理论，强调按照作业对资源、成本对象对作业的消耗的实际情况进行分配，找到最合适的成本动因，并尽可能直接分配，也就是符合"谁受益谁承担"的原则。此外，作业成本法强调把作业分为增值作业和非增值作业，要提高增值作业效率，消除非增值作业以降低成本。作业是构成流程的元素，作业成本核算的结果是流程优化的基础。

作业成本法与适时制生产系统配合使用，可实现技术、管理和经济的统一，发挥更大的作用。但是，作业成本法作为先进成本计算方法、先进管理方法与先进管理思想相统一的综合管理体系，其应用在很大程度上具有灵活性，并不绝对地为环境条件所限制。普通企业可以应用作业成本法体现的先进管理思想改善企业管理，还可根据实际需要部分应用作业成本法作为一种辅助手段。

第 10 章 作业成本法

一般认为，作业成本法是一个以作业为基础的管理信息系统。它以作业为中心，作业的划分从产品设计开始，到物料供应。从工艺流程的各个环节、总装、质检到发运销售全过程，通过对作业及作业成本的确认计量，最终计算出相对准确的产品成本。同时，经过对所有与产品相关联作用的跟踪，为消除不增值作业，优化作业链和价值链，增加需求者价值，提供有用信息，促进最大限度的节约，提高决策、计划、控制能力，以最终达到提高企业竞争力和获利能力，增加企业价值的目的。

在作业成本法下，成本计算程序分为两大阶段5个步骤。第一阶段是将制造费用分配到同质的作业成本库(同一成本)，并计算每一个成本库的分配率；第二阶段是利用作业成本库分配率，把制造费用分摊给产品，计算产品成本。

关键术语

作业　资源　成本动因　适时生产系统　作业成本法

综合练习

一、简答题

1. 作业成本法的内涵。
2. 作业成本法实施过程中注意的事项。
3. 理解作业成本法的产生背景及应用。
4. 作业成本法核算的要素。
5. 作业成本法的实施步骤。

二、名词解释

作业成本法　作业　资源　成本动因　适时生产系统

三、计算题

【实际操作训练】

课题 10-1：作业成本法在企业中的应用调查研究。

实训项目：作业成本法在企业中的应用调查。

实训目的：学会作业成本法在企业中的应用。

实训内容：在收集了相关的信息之后，进行分组讨论作业成本法实施的条件。

实训要求：要求参加实训的学生分成2组，分别收集长春市实施作业成本法的企业。然后分组进行讨论。

拓展期刊

第 4 篇　业绩评价与考核会计篇

第 11 章　责任会计

教学目标

通过本章学习,重点掌握责任会计、责任会计制度、责任中心的概念,明确责任中心的划分,了解内部结算价格的相关知识。

教学要求

知识要点	能力要求	相关知识
责任会计概述	能按照责任会计的基本原则建立责任会计制度,并且实施责任会计	(1) 分权管理与责任会计 (2) 责任会计的基本内容 (3) 责任会计的基本原则 (4) 责任会计的作用
责任中心	掌握各责任中心的划分及考核标准	(1) 成本中心 (2) 利润中心 (3) 投资中心 (4) 收入中心
内部结算价格	掌握各种内部结算价格的制定	(1) 内部结算价格的作用和制定及原则 (2) 内部结算价格的类型 (3) 内部结算价格的运用

第 11 章 责任会计

某公司责任会计职位描述

某公司招聘责任会计人员，主要职责描述如下：

(1) 确定责任单位，明确责任指标，使公司内部的各个部门都有定量的经济责任指标（资金、成本费用、利润），分解公司总指标，落实到责任单位；

(2) 经营指标跟踪、为公司经营分析提供数据支持、重大经营事项的披露；

(3) 按责任中心进行考核、分析，对各责任单位指标完成情况要进行考核，在考核的基础上进行奖罚；

(4) 负责考核管理、对考核过程中发生的非常规事项及时跟进；

(5) 监督业务流程的执行，对流程执行不到位的及时提出并予以解决；

(6) 完成领导交办的其他任务。

拓展阅读

案例具体列举了责任会计职位的职责。那么什么是责任会计，如何实施责任会计，是本章要学习的内容。

11.1 责任会计概述

全面预算明确了企业的目标，而目标需要落实到内部各个部门，因此，企业在分权管理的环境下，需要建立和健全有效的业绩评价和考核制度。

11.1.1 分权管理与责任会计

1. 分权管理的原因

第二次世界大战后，随着企业经营的日益复杂化和多样化，企业规模不断扩大，管理层次逐渐增多，组织机构非常复杂，分支机构遍布世界各地。企业高层为了对企业进行有效管理，纷纷实施分权管理。这样，很多企业组织实施了分权管理制度。分权管理成为现代企业组织管理发展的基本趋势。所谓分权，就是现代企业组织为发挥低层组织的主动性和创造性，而把生产管理决策权分给下属组织，最高领导层只集中少数关系全局利益和重大问题的决策权。

分权管理的主要表现形式是决策权部门化，即在企业中建立一种具有半自主权的内部组织机构。企业通过向下层层授权，使每一部门都拥有一定的权力和责任。应该说分权管理的主要目的是提高管理效率，而分权与效率的结合点就是企业整体经营管理目标。在企业整体目标的制约下，高层管理机构把一些日常的经营决策权直接授予负责该经营活动的责任中心，使其能针对具体情况及时作出处理，避免逐级汇报延误决策时机而造成损失，并充分调动各单位经营管理的积极性和创造性。分权管理通常适用于规模较大、产品品种多、市场变化快、地区分布较分散的产业[①]。

在实行分权管理以后,为了防止各个分权单位片面追求局部利益而损害企业整体利益行为的发生,必须严格推行"经济责任制",其内容是明确企业内部各单位的经济责任,赋予其相应的管理权力,同时联系经济利益,即责权利挂钩。

2. 责任会计 (Responsibility Accounting)

企业越是下放经营管理权,越要加强内部控制。于是很多大型企业将所属各级、各部门按其权力和责任的大小划分为成本中心、利润中心、投资中心等责任中心,实行分权管理。在实行分权管理的情况下,如何协调各分权单位之间的关系,使各分权单位之间以及企业与分权单位之间在工作和目标上达成一致;如何对分权单位的经营业绩进行计量、评价和考核,就显得非常重要。

责任会计制度 (Responsibility Accounting System) 就是为了适应这种要求而在企业内部建立若干责任单位,并对其分工负责的经济活动进行规划、控制、考核和评价。责任会计制度是现代分权管理模式的产物,它通过在企业内部建立若干个责任中心,并对其分工负责的经济业务进行计划与控制,以实现业绩考核与评价的一种内部控制制度。这种制度要求:根据授予各级单位的权力、责任及对其业绩的评价方式,将企业划分为各种不同形式的责任中心,建立起以各责任中心为主体,以权、责、利相统一为特征,以责任预算、责任控制、责任考核为内容,通过信息的积累、加工和反馈而形成的企业内部控制系统。责任会计就是要利用会计信息对各分权单位的业绩进行计量、控制与考核。可见,责任会计是分权管理模式的产物,是企业庞大的组织机构分而治之所必需的,实质上它是为强化企业内部各单位经营责任而实施的一种内部控制制度,是适应经济责任制的要求,把会计资料同各责任单位联系起来的一种信息系统。

那么,什么是责任会计呢?责任会计一词源于西方,它是指以企业内部的各个责任中心为会计主体,以责任中心可控的资金运动为对象,对责任中心进行控制和考核的一种会计制度。责任会计是会计核算和会计管理向企业内部纵深发展而出现的一种服务于企业内部的会计制度,这种制度要求在企业内部以可控责任为目标划分责任中心,然后为每个责任中心编制责任预算并按责任中心组织核算工作,最后通过预算与实际执行结果的比较来考核各个责任中心的业绩并兑现奖惩。责任会计是适应分权管理的要求,在企业内部建立若干责任单位,对各责任单位权责范围内的生产经营活动进行规划及业绩考评的内部控制制度。责任会计通过编制责任预算来实现控制作用的。责任预算是全面预算的分解,全面预算是责任预算的合成。责任会计的关键是控制问题,成本被逐渐累积并由各个管理层逐级上报,下级部门只对其可控成本负责。

责任会计引入我国会计领域已有很长时间,但在企业中仍没有得以普遍应用。财政部在《会计改革与发展纲要》中明确提出,深化会计改革必须"建立以责任会计为主要形式的企业会计管理体系"。我国的责任会计源于厂内经济核算。我国的许多企业,从20世纪50年代就开始推行以班组核算为基础的厂内经济核算;20世纪60年代,又开始推行与目标管理相类似的资金、成本归口分级管理形式,这些都可看作是我国责任会计的雏形。

---

① MBA智库 http://wiki.mbalib.com/wiki.

进入 20 世纪 80 年代以来随着经济体制的改革和经济责任制的普遍推行，把厂内经济核算纳入经济责任制的范围，使之成为贯彻、落实经济责任制的重要手段；从过去责、权、利脱节发展到责、权、利紧密结合，实现了从过去单纯的行政管理向用经济办法进行管理的重大转变，使它焕发出蓬勃的生命力。具有中国特色的责任会计的主要特点：以群众核算为基础，同企业内部经济责任体系相结合；设立"厂内银行"，将"准货币关系"引入企业内部的经营管理；新产品开发要求产品设计部门落实经济责任，实现技术与经济的统一。

拓展案例

图 11.1 责任会计之运作

11.1.2 责任会计的基本内容

责任会计是企业为了有效地控制各责任中心的职责履行情况，并合理地确定与其职责履行相关的经济利益，而建立的一套行之有效的、能及时和正确地反映、评价和考核各责任中心实际经营业绩的企业内部会计制度。一套完整的责任会计制度包括：划分责任中心、规定责任范围、确定责任目标、建立责任核算系统、建立企业内部结算价格和内部结算制度、编制责任报告、考评工作业绩。

1. 责任会计制度的建立

(1) 将企业内部单位划分为一定的责任中心，赋予一定的经济责任和权力。设置责任中心，明确权责范围。依据各部门经营活动的特点，将其划分为若干责任中心，明确职责范围，使其能在权限范围内独立自主地履行职责。实行责任会计，首先应根据企业内部的管理需要，合理设置责任中心。也就是将企业所属的各部门、各单位划分为若干个责任中心，并依据各责任中心经营活动的特点，明确规定其权责范围，使其能在权限范围内，独立自主地履行职责。

(2) 确定业绩评价的方法。企业要建立健全严密的信息收集、加工系统，落实责任，分析偏差，指导行动，充分发挥信息反馈作用，促进企业的生产经营活动沿着预定目标卓有成效地进行。

(3) 根据经济责任完成情况制定相应的奖惩制度。为此，企业要制定合理而有效的奖惩办法，按各自的工作成果进行奖惩，鼓励先进，鞭策落后。

2. 实施责任会计

(1) 编制责任预算。编制责任预算，确定考核标准。将企业的总体目标层层分解，具体落实到每一个责任中心，作为其开展经营活动、评价工作成果的基本标准和主要依据。

责任预算是各责任中心的责任目标。责任会计应当科学地分解企业的总体目标，将企业的全面预算层层分解，具体落实到每个责任中心编制成责任预算，作为各责任中心开展经营活动、评价工作业绩的基本标准和主要依据。

(2) 核算预算的执行情况。建立跟踪系统，进行反馈控制。对每一个责任中心建立起预算执行情况的跟踪系统，定期将实际数与预算数对比，找出差异，分析原因，控制和调节经营活动。

(3) 分析、评价和报告业绩。分析评价业绩，建立奖罚制度。通过定期编制业绩报告，对各责任中心的工作成果进行分析和评价，以实际成果的好坏进行奖惩，从而最大限度调动各责任中心的积极性，促使其相互协调，提高生产经营效率。

11.1.3 实施责任会计的基本原则

责任会计是用于企业内部控制的，因而企业可以根据各自的不同特点来确定责任会计的具体形式，但是无论实施何种形式的责任会计都应当考虑和遵循下述原则。

1. 责、权、利相结合的原则

责、权、利相结合的原则就是要明确各个责任中心应承担的责任，同时赋予其相应的管理权力，还要根据其责任的履行情况给予适当的奖惩。使各级管理部门在充分享有经营决策权的同时，也对其经营管理的有效性承担相应的经济责任。按各级管理部门设置相应的责任中心建立责任会计的核算。责、权、利相结合的原则要求在责任会计中，应当为每个责任中心，每笔收支和每项消耗定额确定具体的负责人；同时，赋予责任者与其所承担职责范围大小相适应的权力；并规定出相应的业绩考核标准。责任会计所突出的是一个"责"字，责任会计核算和控制的是责任中心所承担的责任。责任大、权则大、利相应也大，反之亦然，只有贯彻责、权、利相结合原则，才能充分调动各责任中心的主观能动性。

2. 总体优化原则

总体优化原则就是要求各责任中心的目标的实现要有助于企业总体目标的实现，使两者的目标保持一致。当经营决策权授予各级管理部门时，实际上就是将企业的整体目标分解成各责任中心的具体目标。必须始终注意与企业的整体目标保持一致，避免因片面追求局部利益而损害整体利益。

3. 公平性原则

公平性原则就是各责任中心之间相互经济关系的处理应该公平合理，应有利于调动各责任中心的积极性。责任会计的各责任中心之间相互经济关系的处理公平与否直接关系到各责任中心的切身利益，为了公正地维护各责任中心的切身利益，责任会计核算的内容和核算方法应遵循公平性原则。

4. 可控性原则

可控性原则是指各责任中心只能对其可控制和管理的经济活动负责。对各责任中心的业绩考核与评价，必须以责任中心自身能够控制为原则。如果一个责任中心，自身不能有

第 11 章 责任会计

效地控制其可实现的收入或发生的费用,也就很难合理地反映其实际工作业绩,从而也无法做出相应的评价与奖惩。在一个全面实行责任制的企业中,可控与不可控是相对的,要根据具体情况来确定。不同的责任层次,其可控的范围也不一样,一般责任层次越高,其可控的范围就越大。某一项目对某个责任中心来说无法控制,而对另一个责任中心来说则是可以控制的,从总体来看,企业所有的收入、费用、利润、资金都是可以控制的,但并不是每个人都能控制的。正因为这样,企业管理当局在确定各责任中心的可控范围时,应适应经济环境的变化、针对不同情况做出具体规定,力求做到既要防止因职责不清而相互推诿,又要激励各责任中心勇挑重担,恪尽职守,充分发挥他们的主观能动性。

5. 反馈性原则

反馈性原则就是要求各责任中心对其生产经营活动提供及时、准确的信息,提供信息的主要形式是编制责任报告。必须保证以下两个信息反馈渠道的畅通:一是信息向各责任中心的反馈,使其能够及时了解预算的执行情况,以便采取有效措施调整偏离目标或预算的差异;二是向责任中心的上级反馈,以便上级管理部门做出适当反应。

6. 重要性原则

重要性原则也称例外原则,就是要求各责任中心对其生产经营过程中发生的重点差异进行分析、控制。注意在全面中突出重点,注意成本效益性。

7. 激励原则

激励原则要求对各责任中心的责任目标、责任预算的确定相对合理。它包括两个方面:一是目标合理、切实可行;二是经过努力完成目标后所得到的奖励与所付出的努力相适应。

案例 11.1

海尔集团实施责任会计

海尔集团自其成立以来,一直进行跨越式的发展,其成功经验具有一定的借鉴意义。从 2001 年底开始,海尔集团提出 SUB 建设,同时创造性地提出了 SUB 损益表的操作思路,将海尔的国际化目标进一步分解落实到每人、每天、每个产品。SUB 将企业的一张财务报表转化为每个责任单位独自的财务报表,全集团的员工都是主体,都能够自我增值。损益表表提供每人每天的投入、费用、产出的信息,实现管理和考核确定到人,将集团整体的经营目标转化为每个具体责任单位的目标和工作动力,极大地调动了员工的工作积极性,在满足顾客需要的同时实现员工的自我价值。

拓展视频

实行 SUB 以后,我们可以看到:海尔将原来分属于每个事业部的财务、采购、销售业务全部分离出来,合并为独立地责任单位,实现集团整体统一的营销、采购、结算,优化了管理资源和市场资源的配置,实现组织结构的扁平化,提高集团管理系统的效率。海尔现行经营管理体制深入到每个人,划分到更加具体的责任单位,是绩效考核更加严密,更加有效。责任精确到人的做法可以促使职工转变观念,发挥主动性和创造力,促进企业整体利益的实现。采购人员 A 原来只负责的采购铁管,但现在作为一个责任单位,要对经营成果负责,即成为铁管的经营者。他现在不能简单地考虑铁管的进价，要综合运费、仓管费用和废品损耗等问题来考虑铁管的采购。SUB 通过对采购人员的所有费用支出和采购货品的使用进行监督和考核，通过 SUB 损益表计算该采购人员的薪酬，实现考核到位。从海尔的经营管理体制看出：首先，公司高层对 SUB 的实施有足够的重视，项目实施目标明确；其次，评估方法的选择综合了集团的实际；最后，科学的考核和激励措施促进员工的积极性，完善了以人为本的企业文化。

资料来源：何嘉兴.责任成本会计在企业中应用的探讨 [J].现代经济信息，2013.12.

11.1.4 责任会计的作用

责任会计是以各个责任中心为主体，以责、权、利相统一的机制为基础形成的评价和控制企业经营活动的进程和效果服务的信息系统。责任会计是社会化大生产和企业实行分权管理、推行内部经济责任制的产物，它的建立对于促进企业转变经营机制，增强企业活力，完善经济责任制等具有重要作用。实施责任会计对强化企业内部控制，正确评价企业内部各责任单位的工作，提高企业经济效益都十分必要。其作用具体表现在以下几个方面。

1. 有利于贯彻企业内部经济责任制

责任会计与企业内部经济责任制有着十分密切的内在联系，即责任会计是适应经济责任制的要求而产生和发展的；经济责任制的实行又必须依靠责任会计做保证，才能使其在科学的基础上持久地坚持下去。

2. 有利于各责任单位的目标同整个企业的经营目标保持一致

系统论说明，为了保证系统整体目标的实现，系统内各局部的分目标与系统的整体目标必须保持一致。在进行责任控制时，同样注意各责任中心的业务活动同整体目标的一致性，如果各责任中心的目标都完成了，企业的总体目标也就能够得以实现。

3. 有利于促进企业分配制度的合理化

实行责任会计以后，企业物质利益分配的参照标准是各责任中心责任预算完成的质和量。通过责任会计核算提供的信息，就能使企业分配建立在有充分的依据基础之上，这就有利于打破平均主义、打破职工吃企业的"大锅饭"。

11.2 责任中心

拓展期刊

企业是一种有组织的活动，保证企业活动有序进行，需要建立责任机制。从管理控制系统的结构的角度，一个公司可以被看作由许多责任中心组成的网络。因为公司的每个人都承担着一定的责任，而且大多数公司都将员工分成组，所以每个组都可以被视为一个责任中心。责任中心（Responsibility Center）是指根据其管理权限承担一定的经济责任，并能反映其经济责任履行情况的企业内部单位。责任中心也叫责任单位，其基本特征是责、权、利相统一。凡是管理上可分、责任可以辨认、成绩可以单独考核的单位，都可以划分为责任中心，大到分公司、地区工厂或部门，小到车间、班组或某一机台。根据责任中心控制的区域和权责范围的大小，责任中心可以分为成本中心、利润中心、投资中心和收入中心。

11.2.1 成本中心 (Cost Center)

所谓成本中心，是指只发生成本（费用）而不取得收入的责任中心。任何只发生成本的责任领域都可以确定为成本中心。成本中心是对成本或费用负责的责任中心，即只考核发生的成本和费用，而不考核其收入或没有收入的责任单位。成本中心工作成果的评价与考核，主要是通过一定期间实际发生的成本同其"责任预算"所确定的预计数进行对比来实现的。成本中心通常是以"标准成本"作为评价和考核的依据；费用中心则以一定的业务工作量为基础，事先按期编制"费用弹性预算"，作为评价和考核实际费用水平的尺度。

一般情况下，将成本中心划分为两种类型：标准成本中心和费用中心。标准成本中心与费用中心的区别在于：前者的活动可以为企业提供一定的物质产品（如生产一定的在产品和半成品），但它们在企业外部没有相应的销售市场，难于客观地形成可以综合反映其工作成果的货币收入；后者主要是指为企业提供一些专业性劳务的服务部门（如会计、工艺技术、行政管理部门等），不便于将它们的工作成果确切地表现为货币收入。

成本中心的应用范围最广，凡是企业内部有成本发生的，需要对成本负责，并能进行控制的单位都是成本中心，这类责任中心大多是指只负责产品的生产部门、劳务提供部门以及给予一定费用指标的企业管理科室。

1. 责任成本

当实行责任会计时，对成本中心发生的各项成本必须分为可控成本和不可控成本。为发挥责任会计的积极作用，明确成本的"可控性"具有重要意义。责任中心的成本中，能为这个责任中心所控制、为其工作好坏所影响的成本，属于"可控成本"，否则，就是"不可控成本"。因而对成本中心，应以其可控成本作为评价和考核的主要依据，不可控成本只具有参考意义。各个成本中心在完成工作任务的同时，应积极采取有效措施，巩固成绩，消除缺点，促使其可控成本不断下降；对于不可控成本，则非其力所能及，就不能对它提出这样的要求。

成本中心所发生的各项成本，对成本中心来说，有些是可以控制的，即可控成本；有些则是无法控制的，即不可控成本。成本中心只能对其可控成本负责。一般情况下满足下列条件的为可控成本：①责任中心能够通过一定的方式了解将要发生的成本；②责任中心能够对成本进行计量；③责任中心能够通过自己的行为对成本加以调节和控制。

从成本的发生同各个成本中心的关系看，由各个成本中心直接发生的成本，属于直接成本；由其他部门分配来的成本，属于间接成本。一般讲来，前者大多是可控成本，后者大多是不可控成本。一个成本中心的间接成本实际上又区分为两种情况：①一些部门为生产部门提供服务，只是为后者正常开展生产活动提供必要的条件，和生产活动本身并无直接的联系；②一些部门为生产部门提供服务，其服务量是后者在生产中"耗用"的，可随后者的生产需要而改变。前一类间接成本通常是由有关部门按期分配一个固定数字，属于不可控成本；后一类间接成本如果采用不正确的方法进行分配，对于受分配的部门来说，也是不可控成本；但是如果适应责任会计的要求，采用正确的方法进行分配，这一类间接成本就可以变成可控或部分可控了。

责任成本与产品成本的区别在于，责任成本是以责任中心为对象归集的成本，其特征是谁负责、谁承担；而产品成本则以产品为对象归集的成本，其中既包括了各责任中心的可控成本，也包括各责任中心的不可控成本。

就责任成本与产品成本的联系而言，两者在性质上是相同的，同为企业在生产经营过程中的资源耗费。

2. 成本中心的考核指标

由于成本中心的职责比较单一，因此成本中心的考核也比较简单，对其考核的内容主要是责任成本，即将成本中心实际发生的责任成本同预算的责任成本或目标成本进行比较，包括责任成本降低额和降低率，其计算公式如下。

责任成本降低额 = 责任成本的预算数额 − 责任成本的实际发生数额

责任成本降低率 =(责任成本降低额 ÷ 责任成本的预算数额)×100%

需要注意的是，如果预算产量与实际产量不一致时，应按弹性预算的方法首先调整预算数，然后再计算上述指标。

【例 11-1】某成本中心生产 A 产品，预算产量为 800 台，单位成本 100 元；实际产量 1 000 台，单位成本 90 元。计算该成本中心的成本降低额和成本降低率，同时进行分析和评价

解：成本降低额 =1 000×100-1 000×90= +10 000(元)

成本降低率 = +10 000÷(1 000×100)×100%=10%

进一步分析该成本中心成本降低的原因如下。

由于产量增加，影响的成本降低额为：(1 000–800)×100= +20 000(元)

由于单位成本降低，影响的成本降低额为：(90–100)×1 000= –10 000(元)

由于单位成本降低使成本降低了 10 000 元，由于产量增加使得成本超支 20 000 元，最终使得成本中心成本上升了 10 000 元。

11.2.2 利润中心 (Profit Center)

拓展视频

所谓利润中心，是指既要发生成本，又能取得收入，还能根据收入与成本计算利润这样的一种责任中心。利润中心是对利润负责的责任中心，由于利润等于收入减去成本和费用，所以利润中心实际上既要对收入负责，又要对成本和费用负责。这类责任中心一般是有产品或劳务生产经营决策权的部门，其往往处于企业内部较高管理层次、拥有独立收入来源、能独立进行会计核算的责任单位，如分公司、分厂等。它与成本中心相比，权力更大，责任也更大，是比成本中心高一个层次的责任中心，一个利润中心通常包括若干不同层次的下属成本中心。

1. 责任利润

利润中心的成本和收入，对利润中心来说必须是可控的，以可控收入减去可控成本就是利润中心的可控利润，也就是责任利润。一般来说，企业内部的各个单位都有自己的可控成本，所以成为利润中心的关键在于是否存在可控收入。责任会计中的可控收入通常包括以下三种。

1) 对外销售产品而取得的实际收入

如果责任中心有产品销售权，能够对外销售产品，就会取得实际收入，由于获取实际收入就可以计算实现的利润，因而这类责任中心可以称为自然利润中心。

2) 按照包含利润的内部结算价格转出本中心的完工产品而取得的内部销售收入

如果责任中心的产品不能直接对外销售，而只是提供给企业内部的其他单位，那么取得的收入就是不对外销售的实际收入，只是企业内部销售收入。这种内部销售收入与该利润中心完工产品的差额，就是所谓的内部利润（或称生产利润）。由于这种内部利润并非现实的利润，因而创造内部利润的这种利润中心可以称为人为利润中心。

3) 按照成本型内部结算价格转出中心的完全产品而取得的收入

这类利润中心的产品也只是提供给企业内部的其他单位，因而也属于人为利润中心。但是，这类利润中心转出的产品是按照计划成本计价的，所谓收入实际上是按照计划成本转出的完工产品的总成本。将按照计划成本转出的完工产品总成本与完工产品实际成本的差额，视为内部利润。不难看出，这种内部利润实际上就是产品成本差异，只是在此使用了内部利润的概念。从这个意义上讲，大多数成本中心都可以转成人为利润中心。

对利润中心工作的业绩进行考核的重要指标是其可控利润，即责任利润。将利润中心的实际责任利润与责任利润预算进行比较，可以反映出利润中心责任利润预算的完成情况。将完成情况与对利润中心的奖惩结合起来，进一步调动利润中心增加利润的积极性。

2. 利润中心的分类

1) 自然利润中心

自然利润中心必须拥有产品销售权，还应赋予其相应的价格制定权、材料采购权和生产决策权。企业的内部单位只要具有产品销售权，能够直接对外销售产品，通常即可定为自然利润中心。但是，只有兼有产品定价权、材料采购权和生产决策权的自然利润中心才是完全的自然利润中心，否则就是不完全的自然利润中心。一般来说，只有独立核算的企业才能具备作为完全自然利润中心的条件，企业内部的自然利润中心应属于不完全的自然利润中心。企业的销售部门属于不完全的自然利润中心。对销售部门来说，其责任利润为当期所取得的销售净收入扣除税金、产品计划成本和可控销售费用后的余额。此外，销售部门还应对本部门的可控经费支出承担责任。如，采用事业部制的公司，每个事业部一般有供产销的职能，独立性很大，那么这里的事业部一般就可以视为自然利润中心。

拓展案例

2) 人为利润中心

人为利润中心的特点就是其产品只在企业内部流转，因而只能取得企业内部收入。人为利润中心有两种，它们在收入的计算上采用了不同的计价基础：一是包含利润在内的内部结算价格；二是成本型内部结算价格。这两类人为利润中心的差别是明显的：前者的利润是在生产过程中业已创造，但尚未实现的利润；后者的利润其实只是产品成本差异。为了使责任中心能够更明确地体现其特点，本书只把前者称为人为利润中心，而把后者仍称为成本中心。如有些规模比较大的钢铁公司，可以分成采矿、炼铁、炼钢等几个部门，这些部门的产品主要在企业内部转移，这些生产部门可视为人为利润中心。

3. 利润中心的考核指标

利润中心工作成果的评价与考核，主要是通过一定期间实际实现的利润同"责任预算"所确定的预计利润数进行对比，进而对差异形成的原因和责任进行具体分析，借以对其经营上的得失和有关人员的是非功过做出较全面而正确的评价。由于利润中心既对成本负责，又对收入和利润负责，因而对利润中心进行评价与考核时应以销售收入、边际贡献与税前净利等指标为重点，也就是衡量实际的销售收入、销售成本和税前净利是否达到目标销售额、目标成本和目标利润的水平。其中目标利润的完成情况是考核的关键，考核时应注意，凡不属于某一利润中心的收入和成本，尽管已有该中心收进和支付，也应予以剔除，转给其他责任中心。

拓展阅读

另外，如果共同固定成本全数留在企业高层管理部门、不分配给各利润中心，则各利润中心的边际贡献减除自身直接发生的固定成本以后应是"利润总额"。如果对利润中心本身直接发生的固定成本再分为利润中心负责人可控的专属固定成本和不可控的专属固定成本两部分，则边际贡献总额减去可控专属固定成本为"利润中心负责人可控利润"，利润中心负责人可控利润再减去不可控的专属固定成本为"利润中心可控利润"。

【例 11-2】某企业的某一利润中心的有关数据如下：该部门的销售收入为 120 000 元，该部门销售产品的变动生产成本和变动销售管理费用合计为 70 000 元，该部门负责人可控的专属固定成本为 10 000 元，不可控专属固定成本为 15 000 元。计算该利润中心的考核指标。

解：边际贡献总额 =120 000 –70 000=50 000(元)

利润中心负责人可控利润 =50 000 –10 000=40 000(元)

利润中心可控利润 =40 000 –15 000=25 000(元)

可见"利润中心负责人可控利润"指标主要用于评价考核利润中心负责人的业绩，而"利润中心可控利润"指标则是用来考核该利润中心的业绩。

11.2.3 投资中心 (Investment Center)

1. 投资中心

所谓投资中心是指既要发生成本又能取得收入、获得利润，还有权进行投资的这样一种责任中心。这种责任中心不仅要对责任成本、责任利润负责，还要对投资的收益负责。显然，投资中心应拥有较大的生产经营决策权，实际上相当于一个独立核算的企业，如总公司下属的独立核算的分公司或分厂等。

由于投资的目的是为了获得利润，因此，投资中心同时也是利润中心，但它控制的区域和职权范围比一般的利润中心要大得多。它拥有投资决策权，能够相对独立地运用其所掌握的资金、有权购置和处理固定资产，扩大或缩小生产能力。通常这类责任中心仅限于责任、权限大的单位。投资中心是分权管理模式的最突出表现，在当今世界各国，大型集团公司下面的分公司、子公司、分厂往往都是投资中心。

在组织形式上，收入中心、成本中心基本上不是独立的法人，利润中心可以是也可以不是独立的法人，但投资中心一般都是独立的法人。

2. 投资中心的考核指标

对投资中心的考核包括投资项目本身的效果的评价和投资中心的经营业绩的评价两个方面。评价投资中心业绩的指标除利润外，主要是投资报酬率和剩余收益。

1) 投资报酬率

投资报酬率也叫投资利润率，是投资中心获得的营业利润与投资额之间的比率。它是全面评价投资中心各项经营活动的综合性质量指标，其计算公式如下。

$$投资报酬率 = (营业利润 \div 投资额) \times 100\%$$
$$= 资本周转率 \times 销售成本率 \times 成本利润率$$

【例 11-3】 某公司下属 A、B 两个分公司均为投资中心。报告期 A 公司的经营资产平均余额为 280 万元，利润为 56 万元；B 分公司经营资产平均余额为 200 万元，利润为 50 万元。要求：计算 A、B 两个分公司投资报酬率。

解：A 分公司投资报酬率 =56÷280×100%=20%

B 分公司投资报酬率 =50÷200×100%=25%

计算结果表明，B 分公司的经营业绩优于 A 分公司。

但是，投资报酬率作为评价投资中心经营业绩的指标也有其局限性，有的投资中心可能为了达到较高的投资报酬率而采取减少投资的方式，导致个别投资中心局部目标与企业总体目标不一致。

2) 剩余收益

剩余收益是指投资中心所获得的息税前利润减去该中心占用的投资额按规定的最低报酬率计算的投资报酬后的余额，其计算公式如下。

$$剩余收益 = 息税前利润 - (投资额 \times 规定的最低报酬率)$$

把剩余收益作为评价和考核经营成果的尺度，可以鼓励投资中心负责人乐于接受比较有利的投资，使部门的目标和整体企业目标趋于一致。

【例 11-4】 假定在例 11-3 中，企业改用剩余收益指标评价和考核 B 分公司。企业各投资中心的平均投资报酬率为 20%，计算 B 分公司生产新产品的剩余收益。

解：B 分公司生产新产品的剩余收益 =500 000–2 000 000×20%=100 000(元)

计算结果表明：B 分公司可以增加剩余收益 100 000 元，当然乐意接受该项投资项目，利用剩余收益指标评价投资中心的经营业绩可以使投资中心局部利益与企业总体利益趋于一致。

【例 11-5】希捷公司下设 A 和 B 两个投资中心，该公司加权平均最低投资收益率为10%。公司拟追加 30 万元的投资。有关资料如表 11-1 所示。

要求：根据表 11-1 中资料评价 A 和 B 两个投资中心的经营业绩。

表 11-1 投资中心考核指标的计算

单位：万元

项目		投资额	利润	投资利润率	剩余收益
追加投资前	A 中心	40	2	5%	2−40×10% =−2
	B 中心	60	9	15%	9−60×10% =+3
	合计	100	11	11%	11−100×10% =+1
A 投资中心追加投资 30(万元)	A 中心	40+30=70	2+2.2=4.2	6%	4.2−70×10% =−2.8
	B 中心	60	9	15%	9−60×10% =+3
	合计	100+30=130	11+2.2=13.2	10.1%	13.2−130×10% =+0.2
B 投资中心追加投资 30(万元)	A 中心	40	2	5%	2−40×10% =−2
	B 中心	60+30=90	9+4.2=13.2	14.7%	13.2−90×10% =+3.2
	合计	100+30=130	11+4.2=15.2	11.8%	15.2−130×10% =+2.2

由表 11-1 可知，如以投资利润率作为考核指标追加投资后，A 的利润率由 5% 提高到了 6%，B 的利润率由 15% 下降到了 14.7 %，则向 A 投资比向 B 投资好；但以剩余收益作为考核指标，A 的剩余收益由原来的 −2 万元变成了 −2.8 万元，B 的剩余收益由原来的 3 万元增加到 3.2 万元，应当向 B 投资。

如果从整个公司进行评价，就会发现 A 追加投资时全公司总体投资利润率由 11% 下降到 10.1%，剩余收益由 1 万元下降到 0.2 万元；B 追加投资时全公司总体投资利润率由 11% 上升到 11.8%，剩余收益由 1 万元上升到 2.2 万元，这和以剩余收益指标评价各投资中心的业绩的结果一致。所以，以剩余收益作为评价指标可以保持各投资中心获利目标与公司总的获利目标达成一致。

剩余收益这个指标相对于投资报酬率指标的优势在于：会激励投资中心努力提高剩余收益，而不是努力提高投资报酬率。只要某个项目的投资报酬率大于要求的最低投资报酬率，这项投资就应该接受。因此，用剩余收益这个指标对投资中心进行业绩评价，会使各投资中心对投资方案的决策与在企业整体的高度上做出的决策结论一致，由此使投资中心的局部目标和整个企业的总目标相互协调。剩余收益在考虑投资中心的局部利益的同时，可兼顾企业整体利益，更好地贯彻一致性原则，因此是一个比较合理的评价业绩的指标。[①]

11.2.4 成本中心、利润中心和投资中心的关系

成本中心、利润中心和投资中心都是责任中心。

成本中心应就经营的可控成本向其上层成本中心负责；上层的成本中心应就其本身的可控成本和下层转来的责任成本一并向利润中心负责；利润中心应就其本身经营的收入、成本(含下层转来成本)和利润(或边际贡献)向投资中心负责；投资中心最终就其经管的投资利润率和剩余收益向总经理和董事会负责。

---

① 赵书和. 成本与管理会计 [M]. 北京：机械工业出版社，2007.

11.2.5 收入中心

1. 定义

收入中心是只对销售收入负责的责任中心。随着市场经济的发展和产品销售的竞争日趋激烈,推销工作越来越重要,因此以推销产品为主要职能的责任中心将不断增多。销售部门的责任主要是对产品销售负责,所以销售部门就是收入中心。尽管销售部门也发生销售费用,但由于其主要职能是产品销售和取得收入,因此以收入来确定其责任比以利润确定其责任更为恰当。

2. 收入中心的目标和控制要求

对于收入中心,为了评价其工作业绩,在编制责任预算时,应首先为其确定目标销售额作为奋斗的标准和考核的依据。收入中心的职责除了将产品销售出去,还应包括及时收回货款和控制坏账。因此对收入中心的控制:一是要控制企业销售目标的实现,主要检查其分目标与企业整体销售目标是否协调一致,是否为实现其销售目标采取了切实可行的推销措施;二是控制销售收入的货款回收,主要检查其货款的回收是否都建立有完善的控制制度,各推销人员的个人利益与货款的回收情况是否相联系;三是控制坏账的发生,主要检查每项销售业务是否签订有销货合同,在合同中对付款的条款是否做了明确阐述,对不熟悉的客户初次发生重要交易时,对客户的信用状况、付款能力等是否进行了详细的了解。

3. 收入中心的考核指标

根据收入中心的职责、对收入中心考核的指标主要有销售收入目标完成百分比、销货款回收平均天数和坏账发生率 3 项。

1) 销售收入目标完成百分比

销售收入目标完成百分比是将实际实现的销售收入与目标销售收入相比较,以考核销售收入的目标完成情况,其计算公式如下。

$$销售收入目标完成百分比 = (实际实现的销售收入 \div 目标销售收入) \times 100\%$$

2) 销货款回收平均天数

销货款回收平均天数是将每笔销售收入分别乘以各该货款的回收天数,加总以后除以全部销售收入。目的是考核收入中心是否及时收回销货款,其计算公式如下。

$$销货款回收平均天数 = \sum 每笔销售收入 \times 各该货款的回收天数 \div 全部销售收入$$

3) 坏账发生率

坏账发生率是将某年的坏账发生数与全部销售收入相比较。这一指标主要用于考核收入中心在履行其职责过程中所发生的失误情况,促进收入中心在销售过程中保持认真谨慎的作风,其计算公式如下。

$$坏账发生率 = (某年的坏账发生数 \div 某年的全部销售收入) \times 100\%$$

除上述 3 项指标外,对收入中心还可进行适当的费用考核。可将发生的销售费用分为变动费用和固定费用两部分来考核;或者简单地以销售费用与销售收入之间的比率指标来考核。

11.2.6 责任预算和报告

1. 责任预算

责任预算是以责任中心为主体,以其可控的成本、收入、利润和投资等为对象所编制的预算。责任预算由各种责任指标组成。这些指标可分为主要责任指标和其他责任指标。在集权管理制度下,企业通常采用自上而下的预算编制方式;在分权管理制度下,则企业往往采用自下而上的预算编制方式。

【例11-6】假设白山公司采取分权组织结构形式(如图11.2所示),各成本中心发生的成本费用均为可控成本。白山公司编制的总公司和A公司2016年度责任预算(简略形式)如表11-2、表11-3、表11-4、表11-5和表11-6所示。

图11.2 白山公司组织结构示意图

表11-2 白山公司2016年度责任预算

单位:万元

责任中心类型	项 目	责任预算	责任人
利润中心	A公司营业利润	4 000	A公司经理
利润中心	B公司营业利润	3 000	B公司经理
利润中心	合 计	7 000	公司总经理

表11-3 A公司2016年度责任预算

单位:万元

责任中心类型	项 目	责任预算	责任人
收入中心	销售部收入	9 200	销售部经理
成本中心	制造部可控成本	3 800	制造部经理
成本中心	行政部可控成本	600	行政部经理
成本中心	销售部可控成本	800	销售部经理
	合 计	5 200	A公司经理
利润中心	营业利润	4 000	A公司经理

表 11-4 A 公司销售部 2016 年度责任预算

单位：万元

责任中心类型	项目	责任预算	责任人
收入中心	东北地区收入	1 600	责任人甲
收入中心	中南地区收入	2 000	责任人乙
收入中心	西北地区收入	1 000	责任人丙
收入中心	东南地区收入	2 200	责任人丁
收入中心	西南地区收入	1 400	责任人戊
收入中心	出口销售收入	1 000	责任人己
收入中心	收入合计	9 200	销售部经理

表 11-5 A 公司制造部 2016 年度责任预算

单位：万元

成本中心	项目	责任预算	责任人
一车间	变动成本 直接材料 直接人工 变动制造费用 小　计	 1 000 600 200 1 800	一车间负责人
一车间	固定成本 固定制造费用 成本合计	 2 00 2 000	一车间负责人
二车间	变动成本 直接材料 直接人工 变动制造费用 小　计	 800 500 200 1 500	二车间负责人
二车间	固定成本 固定制造费用 成本合计	 2 00 1 700	二车间负责人
制造部	制造部其他费用 成本费用总计	100 3 800	制造部经理 制造部经理

表 11-6 A 公司行政部及销售部 2016 年度责任预算（费用）

单位：万元

成本中心	项目	责任预算	责任人
行政部	工资费用 折旧 办公费 保险费	300 200 40 60	行政部经理

续表

成本中心	项目	责任预算	责任人
行政部	合　　计	600	
销售部	工资费用 办公费	400 100	销售部经理
销售部	广告费 其　　他	240 60	销售部经理
	合　　计	800	

上述各表的预算数据之间存在着以下勾稽关系:

表 11-3 中的营业利润 4 000 万元与表 11-2 中 A 公司营业利润相等;表 11-3 中收入合计 9 200 万元与表 11-3 中的销售部收入相等;11-5 中的成本费用总计等于该表中两个成本中心的责任成本之和。

2. 责任报告

责任报告是指根据责任会计记录编制的反映责任预算实际执行情况,揭示责任预算与实际执行差异的内部会计报告。责任报告主要有报表、数据分析和文字说明等几种形式。将责任预算、实际执行结果及其差异用报表予以列示是责任报告的基本形式。

例:仍按例 11-4 中的白山公司资料。

根据 2016 年度责任预算的实际执行情况,白山公司编制的 A 公司和总公司该年度的部分责任报告(简略形式)如表 11-7、表 11-8 和表 11-9 所示。

表 11-7　A 公司成本中心 2016 年度责任报告(部分)

单位:万元

项　　目	实　　际	预　　算	差　　异
A 公司第一车间			
变动成本			
直接材料	1100	1 000	100
直接人工	540	600	(60)
变动制造费用	220	200	20
变动成本合计	1 860	1 800	60
固定成本			
固定制造费用	190	200	(10)
成本合计	2 050	2 000	50
A 公司制造部可控成本			
第一车间			
变动成本	1 860	1800	60
固定成本	190	200	(10)
小　　计	2 050	2 000	50
第二车间			
变动成本	1 520	1 500	20

续表

项　目	实　际	预　算	差　异
固定成本	190	200	(10)
小　计	1 710	1 700	10
制造部其他费用	120	100	20
可控成本合计	3 880	3 800	80
A公司可控成本			
制造部	3880	3800	80
行政部	560	600	(40)
销售部	780	800	(20)
总　　计	5220	5200	20

表11-8　A公司利润中心2016年度责任报告

单位：万元

项　目	实　际	预　算	差　异
A公司销售收入			
东北地区	1 800	1 600	200
中南地区	2 400	2 000	400
西北地区	980	1 000	(20)
东南地区	1 000	1 100	(100)
西南地区	1 520	1 500	20
出口销售	1 200	1 000	200
小　计	9 800	9 200	600
A公司变动成本			
第一车间	1 860	1 800	60
第二车间	1 520	1 500	20
小　计	3 380	3 300	80
A公司边际贡献总额	6 420	5 900	520
A公司固定成本			
制造部			
第一车间	190	200	(10)
第二车间	190	200	(10)
制造部其他费用	120	100	20
小　计	500	500	0
行政部	560	600	(40)
销售部	900	800	100
合　计	1 960	1 900	60
总公司利润			
A公司利润	4 460	4 000	460
B公司利润	3 200	3 000	200
合　计	7 660	7 000	660

表 11-9　白山公司投资中心 2016 年度责任报告

单位：万元

项　目	实　际	预　算	差　异
A 公司利润	4 460	4 000	460
B 公司利润	3 200	3 000	200
小　　计	7 660	7 000	660
总公司所得税 (30%)	2 298	2 100	198
合　　计	5 362	4 900	462
净资产平均占用额	22 448	24 500	2 052
投资利润率	24%	20%	4%
行业平均最低收益率	18%	15%	3%
剩余收益	1 321.36	1 225	96.36

案例 11.2

责任中心把西门子带上稳定发展的快车道

销售总额 301 亿人民币，增长 8%；新订单额 313 亿元人民币，增长 9%；长期投资总额约 54 亿元人民币，增长近 8%——这是拥有 21 000 名员工的西门子中国公司 2003 财年的良好表现。这快而稳的发展的背后，责任中心功不可没。诚如该公司高级首席副总裁兼 CFO 杜克 (Thomas Doeke) 所言，西门子在中国的四十多个业务集团和合资企业"如果每个单位都自行其是，情况就会变得过于复杂和难以控制"。在以下的专访中，他分享了责任中心管理体系的成功经验。

请问西门子中国公司是怎么建立自己的责任中心的？

我们的责任中心主要分成两类，一种是利润中心，另一种是成本中心。各个业务集团一般都是利润中心，通常设有一名总经理和一名商务经理，他们两人一起对业务集团的各项经营事务负责。而各个集团／服务部门都是成本中心，通常有一个经理全面负责，同时另一个人负责商务。

西门子全球和中国都采用"四眼"定律。即对任何一件事情进行批准的时候，都需要两个人签字。一个人从技术的角度，另一个人从商务的角度进行评估。签字还取决于事情的重要性，越重要就需要越高层的经理来签字。这样我们可以获得更好的平衡，从而进行更有效的控制。

各个责任中心又是如何具体地履行各自不同的责任？

作为利润中心的业务集团，其责任范围包括整个与业务集团经营相关的方面，例如销售、市场营销、生产、可能有的研发以及相关的行政管理方面。集团的总经理们对他们集团在中国经营的盈亏负全部责任，他们会做财年的预算，制定战略计划，其中包括新的投资，以及对人力资源等方面进行调配。每个月他们都要提交盈亏报告、预算平衡表以及现金流状况报告。

作为成本中心的集团／服务部门，其经理人一般要担负两方面的责任。以集团人事部为例，一方面要承担集团管理责任，为西门子在中国制定各种人事管理的政策；另一方面要承担服务责任，为西门子在中国进行招聘、为员工做工资和保险等。集团／服务部门的总监对该部门的成本负全责，例如部门的预算情况，以及本部门的资源配置情况。

两类责任中心是什么关系？

第 11 章　责任会计

通常情况下，集团／服务部门和业务集团都有协议，服务部门的成本通过内部付费转移成业务集团的成本的一部分。具体费用有两种：一种是公司费用，包括集团／服务部门日常运营所需的费用。业务集团可以通过比较透明的方式清楚地了解这类费用的具体数额。同时公司费用中也明确说明了工作职责，这样各个业务集团都能了解他们付出成本后能够从中获得什么；另一种是服务费用，是建立在实际所提供的服务基础上的。其中不仅有费用标准，而且还有质量标准。

我们将集团／服务部门的成本尽可能转移到业务集团中，而不是将成本都集中在总部。原则上来说所有的集团／服务部门的成本全部是由业务集团来承担。因此集团／服务部门的成本不能过高，否则业务集团就会抱怨。

许多公司容易犯的一个错误是，认为服务部门是成本中心而拼命控制其成本。有效地控制成本固然重要，但更应该为了提高他们的工作质量而增加成本。事实上，越是深入地从成本和质量两方面来考察服务部门的绩效，你就会更多地发现他们给公司带来的价值。

西门子中国倡导共享服务。比如我们没有在四十多个业务集团和合资企业分头设立人力资源部门，而是试图让各个部分分享集团／服务部门的服务与专业知识。从总体来看，我们实现了高质量服务，并保持了低成本。

西门子在中国的业务集团有很多，如何保证各个责任中心的目标和公司的总目标保持一致？

在西门子这是一个双向的过程。在计划的阶段，各个业务集团自下而上呈报各自的业务计划，同时公司高层自上而下地对这些计划进行检查、评估和控制，看各个集团的计划是否与公司总的方向一致。我们一方面有良好的财务管理系统，另一方面还有许多管理工具，来保证这个过程的很好执行。

在管理体系方面，我们已经建立了有效的管理和公司架构；道德准则和商业行为准则；遵守所有财务报告和披露规定；风险管理体系；内部控制系统和内部审计职能，也就是保持内部审计职能的独立性。

在技术工具方面，我们采用的是财务信息管理系统。这是一个在线系统，它所包含的细节信息分为若干层面，并根据实际预算定期更新。该信息系统包括全部最重要的财务指标，如新订单、销售、毛利润、应收账款、资产管理指标等。业务集团和集团／服务部门每个季度都要进行业务总结。

作为一家大公司，西门子的一切业务活动都是以一个标准流程为基础的，西门子（中国）有限公司和四十多家西门子在华合资企业采用的都是这样的管理标准和内部控制系统。因为很明显，如果每个单位都自行其是，情况就会变得过于复杂和难以控制。

资料来源：http://www.ceconline.com/financial/ma/8800034545/01SB/?pa_art_1

11.3　内部结算价格

在责任会计体系中，企业内部的每一个责任中心都是作为相对独立的商品生产经营者存在的，为了分清经济责任，各责任中心之间的经济往来，应当按照等价交换的原则实行"商品交换"。各责任中心之间相互提供产品（或劳务）时，要按照一定的价格，采用一定的结算方式，进行计价结算。这种计价结算并不真正动用企业货币资金，而是一种观念上的货币结算，是一种资金限额指标的结算。计价结算过程中使用的价格，称为内部结算价格(Interdivisional Transfer Price)。也就是说内部结算价格是企业内部各责任中心相互提供产品（包括在产品、半成品）和劳务进行计价、结算所用的价格。正确制定这类价格有助于明确区分经济责任，使评价与考核各个责任中心的工作成果建立在客观和可比的基础上，它是企业内部各单位间经济活动的计量和反映,也是企业内部各单位负责人进行经营决策的重要依据。其特点是只反映企业集团或公司内部各利润中心之间的经济联系,一般不直接与消费者发生联系。

11.3.1 内部结算价格的作用和制定原则及要求

1. 内部结算价格的作用

(1) 内部结算价格是分清各责任中心经济责任的重要依据。

内部结算价格为"买卖双方"确定了一个计量标准,它不仅可以用来衡量"卖方"提供的产品或劳务的经营成果,而且还可以用来反映"买方"接受产品或劳务的成本费用。所以,正确制定内部结算价格,可以合理确定各责任中心应承担的经济责任,调节各责任中心的收入,维护各责任中心的经济权益,使经济责任易于落实。

(2) 内部结算价格是测定各责任中心资金流量的重要依据。

内部结算价格制定能够反映各责任中心资金流量,为科学测定责任中心的资金流量提供重要依据。

(3) 内部结算价格是考核各责任中心生产经营成果的重要依据。

合理的内部结算价格,能够为企业各责任中心的经营业绩提供一个客观的标准,进行同一的比较和综合的评价,使绩效考核公平有效。

2. 内部结算价格的制定原则

内部结算价格作为企业内部各个单位之间经济活动的计量和表现,也是企业内部各单位负责人进行经营决策的重要依据之一。

1) 公平性原则

企业制定的内部结算价格,应当使提供产品的责任中心和接受产品的责任中心都认为是公平合理的。

2) 目标一致原则

在制定内部结算价格时,既要考虑有关责任中心的利益,更要考虑企业的总体利益,并且尽量使两方面的利益保持一致。从经营决策的观点看,内部结算价格的制定,应有助于实现企业内部各个单位的"目标一致"。所谓"目标一致",是指各个责任中心作为企业整体的一个组成部分,它所要达到的目标,应和整个企业所要达到的目标相协调,特别要防止各个部门为片面地追求"利益",致使企业的整体利益受到损害。

3) 激励性原则

建立责任会计制度的目的,既不是分析考核、更不是核算记录,而是要激励企业的各个部门和员工,使其更加努力地工作,以实现企业的经营目标。内部结算价格的制定要有利于分清各责任中心的成绩和不足;内部结算价格的制定要公平合理,避免主观随意性;制定内部结算价格要为供求双方自愿接受。

3. 内部结算价格制定的要求

内部结算价格就是指企业内各部门之间由于相互提供产品、半成品或劳务而引起的相互结算、相互转账所需要的一种计价标准。

内部结算价格在企业中能够协调部门经理的自主权与整个企业的集中决策,促进行为的一致性；能够与会计中的业绩评价方法相一致，进行有效的业绩考核；能够较为客观地反映各部门的责任和业绩；能够加强企业的经济核算，提高企业的经营管理水平，增强企业整体竞争能力。企业要充分发挥内部结算价格的作用，应注意以下几点。

1) 目标一致性

采用内部结算价格的各部门同属一个企业，总的利益是一致的。制定内部结算价格，只是为了分清各部门的责任，有效地考核评价各部门的业绩，根本目的仍是为了企业的整体利益。各部门经理应都选择能使公司总体利润最大的行动取向。制定内部结算价格的目标，就是为了通过建立有效的激励机制，使自主的部门经理做出有利于组织整体目标的决策。

2) 准确的业绩评价

没有任何一个部门经理可以以牺牲其他部门的利益为代价而获利。内部结算价格的制定应避免主观随意性，客观公正地反映各部门的业绩，进行准确的考核和相应的激励，来调动各部门的工作积极性，促使各部门服从整体利益，并以最大努力来完成目标。

3) 保持各部门的自主性

高层管理者不应干预各个部门经理的决策自由。在整体利益最大化的前提下，各部门有一定的做出决策的自主权。公司高层直接干涉分部制定具体的转移价格并不可取，但是，制定一些通用的指导方法是适宜的。

11.3.2 内部结算价格的类型 ①

1. 以成本为基础的转让定价

它包括完全成本法、成本加成法、变动成本加固定费用等方法。这里的成本，不是采取公司的实际成本而是标准成本，以避免把转出部门经营管理中的低效率和浪费转嫁给转入部门。这种方法应用简单，以现成的数据为基础，但标准成本的制定会有偏差，不能促进企业控制生产成本，容易忽视竞争性的供需关系。

1) 计划制造成本型内部结算价格

计划制造成本型内部结算价格适用于采用制造成本法计算产品成本的成本中心之间的往来结算。它的优点是将责任会计的责任成本核算与财务会计的产品成本核算有机地联系起来，没有虚增成本和虚增占用数额的现金，便于资金预算的分解落实。它的缺点是没有与责任中心真正创造的利润联系起来，不能有效地调动责任中心增加产量的积极性。

2) 计划变动成本型内部结算价格

计划变动成本型内部结算价格适用于采用变动成本法计算产品成本的成本中心之间的往来结算。它的优点是符合成本性态，揭示成本与产量之间的关系，反映责任中心的成本节约或超支，考核责任中心的工作业绩，有利于企业及各责任中心判断是否接受订货进行生产。它的缺点是割裂了固定成本与产量之间的内在联系，也不利于调动各责任中心增加产量的积极性。

3) 计划变动成本加计划固定总成本型内部结算价格

计划变动成本加计划固定总成本型内部结算价格适用于采用各种方法计算产品成本的

---

① MBA 智库 http://wiki.mbalib.com/wiki.

成本中心相互之间的往来结算。它的优点是包含前述两种方法的全部优点，与产量有内在的归属关系。能够合理体现转移产品的劳动耗费，便于各责任中心正确计算产品成本。它的缺点是较难合理确定计划固定总成本。在一个责任中心同时为几个责任中心提供产品的情况下，所需计划分配比例很难确定。不利于调动各责任中心增加产量的积极性。

4) 计划制造成本加利润型内部结算价格

计划制造成本加利润型内部结算价格适用于人为利润中心之间的往来结算。它的优点是有利于调动各责任中心增加产量的积极性，克服前述几种成本型内部结算价格的缺点。它的缺点是计算的利润不是企业真正实现的利润，使产品成本核算不够真实，成本核算工作量大，会虚增各责任中心的流入量和资金占用额。

2. 市场价格型内部结算价格

市场价格型内部结算价格适用于完全的自然利润中心之间的往来。以市场价格定价相当于在企业内部引入市场机制，能够较为客观地评价各个利润（投资）中心的经营成果。对于"出售"部门，按市场价格转移半成品是其形成部门利润的必要条件。对于"购入"部门，易于计量其对企业整体利润所做的贡献，同时，也有助于半成品和劳务的内部转移或外购的决策。

市场价格型内部结算价格的优点是"购入"的责任中心可以同向外界购入相比较，如内部结算价格高于现行的市价，它可舍内而求外，不必为此而支付更多的代价；"出售"的责任中心也是如此，应使它不能从内部单位比向外界出售得到更多的收入。这是正确评价各个利润中心经营成果的一个重要条件。换言之，也就是在企业内部引进市场机制，使其中每个利润中心实质上都成为独立机构，各自经营，促使其更好地发挥生产经营主动性，最终再通过利润指标来评价与考核它们的经营成果。市场价格型内部结算价格很好地体现了公平性原则，各责任中心计算的利润就是企业实现的利润，有利于促进各责任中心参与市场竞争，加强生产经营管理。市场价格型内部结算价格的缺点是在市场价格不能合理确定的情况下，可能导致各责任中心之间的苦乐不均。

3. 双重内部结算价格

所谓双重的内部结算价格，是指对产品（半成品）的供应和耗用单位分别采用不同的内部结算价格作为计价基础。

1) 采用双重内部结算价格的原因

当转移价格的定价在交易过程中没有给卖方部门带来利润时，转移价格的定价将起不到鼓励卖方部门从事内部交易的作用。因此，为了较好地满足买卖双方在不同方面的需要，激励双方在生产经营方面充分发挥其主动性和积极性，可以采用双重的内部结算价格来取代单一的内部结算价格。

转移价格主要运用于业绩评价和考核，因而双方采用的价格无须一致，当然，在计算企业的总成果时，应扣除由双重内部结算价格之差所形成的"内部利润"。

2) 采用双重内部结算价格的具体办法

(1) 将以内部交易为主的卖方部门设计为一个成本中心。由于成本中心的经理一般只对成本，而不对收入负责。因此，转移价格定价不影响对部门经理的业绩评价。而买方部门则作为一个利润中心。

(2) 一个既有内部往来又有外部客户的供应中心,当经理有定价权时,确定为利润中心;当经理无定价权时,将其内部交易确定为成本中心。这样,评价外部交易的业绩时,可以把这个中心看作利润中心,评价内部交易的业绩时,则将其看作成本中心。

采取双重转移价格定价方法的优点是满足各责任中心的管理要求,能够使卖方部门获利而买方部门仅负担成本,或者卖方部门以成本加一定的利润作为内部结算价格,而买方部门只支付该产品的成本部分,差额可以记录在一个专门的集中核算的账户中。这种方法为买方部门留下成本数据,且通过转移价格向卖方部门提供了利润,这就会鼓励内部交易活动。缺点是会计部门工作量大,操作复杂。

4. 协商价格

还有一类是位于市场定价和成本定价之间,即采用协商价格。协商价格是以外部市场价格为起点,参考独立企业之间或企业与无关联的第三方之间发生类似交易时的价格,共同协商确定一个双方都愿意接受的价格作为内部结算价格。协商价格在各部门中心独立自主制定价格的基础上,充分考虑了企业的整体利益和供需双方的利益。这种方法运用恰当,将会发挥很大的作用。协商的转移价格可以使部门经理如同独立公司的经理那样从事管理,从而保留了部门经理的自主权。但在实际操作中,由于存在质量、数量、商标、品牌甚至市场的经济水平的差别使得与市场价格直接对比很困难。

同时它还有一些缺点,主要有三个方面:一是由于一个部门经理通常拥有许多秘密信息,可能利用其他部门经理获利;二是业绩指标可能由于部门经理的协商谈判技巧而扭曲;三是协商会花费相当多的时间和资源。

11.3.3 内部结算价格的运用

我国资本市场比较不发达,市场经济水平不高,市场发展不完善,外汇管制也没有完全放开。因此,不能完全照抄照搬国外的情况和经验,必须与我国特有的经济水平相关联。根据企业所处的市场环境、企业自身的特点和管理部门的目标来选择适当的内部结算价格。目前,在内部结算价格方面,国内采用得比较少,但也有运用比较成功的企业,比如我国钢铁行业中的邯郸钢铁厂、攀枝花钢铁厂在过去就运用得很成功。钢铁行业是多流程、大批量生产的行业,生产工艺环节实行高度集中的管理模式。企业所采用的内部管理制度、成本核算和责任会计模式具有明显的行业特色。目前国内钢铁企业应用广泛的是邯钢模式,即采用"模拟市场价格、实行成本否决"作为半成品的转移价格。

攀钢从投产开始就制定了内部结算价格。由于市场变化很快,攀钢对内部结算价格进行了多次调整。攀钢现行转移价格管理制度是在多年实践基础上,经过多次完善而逐步形成的,主要由4部分组成:产品(半成品)转移价格、原材料和辅助材料转移价格、备品备件转移价格、劳务(收费)价格。其中,备品备件转移价格按照采购成本进行结算,其余由财务部门制定明确的价格。

拓展案例

可见我国企业在制定内部结算价格时,不应照抄照搬,应该从企业的实际出发,完善和规范内部管理制度,促使内部各单位改善经营管理水平,提高经济效益,实现公司利润最大化。具体可以从以下几个方面着手。

一是完善内部管理制度。内部结算价格制度将成为公司的基本管理规范。公司应充分挖掘内部管理潜力，加大管理控制力度，制定和完善经济责任制考核，强化监督，深化企业的科学管理。同时还应根据自身在本行业中所处的位置和外部经营环境的变化，结合公司经营发展目标，制定和调整公司的政策。

二是加强以市场为基础的内部结算价格。公司应对影响生产经营的主要产品，如钢铁行业中的生铁、能源及其他原材料的价格，根据市场价格编制企业内部结算价格，并定期进行修订，每次调整少数与市场价格差距较大的品种；对于品种规格繁多、市场变化较快的小材料、备品备件则采取放开政策，让内部各部门适应市场的变化。这实质上是以市场价格为基础，确定、调整内部结算价格，并非实际意义上的以市场价格确定内部结算价格，也不是完全按市场价格核算。

三是进行准确的业绩评价。通过把产品成本、质量、资金占用、品种结构等因素纳入完整的考核体系之中，给各部门更大的责任和压力，使各部门在有限的决策权之下，有了一定的自主权，并进行准确的业绩考核。

本章小结

责任会计是在分权管理条件下，为适应经济责任制的要求，在企业内部建立若干责任单位，并对其分工负责的经济活动进行规划、控制、考核与业绩评价的一整套会计制度。

责任会计是以往的各种会计管理制度的发展。其共性都是贯穿一个经济责任的基本原则，所不同的是以前的经济责任制没有明确直接与会计的关系，没有和会计相结合，而责任会计则是把厂内经济责任制与会计结合起来，从实践和理论上都得出明确的概念，成为会计工作的一个领域——经济责任会计。具体说：就是在企业内部除了要算产品财务账以外，还要按照企业内部经济责任制的原则，按照责任归属，确定责任单位（车间、技术、经营、管理部门），明确责任指标（包括资金、成本费用、利润），以各责任单位为主体（对象）按责任指标进行核算、控制、监督、实行统分结合、双层核算的会计管理制度。

关键术语

责任会计　内部结算价格　成本中心　利润中心　投资中心　收入中心

综合练习

一、单项选择题

1. 责任会计的主体是（　　）。
   A. 管理部门　　　　　　　　B. 责任中心
   C. 销售部门　　　　　　　　D. 生产中心

2. 成本中心控制和考核的内容是（　　）。
   A. 责任成本　　　　　　　　B. 产品成本
   C. 目标成本　　　　　　　　D. 不可控成本
3. 责任成本是指该中心发生的（　　）。
   A. 固定成本之和　　　　　　B. 产品成本
   C. 可控成本之和　　　　　　D. 不可控成本之和
4. 在组织形式上，（　　）一般都是独立的法人。
   A. 成本中心　　　　　　　　B. 利润中心
   C. 投资中心　　　　　　　　D. 责任中心
5. 既对成本负责，又对收入负责的责任中心，被称为（　　）。
   A. 成本中心　　　　　　　　B. 利润中心
   C. 投资中心　　　　　　　　D. 责任中心
6. 一个责任中心，不考核其收入，而是着重考核其所发生的成本和费用，称为（　　）。
   A. 利润中心　　　　　　　　B. 成本中心
   C. 责任中心　　　　　　　　D. 投资中心
7. 责任会计产生的客观要求是（　　）。
   A. 分权管理思想　　　　　　B. 行为科学
   C. 管理科学　　　　　　　　D. 内部会计控制思想
8. 下列会计子系统中，能够履行考核评价职能的是（　　）。
   A. 预测决策会计　　　　　　B. 规划控制会计
   C. 责任会计　　　　　　　　D. 对外报告会计

二、名词解释

责任会计　责任中心　成本中心　可控成本　利润中心　投资中心

三、计算分析题

某投资中心投资额为 100 000 元，年净利润为 20 000 元，公司为该投资中心规定的最低投资报酬率为 15%。计算该投资中心的投资报酬率和剩余收益。

四、判断分析题（判断正误，并说明理由）

1. 通常利润中心被看成是一个可以用利润衡量其业绩的组织单位。因此，凡是可以计算出利润的单位都是利润中心。（　　）
2. 成本中心只对成本负责。成本又可以分为可控成本和不可控成本，两者都属于成本中心的责任范围之内。（　　）
3. 企业里的分公司、分厂、工段、班组等都可作为利润中心。（　　）
4. 凡企业内部产品或劳务的转移，有一方涉及利润中心或投资中心，则应尽可能采用市场价格作为指定内部转移价格的基础。（　　）

五、简答题

1. 什么是责任会计？它有哪些作用？

2. 实施责任会计的原则有哪些?

3. 什么是责任中心?它可以分为哪几类?

4. 什么是成本中心?其特点有哪些?

5. 什么是利润中心?它有哪两种形式?利润中心的成本计算有哪两种形式?对利润中心考核应采用哪几个指标?

6. 什么是投资中心,对其考核一般用哪两个重点指标?这两个指标各自的优缺点是什么?

【实际操作训练】

课题 11-1:设计责任成本制度。

实训项目:责任成本制度。

实训目的:学习怎样制定责任成本制度。

实训内容:蓝天公司的高层管理人员打算在该公司建立一套科学、可行的责任成本制度,提出一份设立责任成本制度的报告书。

实训要求:将参加实训的学生分成若干小组,分别代表不同的责任中心。

课题 11-2:制定内部转移价格。

实训项目:内部转移价格。

实训目的:学习怎样制定内部转移价格。

实训内容:蓝天公司的高层管理人员打算在该公司建立一套科学、可行的内部转移价格。

实训要求:将参加实训的学生分成若干小组,分别代表不同的责任中心。

第 12 章

平衡计分卡

教学目标

通过本章学习,理解平衡计分卡的内涵、产生与发展,学会分析平衡计分卡在企业实际当中的应用。

教学要求

知识要点	能力要求	相关知识
平衡计分卡	要求学生掌握平衡计分卡的内涵,了解发展历程	(1) 平衡计分卡的内涵 (2) 平衡计分卡的发展历程
	能够分析平衡计分卡在我国企业中的应用现状	平衡计分卡在企业中的应用现状

绩效管理——ZZ 药业通过跨功能团队行动学习法推进平衡计分卡指标体系建设

ZZ 药业 2008 年起即在医药行业中率先推行平衡计分卡,通过平衡计分卡建立了战略中心型组织,实现了盈利性和成长性的提升。其主要经验有:

一是成立跨功能团队推动平衡计分卡的实施。ZZ 药业成立了一个由高层领导负责的领导团队,成员来自不同部门,发挥专业上的互补优势,顺利完成平衡计分卡的导入。

二是将平衡计分卡与"行动学习"研讨方法相结合。ZZ 药业多次运用"行动学习"的研讨方法组织会议。将与会人员划分为若干小组,集中研讨、集思广益,确定企业战略和战略指标体系,并由企业高管在会议现场进行认领。每一个参与研讨的员工都成为战略及战略指标的制定者,增加了员工对企业战略的认同感,使企业战略执行的积极性、主动性得到了加强。

三是推行组织变革。平衡计分卡各项指标的有力执行为公司带来了内部流程优化、客户管理增强、组织资本和人力资本以及信息资本提升等各项非财务绩效。在此基础上,ZZ 药业推行了组织变革,具体包括组织结构变革、人员结构调整和营销渠道变革,由此带来了成本费用降低、盈利性增长的财务绩效,实现了平衡计分卡的良性发展。

资料来源:平衡计分卡非财务绩效影响财务绩效的机理研究:基于 ZZ 药业的案例 [J]. 财务研究,2015(2).

拓展案例

以上案例探讨平衡计分卡在中国实施。并不是所有的企业都能成功实施平衡计分卡。因此,本章探讨平衡计分卡:首先阐述平衡计分卡的内涵,接下来分析平衡计分卡的特点及使用对象,最后探讨平衡计分卡和战略管理。

近年来,价值管理的新会计技术方法作业成本法 (Activity-Based Costing, ABC) 和平衡计分卡 (the Balanced Score Card,BSC) 作为管理会计领域的两大创新,引起我国学术界和实务界的关注,并涌现出一大批研究成果。在实务领域,企业界以及政府机构和非营利组织也大量应用作业成本法和平衡计分卡。众多学者论述了诸如作业成本法和平衡计分卡等管理会计新技术对于企业取得和保持竞争优势的重要作用 (如王平心等,1999;阎达五、张瑞君,2003;孙铮、吴茜,2003;潘飞等,2004)。过去的一个多世纪以来,西方管理会计实务发生了革命性的巨变:从传统的注重以财务导向的决策分析和预算控制,转变为强调股东价值创造的多元化动因的确认、计量以及管理的战略性方法体系。依据 IFA 的报告,管理会计的演进经历了四个阶段。第一阶段在 20 世纪 50 年代之前,管理会计实务强调通过预算和标准成本会计系统进行成本确定和财务控制;第二阶段大约 20 世纪 60 年代中期,管理会计重点转向如何为管理计划和管理控制提供有用的信息;第三阶段从 20 世纪 80 年代中期开始,管理会计由原来强调计划与控制转向重视减少经营环节中的浪费;20 世纪 90 年代中期,管理会计进入了第四个阶段,即价值管理的研究阶段,重点由计划与控制以及减少浪费扩展为通过对股东价值、客户价值、组织创新以及业绩创造动因的确认、计量和管理,并更多地强调战略性的企业价值创造,各种旨在

第 12 章 平衡计分卡

促进价值创造的"新"管理会计技术的引进成为本阶段的重要特色[①]。进入 20 世纪 80 年代，由于"信息经济学"和"代理理论"的引进，管理会计又有新的发展，大量地引进数学分析方法，但管理会计信息却失去了决策的相关性。为此，卡普兰等人致力于管理会计信息相关性的研究，迎来了一个以"作业"为核心的"作业管理会计"时代。"作业成本计算"和"作业管理"与波特提出的"价值链"观念相呼应，管理会计借助于"作业管理"，又致力于如何为企业"价值链"优化服务，由此"作业"风靡一时。纵观 20 世纪 90 年代以前管理会计发展历程，现代管理会计沿着"效率—效益—价值链优化"的轨迹发展。这个发展轨迹基本上围绕"价值增值"这个主题而展开的 (胡玉明，2004)。20 世纪 90 年代以后，我国对管理会计的应用现状是：除了成本管理与预算管理工具的整合与创新 (如作业成本法、超越预算与战略预算等) 外，平衡计分卡与经济增加值等工具也在业绩评价等方面得到了应用与创新。

业绩或绩效评价是指运用数理统计和运筹学的方法，通过建立综合评价指标体系，对照相应的评价标准，定量分析与定性分析相结合，对企业一定经营期间的盈利能力、资产质量、债务风险以及经营增长等经营业绩和努力程度等各方面进行的综合评判。目前我国采用的企业绩效评价方法除国有资本金绩效评价体系外，一些企业还积极采用了由美国学者和实业界提出的"杜邦财务分析体系""平衡计分卡"和"经济增加值"(EVA) 等评价方法。[②] 本章重点介绍平衡计分卡。

12.1 平衡计分卡的内涵

12.1.1 平衡计分卡的概念

平衡计分卡作为一种战略管理模式，将企业的战略目标用可以测量的各种指标表达出来，使管理层及各级员工能够对企业的发展战略有明确认识，并促使战略向经营实践转化。平衡计分卡，是绩效管理中的一种新思路，适用于对部门的团队考核，是一种为满足企业的综合业绩评价行为所提出的一种管理工具，它将业绩评价基础分为 4 个相互联系的方面：财务维度 (Financial)、顾客维度 (Customer)、内部流程维度 (Internal Processes)、创新与学习维度 (Innovation&Learning)。与财务业绩评价方法相比，平衡计分卡克服了单一财务指标存在的缺陷，有助于企业将长期战略与短期行为联系起来，使经营者实现管理的长期与短期协调，注重企业长期发展潜力。平衡计分卡是从企业发展的战略出发，将企业及其内部各部门的任务和决策转化为多样的、相互联系的目标，然后再把目标分解成由财务状况、顾客服务、内部经营过程、学习和成长在内的多项指标组成的多元绩效评估系统[③]。平衡计分卡体现了一种平衡的思想。其平衡思想主要体现在以下几个方面。

(1) 财务、非财务衡量方法之间的平衡。
(2) 企业长期目标与短期目标之间的平衡。

[①] 潘飞，文东华. 实证管理会计研究现状及中国未来的研究方向 [J]. 会计研究，2006(2).

[②] MBA 智库 http://wiki.mbalib.com/wiki.

[③] KAPLAN , NORTON D P .*The balanced seoreeard:translating strategy into aetion*[J].*Harvard Business Review*,1995：180-182.

(3) 外部(顾客、股东)衡量和内部衡量之间的平衡。
(4) 领先和之后指标之间的平衡。
(5) 成果(利润、市场占有率等)和成果执行动因(新产品开发投资、员工训练等)之间的平衡。
(6) 结果和过程平衡。
(7) 管理业绩和经营业绩的平衡等多个方面。

所以平衡计分卡能反映组织综合经营状况，使业绩评价趋于平衡和完善，利于组织长期发展。平衡计分卡利用财务维度(Financial)、顾客维度(Customer)、内部流程维度(Internal Processes)、创新与学习维度(Innovation&Learning)四个层面的衡量指标来告诉员工当前和未来成功的驱动因素，借此凝聚企业员工的精力、能力和知识来实现长期目标。

12.1.2 平衡计分卡的产生与发展

20 世纪 90 年代初由哈佛商学院的罗伯特·卡普兰(Robert Kaplan)和诺朗诺顿研究所所长、美国复兴全球战略集团创始人兼总裁戴维·诺顿(David Norton)1992 年在《哈佛商业评论》上发表了《平衡计分卡——业绩衡量与驱动的新方法》，总结了 12 家大型企业的业绩评价体系成功经验，发展出的一种全新的组织绩效管理方法，首创新型业绩评价体系与战略管理工具——平衡计分卡。它的应用可以为组织的决策层提供"全面绩效管理的框架"。

20 世纪，以财务为中心的绩效评价方法被应用在企业的绩效评价中，由于财务指标目标明确、针对性强使财务评价力一法被广泛推广，已成为那时企业绩效评价的重要工具。但随着实践的深入，它的局限和不足逐渐显观，到了中后期，财务指标在时间上的滞后性、组织目标易与部门目标发生冲突、长期利益和短期利益不能同时兼顾等缺陷暴露出来，已经不能满足当时绩效管理需要，学者和组织的使用者开始了深刻的反思。于是，在毕马威会计师事务所的资助下，一项名为"未来的组织业绩衡量"的研究项目顺利开展。在研究过程中，时任模拟设备公司副总裁的阿特·施奈德曼贡献了自己公司使用的、相对全面的"组织记分卡"，它在保留传统财务指标的同时，注入了新的相关的衡量指标，这引起了学者们的兴趣，围绕着这些新的衡量指标他们展开了讨论和总结。1992 年，在总结 12 家人型企业业绩评价体系成功经验的基础上，美国哈佛商学院的卡普兰教授和复兴全球方案企业的创始人兼总裁诺顿共同完成《平衡计分卡——驱动业绩的指标》一文，并发表于《哈佛商业评论》。在该文中首次提出了"平衡计分卡"概念，并认为在今后的绩效管理中，要在财务绩效评价关注财务指标和短期目标的同时，也考量非财务指标和长期目标，使组织的绩效管理更全面、更合理、更有效。之后，两人不断论述驱动组织成功的业绩指标的重要性，于 1993 年在《哈佛商业评论》上发表《平衡计分卡的实践》一文。随着研究的渐渐深入，平衡计分卡相关指标间的因果关系明了起来，基于此，两位作者于 1996 年合著了第一本平衡计分卡专著《平衡计分卡——化战略为行动》，把组织的战略选择和有关平衡计分卡的具体行动连接起来，在将组织的战略分解为具体的、可操作的目标和考核指标的基础上，逐步把平衡计分卡变成一个有效的、全面的战略管理工具和系统。

平衡计分卡自创立以来，在国际上，特别是在美国和欧洲，很快引起了理论界和客户界的浓厚兴趣与反响。平衡计分卡被《哈佛商业评论》评为过去 80 年中最具影响力的十

第 12 章 平衡计分卡

大管理思想，它打破了传统的单一使用财务指标衡量业绩的方法，在财务指标的基础上加入了未来驱动因素，即客户因素、内部经营管理过程和员工的学习成长。平衡计分卡的出现，使得传统的绩效管理从人员考核和评估的工具转变成为战略实施的工具；使得领导者拥有了全面的统筹战略、人员、流程和执行四个关键因素的管理工具；使得领导者可以平衡长期和短期、内部和外部，确保持续发展的管理工具。

目前，平衡计分卡应用与推广的热潮席卷全球。根据加纳特集团(Gartner Group)的调查表明，到 2003 年为止，在《财富》杂志公布的世界前 1 000 位公司中有 60%的公司采用了平衡计分卡系统。在最近由 CAE 公司对 214 个公司的调查中发现，88% 的公司提出平衡计分卡对于员工报酬方案的设计与实施是有帮助的，并且平衡计分卡所揭示的非财务的考核方法在这些公司中被广泛运用于员工奖金计划的设计与实施中。平衡计分卡已在我国一些企业、商业银行、医院、媒介、高校、政府等推广应用，在企业的财务、顾客、业务、学习等方面开展全面的业绩评价，取得较好的效果。

拓展阅读

12.1.3　平衡计分卡的基本内容[①]

平衡计分卡中的目标和评估指标来源于组织战略，它把组织的使命和战略转化为有形的目标和衡量指标。平衡计分卡中客户方面，管理者们确认了组织将要参与竞争的客户和市场部分，并将目标转换成一组指标，如市场份额、客户留住率、客户获得率、顾客满意度、顾客获利水平等。平衡计分卡中的内部经营过程方面，为吸引和留住目标市场上的客户，满足股东对财务回报的要求，管理者需关注对客户满意度和实现组织财务目标影响最大的那些内部过程，并为此设立衡量指标。在这一方面，平衡计分卡重视的不是单纯的现有经营过程的改善，而是以确认客户和股东的要求为起点、满足客户和股东要求为终点的全新的内部经营过程。平衡计分卡中的学习和成长方面确认了组织为了实现长期的业绩而必须进行的对未来的投资，包括对雇员的能力、组织的信息系统等方面的衡量。组织在上述各方面的成功必须转化为财务上的最终成功。产品质量、完成订单时间、生产率、新产品开发和客户满意度方面的改进只有转化为销售额的增加、经营费用的减少和资产周转率的提高，才能为组织带来利益。因此，平衡计分卡的财务方面列示了组织的财务目标，并衡量战略的实施和执行是否在为最终的经营成果的改善做出贡献。平衡计分卡中的目标和衡量指标是相互联系的，这种联系不仅包括因果关系，而且包括结果的衡量和引起结果的过程的衡量相结合，最终反映组织战略。

平衡计分卡方法打破了传统的只注重财务指标的业绩管理方法，传统的财务会计模式只能衡量过去发生的事情(落后的结果因素)，但无法评估组织前瞻性的投资(领先的驱动因素)。在工业时代，注重财务指标的管理方法还是有效的。但在信息社会里，传统的业绩管理方法并不全面，组织必须通过在客户、供应商、员工、组织流程、技术和革新等方面的投资，获得持续发展的动力。正是基于这样的认识，平衡计分卡方法认为，组织应从四个维度审视自身业绩：财务维度、顾客维度、企业内部业务流程维度、企业的学习与成长维度。

---

① 何刚. 基于平衡计分卡的全面预算管理研究 [D]. 成都：四川大学，2007：15-17.

1. 财务维度

财务维度目标是解决"我们怎样满足股东"这一类问题。财务指标是平衡计分卡中必不可少的重要组成部分,是从股东的角度来衡量组织绩效,表明企业的努力是否对企业的经济收益产生了积极的作用,显示企业的战略及其实施和执行是否对改善企业盈利做出贡献,其目标是实现股东价值的最大化。这类指标全面、综合地衡量经营活动的最终结果,衡量公司创造股东价值的能力,财务指标通常与企业获利能力相关,其衡量指标有营业收入、资本报酬率、经济增加值(Economic Value-Added,EVA)指标、现金流量指标等[①]。

2. 顾客维度

企业持续地实现财务目标的关键在顾客。因此,任何企业想要获得长远的、出色的财务绩效,就必须创造出受顾客欢迎的产品或服务。平衡计分卡为解决顾客方面的问题,选择了如下两套评价方法。

一套是企业在顾客方面所期望达到绩效而采用的评价指标。主要包括"市场份额""顾客留住率""顾客获得率"等。其含义如表12-1所示。

表12-1 评价指标

指标	含义
市场份额	反映业务部门在销售市场上的业务比率
顾客留住率	从绝对或相对意义上,反映业务部门保留或维持现有顾客关系的比率
顾客获得率	评估业务部门吸引或赢得顾客或业务的比率
顾客满意程度	根据具体绩效标准来评价顾客对产品或服务的满意程度
顾客给企业带来利润率	在扣除支持某一顾客所需的独特支出后,评估一个顾客或一个部门的净利润

另一套评价方法则是针对第一套评价方法中的各项指标,分析其应采取的措施及影响因素并进行测评。而对于各分项指标,又制定细化的评估手段,如"企业与顾客关系",即可用"经营诚实及公开度""灵活度""合同执行情况""团队协作精神"等细化指标。如此逐层细分,制订出评分表,每月除了统计顾客满意程度等各部分得分外,还可了解各部门的业务表现,而总的累计得分又可反映企业在哪些方面未能满足顾客要求及其原因等。

3. 企业内部业务流程维度

平衡计分卡的第三个维度是为企业内部业务流程制定目标和评估手段。平衡计分卡从满足投资者与顾客需要的经营战略出发,制定了井然有序、由上而下的全新的流程,从价值链通用模式出发,针对研究与开发过程、经营过程和售后服务过程设置不同的评估指标。在研究与开发过程中,企业首先以顾客为导向,发现和培育新的市场,并兼顾现有顾客的需要;在经营过程中,企业向顾客出售产品或服务。这个过程强调对顾客及时、有效地提供产品或服务。在售后服务过程中,企业的售后服务指在使顾客更快、更好、更充分地使用产品或服务的功能,而不是保护落后,因此在企业售后服务中,可采用有关"时间、质

---

① 彭昕. 基于平衡计分卡的电子银行部门绩效评价研究 [D/OL]. 湖南:湖南大学,2008(6):16.

量、成本"等方面的指标。

4. 企业的学习与成长维度

企业的学习与成长主要有三个来源：人、系统和组织程序。平衡计分卡的财务、客户、内部业务流程一般会揭示人、系统、组织程序的实际能力和实现突破性业绩所必需的能力之间的巨大差距。为了弥补这个差距，企业必须投资于员工技术的再造、信息技术和系统的加强、组织程序和日常工作的理顺，这些都是平衡计分卡学习与成长层面追求的目标。与客户层面一样，涉及员工的指标也包括一些概括性的指标，如员工满意度、员工保持率、员工培训和技能等，以及这些指标的特定驱动因素，如为应对竞争环境而拟定的企业特定技能的具体指数。信息系统能力可以通过精确的、关键的客户和内部业务信息的适时可获得性来衡量，这些信息指导一线员工的决策和行动。组织程序可以检验员工激励是否与组织总业绩保持一致，并可衡量关键客户和内部业务层面的改进情况。

财务、顾客、企业内部业务流程以及企业的学习与成长等四个维度确立了平衡计分卡的基本框架。平衡计分卡不是以上四个维度的简单组合，也不是一些财务指标与非财务指标的简单拼凑，而是与企业战略和整套评价措施相联系的。平衡计分卡将结果和原因联系在一起，财务维度是最终目标，顾客维度是关键，企业内部业务流程维度是基础，企业学习与成长维度是核心。平衡计分卡将战略、过程和管理人员联系在一起，提供一种综合的计划与控制系统。它是一种超越数字的、动态评价与静态评价相统一、财务指标与非财务指标相结合的业绩评价制度，也是推动企业可持续发展的业绩评价制度。但是，平衡计分卡对于不同的企业而言，所包含的指标是不一样的，平衡计分卡只是提供了一个分析问题和解决问题的基本框架。①

关于财务、顾客、企业内部业务流程以及企业的学习与成长四个方面的内容如表12-2所示。

表12-2 财务、顾客、企业内部业务流程以及企业的学习与成长

维　　度	战略主题	策略方针或其领域
财务维度	生产力战略	改进成本结构，增加资产使用率
	成长战略	扩展收入机会、提升顾客价值
顾客维度	低成本	低成本供应商、高品质、迅速供货、适当选择
	产品领先	高性能产品、领先进入市场、渗透新市场细分
	顾客解决方案	提供品质方案、每个顾客的产品数和服务数、顾客维持、顾客生命价值
	系统锁定	提供多样便利产品、提供宽泛的应用标准、提供创新稳定的平台、提供顾客资料库、提供易用的平台和标准
内部业务流程维度	营运管理	发展供应商关系、提供产品和服务、细分顾客、风险管理
	顾客管理	顾客挑选、顾客获得、顾客维持、顾客培育
	创新管理	辨识机会、管理产品组合、设计与发展、上市新产品
内部业务流程维度	法规及外部管理	环境管理、安全和健康管理、雇员管理、社会团体

---

① 王雄元. 管理会计 [M]. 大连：东北财经大学出版社，2008：237.

续表

维　　度	战略主题	策略方针或其领域
学习与成长维度	人力资本	技巧、知识、价值
	信息资本	系统、数据库、网路
	组织资本	文化、领导、合作、团队

资料来源：谢琨．管理会计 [M]．北京：清华大学出版社，2008．

12.1.4　平衡计分卡的流程 ①

平衡计分卡是一套从四个方面对公司战略管理的绩效进行财务与非财务综合评价的评分卡片，不仅能有效克服传统的财务评估方法的滞后性、偏重短期利益和内部利益以及忽视无形资产收益等诸多缺陷，而且是一个科学的集公司战略管理控制与战略管理的绩效评估于一体的管理系统，其流程如下。

(1) 以组织的共同愿景与战略为内核，运用综合与平衡的哲学思想，依据组织结构，将公司的愿景与战略转化为下属各责任部门(如各事业部)在财务、顾客、内部业务流程及学习与成长等四个方面的系列具体目标(即成功的因素)，并设置相应的四张计分卡，其基本框架见图 12.1 所示。

图 12.1　平衡计分卡内容图

(2) 依据各责任部门分别在财务、顾客、内部流程及学习与成长等 4 种计量可具体操作的目标，设置对应的绩效评价指标体系，这些指标不仅与公司战略目标高度相关，而且是以先行 (Leading) 与滞后 (Lagging) 两种形式，同时兼顾和平衡公司长期和短期目标、内部与外部利益，综合反映战略管理绩效的财务与非财务信息。

---

① http://wiki.mbalib.com/wiki/%E5%B9%B3%E8%A1%A1%E8%AE%A1%E5%88%86%E5%8D%A1．

第 12 章 平衡计分卡

(3) 由各主管部门与责任部门共同商定各项指标的具体评分规则。一般是将各项指标的预算值与实际值进行比较，对应不同范围的差异率，设定不同的评分值，以综合评分的形式，定期(通常是一个季度)考核各责任部门在财务、顾客、内部流程及学习与成长等4个方面的目标执行情况，及时反馈，适时调整战略偏差，或修正原定目标和评价指标，确保公司战略得以顺利与正确地实行。

 案例 12.1

新奥集团的平衡计分卡

1. 案例资料

新奥创建于1989年，曾长期侧重于单纯的城市燃气分销。随着中国经济发展方式的转变，以及市场竞争压力增大，二十年间，新奥以主动的战略转型，完成了由单纯的城市燃气分销到多品类清洁能源的制造与分销的角色转换，而今日，新奥引以为傲的已然是为客户提供清洁能源整体解决方案。

在新奥"轻资产"的能源服务之路越走越宽的背后，推动其迅速前进的动力之源是前瞻的战略眼光和不断完善的高效管理体系。企业转型发展是对现状的变革与突破，不仅要拥有实现战略转型的人才梯队，应对新领域挑战的创新团队，长远规划、擅长谋略的管理团队，更需要一支素质和能力不断提升的执行团队。在新奥众多的"兵法"中，其个人平衡计分卡的实践对整体团队素质及能力的提升功不可没。

变革起点：新奥转型与平衡计分卡引入随着新奥产业的持续升级、经营规模和经营领域的不断扩张，来自不同地区、不同背景的员工人数快速增长和员工结构日趋复杂。同时，随着企业产业链延伸，内部流程控制和管理日益重要，内部分工也日趋复杂，部分岗位与外部价值创造之间的内在逻辑关系日益衔接。面对管理挑战，经过反复探索，新奥开始探索通过平衡计分卡连接内部流程与外部价值。

一项调查表明，虽然高达2/3的美国公司采用了平衡计分卡，但只有20%的公司真正取得了实效。主要有两个因素：一是平衡计分卡仅停留于高层决策层面，而不能层层传递到基层员工；二是涉及指标过多，导致重点不突出。针对上述两大障碍，新奥集团在组织平衡计分卡下创新性地扩展出个人平衡计分卡，提供了一条行之有效的解决之道。

平衡计分卡：从组织到个人新奥的个人平衡计分卡适用范围为各级组织部门主任及以上人员，因为这些关键岗位人员的绩效对于组织战略目标的达成至关重要。对于关键岗位员工，新奥认为其价值创造主要体现在出思路、解难题和带队伍三个维度。出思路主要是指员工战略规划和资源配置能力；解难题主要指员工解决工作中重点、难点问题的能力；带队伍主要指团队能力提升、绩效考核和后备人才培养等能力。

在界定了各类员工在价值创造过程中的不同作用之后，新奥进一步根据各类岗位特点，从价值贡献、客户、价值创造过程和学习与成长四个维度构建个人平衡计分卡，以便将个人行为与价值创造更为紧密连接，同时也有助于个人能力的全面协调发展。

首先，在个人平衡计分卡的设计过程中，新奥以"攻心为上"，系统梳理了员工的需求，并归纳和提炼出三个主要需求：一是有明确的事业发展方向，二是得到持续的能力提升，三是能实现价值回报。新奥将这三个关键需求纳入个人平衡计分卡，并通过明确员工个人对组织的价值贡献、需要的资源支持和能力提升的途径，以及个人价值共享和职业发展的目标等，将这三个需求进行有效安排，实现"上下同欲"。

其次，个人平衡计分卡都紧密围绕个人工作目标制定，从而通过平衡计分卡四个维度的考核，有效保证个人年度工作目标的顺利实现。

第三，由于各个维度的重要性不一样，为了更凸显重点，新奥对个人平衡计分卡的四个维度做了区分，有些属于考核项，与绩效考核和薪酬紧密挂钩，有些则属于考查项，因此较好兼顾了平衡指标与重点突出之间的矛盾。

当然，不同层次的个人平衡计分卡也存在一些区别。首先，层级越高，考核指标越综合、宏观；层级越低，则指标越少、越具体。同时，新奥把关键岗位员工分成两类：直接接触客户人员、职能管理人员。直接接触客户人员，其价值体现在为外部客户提供产品和服务获得收入。职能管理人员，其价值体现在为最终客户提供支持和资源保障。

个人平衡计分卡的实施过程，最为关键的环节是沟通和考评。在沟通环节，新奥要求在制定个人平衡计分卡时，部门一把手必须参与沟通，沟通小组由上级领导、直接主管、市场与战略绩效管理部门、人力资源总监(或部门负责人)等构成，沟通内容涉及工作目标、年度重点工作、绩效达成情况及改进、团队建设与个人能力提升、次年绩效承诺等。在考评环节，为了避免考评误差，新奥实行两级考评制，除了由直接主管进行考评外，同等级别人员还必须由统一终评人(通常是间接主管)进行终评，若终评成绩与初评成绩偏差过大，双方则需再次沟通。

自从2004年开始引入平衡计分卡，并制定相应的个人平衡计分卡以来，新奥取得了迅猛发展。2010年与2004年相比，销售收入增长7.8倍，利润增长5.8倍，截至2010年年底，集团拥有员工2.7万余人，总资产近400亿元人民币。更重要的是，新奥成功实现了持续的产业扩张与战略转型。

2. 案例分析

个人平衡计分卡是一种全新的、行之有效的用于激发个体潜能的方法，兰佩萨德在他的最新著作《个人平衡计分卡》中，详细介绍了个人平衡计分卡。组织平衡计分卡分为四个视角。外部：客户满意度；内部：流程控制；知识与学习：员工的技能和态度，以及组织的学习能力；财务：健康的财务状况。个人平衡计分卡也分为四个视角，但是内容不同。内部：身体健康和精神状况；外部：与配偶、子女、朋友、老板、同事及其他人的关系；知识与学习：个人的技能和学习能力；财务：经济状况的稳定。个人平衡计分卡可以用一个公式来定义：个人平衡计分卡＝个人使命＋个人愿景＋个人核心角色＋个人关键成功因素＋个人目标＋个人绩效测评＋个人具体目标＋个人改进措施。

个人平衡计分卡和组织平衡计分卡的构成要素是相互关联的，如果个人使命、愿景和核心角色与组织的使命、愿景和核心价值相一致，那么员工对工作的投入性就会增强。所以，员工个人平衡计分卡绘制的过程也是一个战略认同与沟通反馈的过程，必须充分把握员工的需求，像新奥一样"攻心为上"，绘制出的个人平衡计分卡才更有可行性，才能有效确保了组织平衡计分卡指标能够层层传递到员工身上。

新奥对个人平衡计分卡的四个维度做了考核项与考察项的区分，相对于组织平衡计分卡，所涉及的指标数量大幅减少，兼顾了平衡指标与重点突出。由于新奥的组织架构与岗位职责明晰，对不同层次的个人平衡计分卡也做出了区分，考核指标更贴近层级与岗位，具有针对性，操作起来也更具可行性。

个人平衡计分卡同样涵盖财务、客户、流程和学习四个维度，而不是像以前那样只关注财务或运营指标，从而更利于员工的全面发展和能力提升，是一种激发个人潜能的新方法。经理人不仅可以运用它管理人才，还可以用它来管理自己的职业发展。

资料来源：人力资源开发网

12.2 平衡计分卡的特点及适用对象

12.2.1 平衡计分卡的特点[①]

1. 平衡计分卡的优点

平衡计分卡不仅是一种管理手段，也体现了一种管理思想。组织愿景的达成要考核多方面的指标，不仅是财务要素，还应包括客户、业务流程、学习与成长。

实施平衡计分卡的管理方法主要有以下优点：克服财务评估方法的短期行为；使整个组织行动一致，服务于战略目标；能有效地将组织的战略转化为组织各层的绩效指标和行动；有助于各级员工对组织目标和战略的沟通和理解；利于组织和员工的学习成长和核心能力的培养；实现组织长远发展；通过实施平衡计分卡，提高组织整体管理水平。

2. 平衡计分卡的不足

(1) 运用平衡计分卡的难点在于试图使其"自动化"。平衡计分卡中有一些条目是很难解释清楚或者是衡量出来的。非财务指标往往很难建立起来。

(2) 确定绩效的衡量指标往往比想象的更难。企业管理者应当专注于战略中的因果关系，从而将战略与其衡量指标有机结合起来。尽管管理者通常明白客户满意度、员工满意度与财务表现之间的联系，平衡计分卡却不能指导管理者怎样才能提高绩效，从而达到预期的战略目标。

(3) 当组织战略或结构变更的时候，平衡计分卡也应当随之重新调整。而负面影响也随之而来。因为保持平衡计分卡随时更新与有效需要耗费大量的时间和资源。

(4) 平衡计分卡的另外一个缺点是它很难去执行。一份典型的平衡计分卡需要 5～6 个月去执行，另外再需几个月去调整结构，使其规则化。从而总的开发时间经常需要一年或者更长的时间。衡量指标有可能很难去量化，而衡量方法却又会产生太多的绩效衡量指标。

12.2.2 平衡计分卡的适用对象

平衡计分卡是以战略管理为导向的。平衡计分卡崇尚的是良好的参与气氛和便捷的沟通管道，否则平衡计分卡所倚重的 4 个层面的各个关键成功因素及其背后的驱动因素很难被识别出来。平衡计分卡是一个战略管理和执行的工具，这意味着企业在引入平衡计分卡时必须结合现状，如果企业目前的压力在于获取短期目标如扩大市场份额、迅速降低成本等，则这样的企业其实并不适合引入平衡计分卡。

[①] http://www.chinahrd.net/zhuanti_tl/bcs.asp.

拓展案例

拓展视频

一般是在一个业务单元的基础上,比如一个事业部,一个子公司,整个公司等一个比较完整的业务单元,这样有4方面的平衡问题,比较健全,却不适用于部门和个人。一般来说,平衡计分卡主要适合以下几种情况:高层管理者有短期行为,或换了几任总经理仍然业绩不良;缺乏有效的员工绩效管理系统;对分公司业绩管理存在诸多问题,虚假利润、短期行为等,希望实现突破性业绩;需要转型或变革的国营企业;希望实现长期发展,打造百年品牌,规范化管理,提高整体管理水平;提高组织战略管理能力;二次创业的民营企业;希望对市场有更快的反应速度。

12.3 平衡计分卡与战略管理

平衡计分卡的应用至今已经经历了20多年。在欧美、日本的许多公司都在使用平衡计分卡。

12.3.1 平衡计分卡实施过程中存在的问题及原因①

1. 平衡计分卡实施过程中存在的问题

与其他管理系统和方法一样,平衡计分卡的实施中存在着这样那样的问题,而普遍的问题是很多公司根本不考虑公司的战略就去实施平衡计分卡。

(1) 把实施平衡计分卡当作目标。任何管理工具和管理体系,其目的是为了提高企业效益,实现公司战略目标。但很多企业听说平衡计分卡好,就去实施,根本没有想过企业为什么要实施平衡计分卡,实施平衡计分卡能为企业带来哪些好处,等项目开展后却发现,还是无从下手。

(2) 有的企业对平衡计分卡有些了解,也知道实施平衡计分卡应该从战略开始。但他们却没有弄清什么是战略。很多企业将(若干)年度利润目标或销售指标当作战略。这是非常错误的。战略不应只是一个财务目标,还应包括企业如何达成这些目标,在实施目标的过程中,有哪些可以利用的机会,可能会遇到哪些危机,如何克服等。这样来设计的平衡计分卡是很难发挥功效的,因为他们并没有实施公司的战略。

(3) 更多的企业(大概80%)是将平衡计分卡当作员工绩效考核工具。这不仅是最错误的做法,还使企业面临实施平衡计分卡中另一大挑战——没有足够的数据。因为很多企业根本没有实施ERP系统,平衡计分卡中所需要的数据无从获得,他们不得不重新借用人工打分的方法。至于企业是否实现了目标,无人知道,也无从知道。

上述种种现象都使平衡计分卡不能发挥应有的作用。而要想让平衡计分卡发挥作用的唯一途径是真正从战略入手,否则不可能带来所谓的突破性业绩。

2. 原因

首先,平衡计分卡是企业战略的实施工具,没有战略实施平衡计分卡就没有作用对象;错误的战略或其他非战略性的东西都会致使最终结果严重偏离期望。

---

① http://www.chinahrd.net/zhuanti_tl/bcs.asp.

第 12 章 平衡计分卡

其次,没有从根本上弄清战略与企业业绩(绩效)的关系。有不少人认为战略太抽象、太高深、太难、太慢。不如直接考核绩效来得快。企业的绩效实际上是企业战略实施的结果,如果没有好的战略就不可能有好的业绩。明白了战略与绩效的关系,战略的重要性就显而易见了。

有些企业可能会说,我们从来没有考虑过什么是战略,我们也获得了成功,公司的销售额连续不断增长。这要分两个方面来看,企业没有定义什么是战略不等于没有战略,只是没有自觉地用战略的概念。其次,中国的企业过去成功很多是依赖于外部市场机会的成功,并非企业本身战略管理能力强。而在未来的竞争环境中,没有战略的企业很难获得成功。因为机会不再会等着你,暂时获得了机会(所谓占领了阵地),不等于你永远能够在稳。不重视战略的企业将毫无疑问地因过去成功而走向未来的失败。

12.3.2 利用平衡计分卡实现战略管理[①]

平衡计分卡自诞生以来,其功能一直在演变。自 20 世纪 90 年代以后平衡计分逐步由一个突破财务指标考核局限性的管理工具,逐步发展为战略管理的工具。平衡计分卡在战略管理循环的各个环节中都发挥着重要的作用。所以,企业如果想实施平衡计分卡必须首先制订好自身的战略。实施平衡计分卡是手段,实现战略目标才是目的。平衡计分卡贯穿于战略管理。由于制定平衡计分卡时,要把组织经营战略转化为一系列的目标和衡量指标,此时管理层往往需要对战略进行重新的审视和修改,这样平衡计分卡为管理层提供了就经营战略的具体含义和执行方法进行交流的机会。同时,因为战略制订和战略实施是一个交互式的过程,在运用平衡计分卡评价组织经营业绩之后,管理者们了解了战略执行情况,可对战略进行检验和调整。在战略实施阶段,平衡计分卡主要是一个战略实施机制,它把组织的战略和一整套的衡量指标相联系,弥补了制订战略和实施战略间的差距。

1. 用平衡计分卡解释战略

在制定平衡计分卡时与战略挂钩,用平衡计分卡解释战略。如前所述,一份好的平衡计分卡通过一系列因果关系来展示组织战略。例如某一组织的战略之一是提高收入,则有下列因果关系:增加对雇员销售技能培训;了解产品性能,促进销售工作;收入提高。平衡计分卡中的每一衡量指标都是因果关系中的一环。一份好的平衡计分卡中的评估手段包括业绩评估手段和推动业绩的评估手段,前者反映某项战略的最终目标及近期的工作是否产生了成果,后者反映实现业绩所做的工作,两者缺一不可。

2. 利用平衡计分卡宣传战略

实施战略的重点是所有的雇员、组织高级经理、董事会成员都了解这项战略。通过宣传平衡计分卡可以使雇员加深对战略的了解,提高其实现战略目标的自觉性。同时通过定期、不间断地将平衡计分卡中的评估结果告诉雇员,可以使其了解平衡计分卡给组织带来的变化。为了使董事会能够监督组织的高级经理人员及整个组织的业绩表现,董事会成员也应了解平衡计分卡。这样,他们监督的重点将不再是短期的财务指标,而是组织战略的实施。

---

① http://wiki.mbalib.com/wiki/%E5%B9%B3%E8%A1%A1%E8%AE%A1%E5%88%86%E5%8D%A1.

3. 将平衡计分卡与团队、个人的目标挂钩

这一工作可以通过分解平衡计分卡的目标和衡量指标来完成。平衡计分卡是由一整套具有因果关系的目标、衡量指标组成的体系，因此，它对于分解非财务指标有着独特的优势（传统上，非财务指标很难分解）。分解可以采取两种方式。

第一种是由总组织管理人员制订平衡计分卡中财务方面、客户方面的战略，然后由中层管理人员参与制订内部经营过程和学习成长方面的目标和衡量指标。

第二种是下一级部门将总组织的平衡计分卡作为参考，部门经理从组织的计分卡中找到自己可以施加影响的目标和衡量指标，然后制订该部门的计分卡。

4. 把平衡计分卡用于执行战略和计划的过程，将战略转化为行动

第一步，要为战略性的衡量指标制定 3～5 年的目标。

第二步，制订能够实现这一目标的战略性计划。以资本预算为例，传统的资本预算未能把投资和战略相连，而选用了回报率等单纯的财务指标进行投资决策。现在我们可以用平衡计分卡来做，通过利用平衡计分卡来为投资项目打分，名列前茅的并在资本预算范围内的投资项目将被采用。这种投资决策方法使资本预算和组织战略紧密相连。

第三步，为战略计划确定短期计划。管理人员根据顾客情况、战略计划、经营过程、雇员情况按月或季制订短期目标，即把第一步"3～5 年的目标"中的第 1 年目标转化为平衡计分卡中 4 个方面的目标和衡量指标。当我们发现某项指标未达到预期目标时，便可以根据因果关系层层分析引起这项指标变动的其他指标是否合格。如果不合格，则表明是执行不力。如果均已合格，那么管理人员就应对组织内外部环境重新分析，检查据以确定战略的环境因素是否已发生变化，是否需要调整战略。这一反馈分析的过程，对于战略管理有着重要的意义，充分体现了战略管理动态的特征。

拓展期刊

本章小结

平衡计分卡 (the Balanced Score Card)，是绩效管理中的一种新思路，适用于对部门的团队考核，是一种为满足企业的综合业绩评价行为所提出的一种管理工具，它将业绩评价基础分为 4 个相互联系的方面：财务 (Financial)、顾客 (Customer)、内部流程 (Internal Processes)、创新与学习 (Innovation&Learning)。

平衡计分卡方法打破了传统的只注重财务指标的业绩管理方法，传统的财务会计模式只能衡量过去发生的事情（落后的结果因素），但无法评估组织前瞻性的投资（领先的驱动因素）。在工业时代，注重财务指标的管理方法还是有效的。但在信息社会里，传统的业绩管理方法并不全面组织必须通过在客户、供应商、员工、组织流程、技术和革新等方面的投资，获得持续发展的动力。正是基于这样的认识，平衡计分卡方法认为，组织应从 4 个角度审视自身业绩：财务、顾客、业务流程、学习与成长。

平衡计分卡是一套从 4 个方面对公司战略管理的绩效进行财务与非财务综合评价的评分卡片，不仅能有效克服传统的财务评估方法的滞后性、偏重短期利益和内部利益以及忽视无形资产收益等诸多缺陷，而且是一个科学的集公司战略管理控制与战略管理的绩效评估于一体的管理系统。

平衡计分卡不仅是一种管理手段，也体现了一种管理思想，就是：只有量化的指标才是可以考核的；必须将要考核的指标进行量化。组织愿景的达成要考核多方面的指标，不仅是财务要素，还应包括客户、业务流程、学习与成长。自平衡计分卡方法提出之后，其对企业全方位的考核及关注企业长远发展的观念受到学术界与企业界的充分重视，许多企业尝试引入平衡计分卡作为企业管理的工具。

运用平衡计分卡的难点在于试图使其"自动化"。平衡计分卡中有一些条目是很难解释清楚或者是衡量出来的。财务指标当然不是问题，而非财务指标往往很难去建立起来。

关键术语

平衡计分卡　财务　顾客　内部业务流程　学习与成长　财务指标　非财务指标

综合练习

一、简答题

1. 简述平衡计分卡的基本内容。
2. 简述平衡计分卡的产生背景及应用。
3. 简述平衡计分卡流程。
4. 简述平衡计分卡与战略管理。

二、名词解释

平衡计分卡　财务　顾客　内部业务流程　学习与成长　财务指标　非财务指标

【实际操作训练】

课题12-1：平衡计分卡在企业中的应用调查研究。

实训项目：平衡计分卡在企业中的应用调查。

实训目的：学会平衡计分卡在企业中的应用。

实训内容：在收集了相关的信息之后，进行分组讨论平衡计分卡实施的条件。

实训要求：要求参加实训的学生分成2组，分别收集本市实施平衡计分卡的企业。然后分组进行讨论。

拓展案例

第 13 章　经济增加值

教学目标

通过本章学习，重点掌握经济增加值的内涵，经济增加值的优势和功能，了解其缺陷和计算原理。

教学要求

知识要点	能力要求	相关知识
经济增加值概述	能够从经济增加值产生和发展历程理解其内涵	(1) 经济增加值的概念 (2) 经济增加值体系
经济增加值的优势、功能和缺陷	掌握经济增加值的优势、功能和缺陷	(1) 经济增加值的优势 (2) 经济增加值的功能 (3) 经济增加值的缺陷
经济增加值的计算	掌握经济增加值计算公式	经济增加值计算指标

第 13 章 经济增加值

央企 EVA 新政：股票期货投资收益打半折

"限制非主业投资，对非经常性收益如在股票、房产、期货方面的投资收益将会在计算中减半计算。"2010 年 1 月 7 日，国务院国资委召开中央企业经营业绩考核工作会议上提出，将在 2010 年在中央企业层面全面推行经济增加值考核（下称"EVA"考核）。

国资委公布未来的 EVA 考核采用新的计算公式，同时在会计处理上有四方面的变化。除了上述减半计算之外，还包括：鼓励加大研发投入，对研究开发费用视同利润来计算考核得分；鼓励为获取战略资源进行的风险投入，对企业投入较大的勘探费用，按一定比例视同研究开发费用；鼓励可持续发展投入，对符合主业的在建工程，从资本成本中予以扣除。

拓展视频

"研究开发费用视同利润来算考核得分，能使企业自主创新上一个台阶，企业有动力去做这个事情。"国资委副主任黄淑和表示。

"对非经常性收益确实会减半计算，虽然利润考核也会同时存在，但是以后在央企考核中 EVA 将占主要部分。"国资委原业绩考核局现综合局局长刘南昌告诉本报记者。

"这个举措反映了国资委开始从战略管理到价值管理的一个大改变。"北大纵横合伙人殷明德接受记者采访时表示。

"EVA 的新规对那些占用资本较多，投资规模较大的央企影响会很大。"刘南昌表示。目前 129 家央企中那些投资非主业资产、负债规模比较高的企业的 EVA 考核值将有可能为负值。

资料来源：21 世纪经济报道，2010 年 01 月 08 日

从某种意义上说，企业的实质就是一种价值创造机制的现实存在。价值创造是管理会计的本质特征。在企业追寻价值的过程中，必须借助于一个有效的价值测量、控制和管理系统，这个系统就是管理会计。系统内部的任何管理会计工具运用是否有效，均取决于是否能够支持企业持续地进行价值创造。国资委早在 2009 年底出台的《中央企业负责人经营业绩考核暂行办法》中就引入了经济增加值（EVA）考核指标，将中央企业以往追求做大规模的战略导向逐步转为提高企业价值创造能力上来。这一业绩考核指标的引入标志着企业价值管理新阶段的到来。如何有效地为投资人带来增量价值是企业运营的不变追求，而对这一价值创造过程进行有效管理则是企业价值管理的本质目标。然而，传统的利润指标并不适合度量企业的价值创造，相反，它会使企业低估资源占用的成本耗费，从而导致企业低效率的"做大"而未实质性的"做强"，绩效考核是企业管理会计重要工具之一。科学有效的绩效考核体系，会对企业业绩的提升起到良好的促进作用，会有效地提高高管层的工作积极性，能使表现优异者赢得更高的地位和利益，使表现落后者有压力和向上的动力，最终促进企业整体价值提升目标的实现。

国资委先后在 2006 年发布《中央企业综合绩效评价实施细则》、2009 年发布《中央企业负责人年度经营业绩考核补充规定》、2012 年发布《中央企业负责人经营业绩考核暂行办法》，这样一系列办法的出台均是国资委在追寻绩效评价公平性方面的重要成果。管理会计离不开人的行为，它是管理者的会计，

拓展视频

必须考虑行为后果，绩效评价在中国问题非常大，它将在引导国企改革中发挥重要"指挥棒"作用，如何建立好绩效考核评价、管理控制、管理者行为的改变，是引导转型的又一重要动力。

13.1 经济增加值概述

13.1.1 经济增加值的概念

经济增加值 (Economic Value Added，EVA) 又称经济附加值、经济利润，是一段时间内企业的资本回报在扣除相应的资本成本后的剩余收益。是由美国的咨询公司在 20 世纪 80 年代最早提出的一种旨在进行业绩考核和价值管理的新型指标。EVA 的显著特点就是在进行计算时考虑了投资者投入资本的成本。其基本的理念就是，如果一个企业所创造的收益不能覆盖或者超过为获取该收益所投入的全部资本的成本，那么就不能算是创造了价值的，只能说是价值的损毁或者浪费。同时在进行 EVA 的具体计算过程中，会根据实际的情况进行会计项目调整，最大程度的还原了企业的价值创造情况。其核心理念是：企业的经营成本不仅仅表现为债务资本，还包括权益资本，所有为企业创造利润的支出都是资本成本的一部分，企业只有创造出的利润超过了投入的所有成本后仍有余额才表明为企业真正创造了价值。

企业常用会计基础指标、市场基础指标以及价值基础指标，尤其是对企业业绩进行评价会计基础指标，如销售额、净利润、资产收益率、净资产收益率等常常是以利润最大化为目标导向，容易造成企业管理者追求短期效益，牺牲企业长期利益的短期行为；市场基础指标，如投资回报率、每股收益等，对市场有效性依赖程度较高，无法客观反映业绩水平。随着价值基础管理和股东价值分析。这些观念深入人心，基于价值基础的业绩评价指标经济增加值，由于考虑了股东的权益资本以及股东财富创值能力而得到了广泛的关注，并开始在业绩评价中扮演重要角色。我国国资委筹备多年，于 2009 年 12 月 31 日颁布了《中央企业负责人经营业绩考核暂行办法》(以下简称《暂行办法》)，意味着业绩评价指标在中央企业开始实施。在本次发布的《暂行办法》中，国资委将 EVA 所占的考核比重定为 40%，超过了以往在考核指标中占据主体地位的利润指标 (30%)。可以理解为：当资本收益大于为获得收益而产生的资本支出后，才能认为企业为股东增加了财富，否则就没有创造足够的价值，也就没有为股东增加财富。经济增加值的核心理念就是关注企业的所有资本的管理情况，将股本资本与其他资本同等对待，即经济增加值考察企业全部类型的资本成本，所以其能够非常直观地反映企业在为股东创造价值的生产经营行为的效果。其核心理念是：企业的所有资本，包括权益资本都是有成本的，只有当企业所获得的投资回报大于所付出的所有资本的成本后，企业才真正地创造了价值，才真正为投资者带来了财富。

EVA 是在 20 世纪 90 年代末期在中国得到广泛传播的一种财务绩效指标，被《财富》杂志称为"当今最热门的财务观念，并将越来越热"。据称 EVA 评价体系被可口可乐、西门子等世界 500 强企业采用，并因此而取得了非凡的财务业绩。著名管理大师德鲁克先生曾经对 EVA 评价体系做出过非常肯定的评价。

从最基本的意义上讲，经济增加值是公司业绩度量指标，与大多数其他度量指标不同之处在于：EVA 考虑了带来企业利润的所有资金成本，指从税后净营业利润中扣除包括股权和债务的全部投入资本成本后的所得。其核心是资本投入是有成本的，企业的盈利只有高于其资本成本（包括股权成本和债务成本）时才会为股东创造价值。公司每年创造的经济增加值等于税后净营业利润与全部资本成本之间的差额。其中资本成本包括债务资本的成本，也包括股本资本的成本。从算术角度说，EVA 等于税后经营利润减去债务和股本成本，是所有成本被扣除后的剩余收入 (Residual income)。EVA 是对真正"经济"利润的评价，或者说，是表示净营运利润与投资者用同样资本投资其他风险相近的有价证券的最低回报相比，超出或低于后者的量值。EVA 是 20 世纪 80 年代诞生于美国的运用于企业内部和外部的业绩评价指标，评价企业经营者有效使用资本为股东创造经济增加值的能力，能够全面反映企业的经营业绩，其历史可以追溯到 300 多年前古典经济学家提出"剩余收益"这一概念的时候，体现企业最终经营目标的经营业绩考核工具。

13.1.2　经济增加值的理论基础

著名经济学家马歇尔在其巨著《经济学原理》提出从企业利润中减去投入资本以现行利率计算的利息才是企业获得的实际利润，马歇尔将其称为"剩余利润"。其理论渊源出自于诺贝尔奖经济学家默顿·米勒 (Merton H. Miller) 和弗兰科·莫迪利亚尼 (Franco Modigliani)1958 年至 1961 年关于公司价值的经济模型的一系列论文。

1982 年，斯特恩 (Stem) 与斯图尔特 (Stewart) 成立了 Stem Stewart 咨询公司，他们在为可口可乐企业的收购活动进行价值评估的时候意识到老是围绕传统会计利润打转实际上是个错误，在考虑了当时的各项财务指标后，他们认为应该选择经济学家所说经济利润来衡量企业的价值。后来 Stem Stewart 咨询公司在提供咨询业务的活动中发现目前困扰各大企业的焦点问题是代理问题。因此，他们将重点转向了企业的内部管理并建议将经济增加值作为衡量企业业绩的标准，以便让企业管理层和企业股东的利益达成一致，为企业创造更多的价值。经济增加值弥补了传统企业价值评估方法的某些不足之处，为企业的价值评估提供了一种全新的思维方式，在企业内部管理方面也能够得到有效应用，因而被广泛和迅速地接受，在实际应用中获得了巨大的成功。

2000 年，Stern Stewart 咨询公司将 EVA 评价方法应用到中国实践，采用 EVA 指标对中国上市公司的经营业绩进行了排名，同时《财富》杂志披露了该排名结果。之后，经济增加值在中国资本市场和企业管理领域都受到广泛关注，理论界和实务界对 EVA 进行了不断的理论探索和应用研究。

拓展案例

13.1.3　经济增加值体系构成

1. 评价指标 (Measurement)

EVA 是衡量业绩最准确的尺度，对无论处于何种时间段的公司业绩，都可以做出最准确恰当的评价。在计算 EVA 的过程中，首先对传统收入概念进行一系列调整，从而消除会计运作产生的异常状况，并使其尽量与经济真实状况相吻合。举例说，一般公认会计准则 (Generally Accepted Accounting Principles，GAAP) 要求公司把研发费用计入当年的成本，即使这些研发费用是对未来产品或业务的投资。为了反映研发的长期经济效益，把在利润表上作为当期一次性成本的研发费用从中剔除。在资产负债表上，作出相应的调整，把研发费用资本化，并在适当的时期内分期摊销。而资本化后的研发费用还要支付相应的资本费用。思腾斯特公司已经确认了达一百六十多种对 GAAP 所得收入及收支平衡表可能做的调整措施。这些措施涉及诸多方面，包括存货成本、货币贬值、坏账准备金、重组收费以及商誉的摊销等等。尽管如此，在保证精确性的前提下，也要顾及简单易行，所以通常建议客户公司采取 5～15 条调整措施。针对每个客户公司的具体情况，确认那些真正确实能够改善公司业绩的调整措施。基本的评判标准包括：调整能产生重大变化，有确切的可得数据，这些变化可为非财务主管理解。还有最重要的一条，就是这些变化能够对公司决策起到良好的影响作用，并且节省开支。

2. 管理体系 (Management)

EVA 是衡量企业所有决策的单一指标。公司可以把 EVA 作为全面财务管理体系的基础，这套体系涵盖了所有指导营运、制定战略的政策方针、方法过程，以及衡量指标。在 EVA 体系下，管理决策的所有方面全都囊括在内，包括战略企划、资本分配、并购或撤资的估价、制定年度计划，甚至包括每天的运作计划。总之，增加 EVA 是超越其他一切的公司最重要的目标。从更重要的意义来说，成为一家 EVA 公司的过程是一个舍弃的过程。在这个过程中，公司将舍弃所有其他的财务衡量指标，否则这些指标会误导管理人员做出错误的决定。举例说，如果公司的既定目标是最大限度地提高净资产的回报率，那么一些高利润的部门不会太积极地进行投资，即使是对一些有吸引力的项目也不愿意，因为他们害怕会损害回报率。相反，业绩并不突出的部门会十分积极地对几乎任何事情投资，即使这些投资得到的回报低于公司的资本成本。所有这些行为都会损害股东利益。与之大相径庭的是，统一着重于改善 EVA 将会确保所有的管理人员为股东的利益做出正确决策。

EVA 公司的管理人员清楚明白增加价值只有三条基本途径：一是可以通过更有效地经营现有的业务和资本，提高经营收入；二是投资所期回报率超出公司资本成本的项目；三是可以通过出售对别人更有价值的资产或通过提高资本运用效率，比如加快流动资金的运转，加速资本回流，从而达到把资本沉淀从现存营运中解放出来的目的。

3. 激励制度 (Motivation)

拓展视频

如今许多针对管理人员的激励报偿计划过多强调报偿，而对激励不够重视。无论奖金量是高还是低，都是通过每年讨价还价的预算计划确定的。在这种体制下，管理人员最强的动机是制定一个易于完成的预算任务，并且因为奖金是有上限的，他们不会超出预算太多，否则会使来年的期望值太高，甚至使其信誉受损。

EVA 使经理人为企业所有者着想，使他们从股东角度长远地看待问题，并得到像企业所有者一样的报偿。思腾思特公司提出现金奖励计划和内部杠杆收购计划。现金奖励计划能够让员工像企业所有者一样得到报酬，而内部杠杆收购计划则可以使员工对企业的所有者关系真实化。以 EVA 增加作为激励报偿的基础，正是 EVA 体系蓬勃生命力的源泉。因为使得 EVA 的增加最大化，就是使股东价值最大化。在 EVA 奖励制度之下，管理人员为自身谋取更多利益的唯一途径就是为股东创造更大的财富。这种奖励没有上限,管理人员创造 EVA 越多,就可得到越多的奖励。事实上,EVA 制度下,管理人员得到的奖励越多,股东所得的财富也越多。

EVA 奖金额度是自动通过公式每年重新计算的。举例说,如果 EVA 值提高,那么下一年度的奖金将建立在当前更高的 EVA 水平增长的基础之上。不仅如此,还推荐"蓄存"一定量的额外奖金,并分几年偿付。蓄存奖金可以在 EVA 下降的时候产生一种"负"奖金,并且确保只有在 EVA 可持续增长之时才发放奖金。因为奖金没有上限,并且脱离了年度预算,EVA 管理人员更有动力进行全面经营 (home runs),不再单打独斗 (singles),并且会在进行投资时考虑到长远利益 (long-run payoffs)。采取 EVA 激励机制,最终推动公司的年度预算的是积极拓展的战略方针,而不是被保守预算限制的战略方针。

4. 理念体系 (Mindset)

如果 EVA 制度全面贯彻实施,EVA 财务管理制度和激励报偿制度将使公司的企业文化发生深远变化。在 EVA 制度下,所有财务营运功能都从同一基础出发,为公司各部门员工提供了一条相互交流的渠道。EVA 为各分支部门的交流合作提供了有利条件,为决策部门和营运部门建立了联系信道,并且根除了部门之间互有成见,互不信任的情况,这种互不信任特别会存在于运营部门与财务部门之间。

例如,Harnischfeger 公司的 CFO 弗朗西斯·科比 (Francis Corby) 说,自从公司采用 EVA 之后,管理层并没有拒绝一个可行的资本投资要求。生产管理人员明白,如果新投资项目的收益低于资本,他们的奖金将受到影响,所以他们不会为了使项目通过而故意夸大项目的预期回报。实际上,EVA 是由一套公司法人治理制度。这套制度自动引导所有的管理人员和普通员工,鼓励他们为股东的最大利益工作。EVA 制度还帮助决策权的有效下放和分散,因为它使得每个管理人员有责任创造价值,并且对他们这样的做法给以奖励或惩罚。

把 EVA 写入企业文化的关键在于使其成为汇报、计划和决策共同关注的焦点。这就要求做到以下两点。首先,因为 EVA 是全部生产要素的衡量指标,人们必须认识到 EVA 能够,也必须处于高出其他财务和营运指标的地位。如果 EVA 只是作为许多其他业绩衡量指标的附加手段实施,那么混乱的、本可解决的复杂情况仍将继续存在。其次,决策过程必须采用 EVA 指标。例如,根据具体情况将 EVA 应用于广泛的决策活动中,在制定预算和战略方针时,使用这些方法。还可以为员工培训设计许多典型范例进行讲解。

13.2 经济增加值的优势、功能和缺陷

13.2.1 经济增加值的优势

采用 EVA 指标评价财务业绩,具有一定的优势:EVA 改变了会计报表没有全面考虑资本成本的缺陷,它可以帮助管理者明确了解公司的运营情况,从而向管理者提出了更高的要求。EVA 具有强大的经济功能和实际应用价值,归纳起来,主要表现在以下几个方面。

1. 考虑了权益资本成本

我国现行的财务会计只确认和计量债务资本的成本,没有将权益资本成本从营业利润中扣除,这样计算出来的会计利润不能真实评价公司的经营业绩。同时也会使经营者误认为权益资本是一种免费资本,不重视资本的有效使用。

EVA能将股东利益与经理业绩紧密联系在一起,同时,由于经济增加值是一个绝对值,所以,EVA的使用能有效解决决策优化问题。因为,增加EVA的决策也必然将增加股东财富。例如,采用投资报酬率作为部门经理业绩考核指标时,部门经理将会放弃高于资金成本而低于目前部门投资报酬率的投资机会,或者减少现有的投资报酬率较低但高于资金成本的某些资产,以提高本部门的业绩,但却损害了股东的利益。EVA可以避免内部决策与执行的冲突,使各部门目标与整个企业目标一致。

2. 能较准确地反映公司在一定时期内创造的价值

传统业绩评价体系以利润作为衡量企业经营业绩的主要指标,容易导致经营者为粉饰业绩而操纵利润。而EVA计算式,需要对财务报表的相关内容进行适当的调整,避免了会计信息的失真。EVA指标的创造者斯特恩·斯图尔特认为:调整的目的在于创造一种能使管理者像所有者一样行动的业绩计量方式,其具体目的包括,调整稳健会计的影响(如研发费用资本化、先进先出法)、防止盈余管理(如不提坏账准备)、消除过去的会计误差对决策的影响(如防止资产账面价值不实)等。

3. 能较好地解决上市公司分散经营中的问题

公司下属的各部门均可根据各自的资本成本来确定部门的EVA财务目标,这些目标还应该通过部门间的沟通来协调和互补。每个部门可同时制定长、中、短期目标,用于不同的财务目的。公司总部则可根据公司的总体规划和总资产以及部门的EVA指标,综合制定公司的EVA目标。因此,许多经营上的问题,如是否接受新的投资项目、公司的分散经营范围如何确定、是否放弃某个部门或某项投资,其答案都取决于股东的价值是否增值、EVA能否实现。

4. 可作为财务预警指标

首先,EVA作为一种创值指标,由于它不仅考虑了公司使用的全部资本,充分利用了公司提供的全部公开信息,而且考虑了风险、含有企业外部的市场信息。而传统的创利指标完全依赖于企业内部的报表信息。所以相对于传统的财务指标,EVA更具有信息可靠性。其次,由于EVA针对现行的会计政策进行了一系列的调整,减小了企业通过改变会计政策的选择、改变资本结构进行盈余管理的空间。相对于传统会计指标,它能更真实的反映企业的经营状况。第三,EVA相对于传统的创利指标,特别是企业处于规模扩张的情况下,能较早地发现企业的经营状况不佳。

5. 一种有效的激励方式

目前国内大多数企业的薪酬制度是固定薪金制,不能对经营者形成有效激励。而EVA激励机制可以用EVA的增长数额来衡量经营者的贡献,并按此数额的固定比例作为奖励给经营者的奖金,使经营者利益和股东利益挂钩,激励经营者从企业角度出发,创造更多的价值,是一种有效的激励方式。

6. 能真正反映企业的经营业绩

EVA 与基于利润的企业业绩评价指标的最大区别在于它将权益资本成本（机会成本）也计入资本成本，有利于减少传统会计指标对经济效率的扭曲，从而能够更准确地评价企业或部门的经营业绩，反映企业或部门的资产运作效率。

7. 注重公司的可持续发展

EVA 不鼓励以牺牲长期业绩的代价来夸大短期效果，也就不鼓励削减注入研究和开发费用的行为。EVA 着眼于企业的长远发展，鼓励企业经营者进行能给企业带来长远利益的投资决策，如新产品的开发研究、人力资源的培养等，这样杜绝了企业经营者短期行为的发生。因此，应用 EVA 不但符合企业的长期发展利益，而且也符合知识经济时代的要求，有利于整个社会技术的进步，从整体上增进企业的核心竞争力与加快社会产业结构的调整。

1) 经济增加值改变行为方式

仅仅靠引进像经济增加值这样的新业绩评估标准就能提高公司发展水平吗？显然不能。许多人以为经济增加值仅仅是一种业绩评估标准，而事实上这是远远不够的。只有管理者和员工真正地改变了自身行为才会有业绩的改善。他们要以所有者的角度思考行事，以及接受报酬。他们必须有权衡决策的自由，但也必须有负责任的态度。他们要谨慎利用资本，但有好的投资机会时就必须果断。他们既要随时保持忧患意识，又要有长远眼光。总而言之，管理者和员工需要一个全新的公司治理结构，在这种机制中人人自求上进，自我约束，自行改善：这种机制能更好地适应瞬息万变，权力分散的时代要求，它源于自身需要而非迫于外界的强力干涉。所有这些都是采用经济增加值机制而带来的深刻变化。经济增加值考虑资本成本，消除会计扭曲。首先，经济增加值提供更好的业绩评估标准。经济增加值使管理者做出更明智的决策，因为经济增加值要求考虑包括股本和债务在内所有资本的成本。这一资本费用的概念令管理者更为勤勉，明智地利用资本以迎接挑战，创造竞争力。但考虑资本费用仅是第一步。经济增加值还纠正了误导管理人员的会计曲解。在现行会计方法下，管理者在创新发展及建立品牌方面的努力将降低利润，这使他们盲目扩大生产，促进销售以提高账面利润，而公司体制的升级更新就无从谈起了。管理者提高财务杠杆以粉饰账面的投资收益。虽然思腾思特公司列举了 160 多种不能真正反映公司发展状况的会计处理方法，但可以只对影响公司成员行为的会计问题进行纠正，而不触及关于利润结算的纯会计理论。通常只要针对 5 到 15 个具体科目进行调整，就能明确经济增加值的计算方法。以这一订制的经济增加值衡量标准，管理人员就不会再做虚增账面利润的傻事了，他们能更自如地进行进取性投资以获得长期回报。只有真正理解了经济增加值是以优化行为为目标的，才能掌握经济增加值的精髓。

2) 经济增加值全面衡量要素生产率

经济增加值之所以能成为杰出的衡量标准，就在于它采用了核算资本费用和消除会计扭曲的方法。经济增加值扣减为提高收益而必需的要素支出，真正评估公司发展状况，从而准确全面地衡量要素生产率。

经济增加值成了所有公司的最佳"平衡计分牌"，也是管理者权衡利弊做出正确选择的指向标。

3) 经济增加值更好地权衡利弊

企业经常面临是否应该以较低价格大批量购买原材料的问题。这在降低单位成本的同时却减少了存货周转率；或者小批量生产并加快机器运转频率？这将减少存货但会提高单位生产成本。其他一些选择则关系到宏观的管理问题。提高市值或利润率会有良好回报吗？兼并价格该是多少才合适呢？像这样的问题很难得出一个确定的答案，因为这会涉及诸如利润上升而资产收益率下降的问题。经济增加值可以帮助企业决策时全面权衡利弊，将资产负债表和收益表结合起来，其结果是提高经济增加值。

4) 避免为获得年度报酬而忽视长期发展

年度奖励计划通常会对长期的激励计划造成损害，因为它大多只基于年度绩效的评估，而对来年的报酬没有影响。为消除这种短视行为，扩展决策者的视野，我们把"奖金存储器"或"奖金库"作为奖励制度的重要组成部分。在正常范围内的奖金随经济增加值的增长每年向员工支付，但超常的奖金则存储起来以后支付，当经济增加值下降的时候就会被取消。当管理者意识到如果经济增加值下降存储的奖金就会被取消时，他们就不会再盲目追求短期收益而忽视潜在问题了。奖金存储器还有利于留住人才。即使是在经济周期里它也能提供稳定收入，同时，如果公司里的人才想离去的话，就必须放弃存储的奖金，从而给他们戴上了一副金手铐。

5) 确立有效配置资源的原则

经济增加值激励计划之所以如此重要，其中一个原因在于它深入了解到资源配置有效性遭到破坏的关键。目前大多数公司采用现金流量贴现分析法来审核项目方案，理论上这颇为不错，但在实践中往往行不通。因为达到现金流量目标对管理者并没什么实际好处，他们也就不会真正去确保项目的预期现金流得以实现。公司高层了解到这一点，就会派出强硬的监管人员以获得项目经理对现金流预期的有力说明。监管人员不停地盘问，而项目经理则没好气地反驳。其结果是整个项目预算过程充满了相互欺骗。

6) 让资本得到有效利用

经济增加值奖励计划完全改变了决策环境，资本成本概念的引入使管理者能更理智地使用资本。管理者乐于提高资本的利用效率，因为资本利用是有成本的。管理者认识到，如果他们不能达到预期的经济增加值增长目标，吃亏的是自己。他们不会对增长目标讨价还价，同时由于资本成本的问题，管理者将更为精明审慎地利用资本，因为资本费用直接和他们的收入挂钩，而这对每次决策都会发生影响。

13.2.2 经济增加值的功能

1. 激励性功能

这是 EVA 的首要功能，也是关键性功能。以 EVA 为核心，设计经营者激励机制有利于规范经营者行为，以维护所有者和股东的合法权益。

它与传统的激励机制相比有如下优越性：第一，有利于克服经营者行为短期化。这是因为从理论上讲，EVA 扣除了资本成本，后者是一种预期成本、未来成本，它考虑了资金时间价值和风险因素，这就必然有利于经营者行为长期化。

第二，有利于加强监督力度，减少做假账的可能性。一方面，对财务报表的调整过程本身就是进一步加强审计和监督的过程,从中便于再次发现问题杜绝假账。另一方面,合理调整目的之一在于为经营者提供更有用的决策信息,考评目标已不再是会计利润而是EVA,虚瞒伪报的必要性随之下降。正如开发研制费用的调整并非不利于经营者。

第三,强化风险承担意识,有利于经营者目标与所有者目标趋于一致。让经营者成为所有者的一部分,两者目标才能趋于一致。EVA 奖励方式给我国上市公司的股权改革留下了巨大的想象空间。

2. 全面性功能

EVA 理论提出了全面成本管理的理念,成本不仅包括在账面上已经发生的经营成本,而且还包括极易被忽视的账面上并未全部反映的资本成本。忽视权益资本成本就容易忽视股东利益,忽视资本成本就容易忽视资本的使用效率。当一项营运业务的变革会增加经营成本,但要是它会减少资金占用从而以更大数额降低资本成本时,这一变革会增加会计利润。

3. 系统性功能

以 EVA 为核心构建的公司综合财务分析系统可替代至今广为流传的杜邦财务分析系统。其中所显示的目的手段关系链可以帮助经营管理者理清思路,全面地指出为增加 EVA 可采用的对策和途径。基于经济附加值和可持续增长率的财务战略矩阵为公司战略性财务决策提供帮助,EVA 系统是公司决策的有用工具。

4. 文化性功能

EVA 不仅是一种计量方法,更重要的它是一种管理理念和企业文化。根据国外实践经验,EVA 要力求简便易行,培训应渗透到每一员工,其考评至少落实到每一位部门经理。考评期不是一年一度,而是每季每月,然后只有经过长期不懈的艰苦努力,以形成全体员工认同的 EVA 企业文化和组织氛围,企业才能与 EVA 与时俱进。EVA 是企业成功的标志。

13.2.3 经济增加值的缺陷

1. EVA 指标的历史局限性

EVA 指标属于短期财务指标,虽然采用 EVA 能有效地防止管理者的短期行为,但管理者在企业都有一定的任期,为了自身的利益,他们可能只关心任期内各年的 EVA,然而股东财富最大化依赖于未来各期企业创造的经济增加值。若仅仅以实现的经济增加值作为业绩评定指标,企业管理者从自身利益出发,会对保持或扩大市场份额、降低单位产品成本以及进行必要的研发项目投资缺乏积极性,而这些举措正是保证企业未来经济增加值持续增长的关键因素。从这个角度看,市场份额、单位产品成本、研发项目投资是企业的价值驱动因素,是衡量企业业绩的"超前"指标。因此,在评价企业管理者经营业绩及确定他们的报酬时,不但要考虑当前的 EVA 指标,还要考虑这些超前指标,这样才能激励管理者将自己的决策行为与股东的利益保持一致。同样,当利用 EVA 进行证券分析时,也要充分考虑影响该企业未来 EVA 增长势头的这些超前指标,从而尽可能准确地评估出股票的投资价值。

2. EVA 指标信息含量的局限性

在采用 EVA 进行业绩评价时，EVA 系统对非财务信息重视不够，不能提供像产品、员工、客户以及创新等方面的非财务信息。这让我们很容易联想到平衡计分卡(BSC)。考虑到 EVA 与 BSC 各自的优缺点，可以将 EVA 指标与平衡计分卡相融合创立一种新型的"EVA 综合计分卡"。通过对 EVA 指标的分解和敏感性分析，可以找出对 EVA 影响较大的指标，从而将其他关键的财务指标和非财务指标与 EVA 这一企业价值的衡量标准紧密地联系在一起，形成一条贯穿企业各个方面及层次的因果链，从而构成一种新型的"平衡计分卡"。EVA 被置于综合计分卡的顶端，处于平衡计分中因果链的最终环节，企业发展战略和经营优势都是为实现 EVA 增长的总目标服务。EVA 的增长是企业首要目标，也是成功的标准。在这一目标下，企业及各部门的商业计划不再特立独行，而是必须融入提升 EVA 的进程中。在这里，EVA 就像计分卡上的指南针，其他所有战略和指标都围绕其运行。

3. EVA 指标形成原因的局限性

EVA 指标属于一种经营评价法，纯粹反映企业的经营情况，仅仅关注企业当期的经营情况，没有反映出市场对公司整个未来经营收益预测的修正。在短期内公司市值，会受到很多经营业绩以外因素的影响，包括宏观经济状况、行业状况、资本市场的资金供给状况和许多其他因素。在这种情况下，如果仅仅考虑 EVA 指标，有时候会失之偏颇。如果将股票价格评价与 EVA 指标结合起来，就会比较准确地反映出公司经营业绩以及其发展前景。首先，采用 EVA 指标后，对经营业绩的评价更能反映公司实际经营情况，也就是股价更加能够反映公司的实际情况。其次，两者结合，能够有效地将经营评价法和市场评价有机地结合起来，准确反映高层管理人员的经营业绩。

目前，我国许多企业都在推行经济增加值(EVA)管理方式，国资委也准备对下属的中央企业采用 EVA 评价体系，一些大型的民营企业在咨询过程中也提出了这方面的需求。

避免 EVA 越大越好的防范举措

为了避免 EVA 越大越好的误区，应该在 EVA 导向的管理中，建立 EVA 质量监测体系。

1. 常见误区

拓展案例

经济增加值(EVA)与其他衡量经营业绩的指标相比，有两大特点：一是剔除了所有成本。EVA 不仅像会计利润一样扣除了债权成本，而且还扣除了股权资本成本。二是尽量剔除会计失真的影响。传统的评价指标如会计收益都存在某种程度的会计失真，从而歪曲了企业的真实经营业绩。经济增加值(EVA)则对会计信息进行必要的调整，消除了传统会计的稳健性原则所导致的会计数据不合理现象，使调整后的数据更接近现金流，更能反映企业的真实业绩。因此，经济增加值(EVA)更真实、客观地反映了企业真正的经营业绩。但是，简单地将经济增加值理解为越大越好，并且转为行动目标，则会误导企业掉进一个重大的风险陷阱。

EVA 不能简单地追求数量上的越大越好，而应该是质量约束下的越大越好。经济增加值的质量主要体现在：结构质量，即构成中的经营性经济增加值要占到 75% 以上；投入质量，即投入资本要占到总资产的 65% 以上；效率质量，即投入资本产出的经济增加值越大越有效率；增长质量，即当期比前期越来越好。

2. 防范措施

EVA 质量监测体系全面对接企业经营管理，以全程性的 EVA 计算公式为基础，通过一套指标体系对创值（创造经济增加值）活动进行实时分析，识别创值的成效，判断创值的问题，及时把握经济增加值（EVA）形成及变化的规律，为改进经济增加值（EVA）提供科学的决策依据，使 EVA 监测体系成为以实现经济增加值为目标，判断、分析、诊断企业经营管理成效的工具。

(1) 对创值的结果进行识别，合理地判断创值质量。按一定的时间（月度、季度、半年度、年度）维度对创值的结果进行计算，并从构成、投入、增长、风险这四个维度分析创值质量。

(2) 对创值的过程进行监测，及时地发现重要的驱动因子。从创值的全过程入手，对影响创值要素如营业收入、运营成本、资本成本、调整事项、税项影响等等进行动态的监测分析，发现重要的影响因子，及时地发现经济增加值（EVA）形成以及变化的主要原因。

(3) 对经营创值的能力进行监测，以发现创值的核心能力。以创值的能力计算公式为基础，从市场经营能力、运营成本管理能力、资本成本管理能力、投入资本质量等四大因素进行监测评析，按行业类型和企业的发展周期发现创值的核心能力。

资料来源：http://www.chinacma.org/shiwu/jixiao/1679.html

13.3 经济增加值的计算

13.3.1 经济增加值的调整原则

国资委在进行 EVA 改进上，主要遵循以下原则。

(1) 重要性原则。即拟定的调整项目都非常重要，对于企业来说涉及金额比较大，对企业价值创造作用性强，能够关注企业长期利益发展的项目应视为重要性项目。

(2) 可获得性原则。即调整项目的数据对于分析人员来说能够及时地获得，客观的计量。

拓展阅读

(3) 适用性原则。根据我国企业的具体情况来选择调整项目和调整方法，使之适用于我国企业的应用。

拓展阅读

(5) 可理解原则。调整的项目是管理者、利益攸关者可以明白的。

(6) 可控制原则。管理者能够尝试不同的方法，对需要调整的项目进行改进。

(7) 真实性原则。能够真实准确地反映公司的业绩，清除一些人为可以操控的因素。

(8) 程序性原则。调整的项目无须主观判断，容易达成共识，按程序操作，以保持相对稳定性。

国资委还对其他重大调整事项进行了说明，对以下情形酌情予以调整。

(1) 发生重大政策变化。

(2) 严重自然灾害等不可抗力因素。

(3) 企业重组、上市及会计准则调整等不可变因素。

(4) 国资委认可的企业结果调整等其他事项。

13.3.2 经济增加值的调整项目

通过对以上调整原则的介绍，根据现行的会计准则，得出有以下项目需要调整。

在《考核办法》中，经济增加值被定义为企业税后净营业利润减去资本成本后的余额，计算公式如下：

经济增加值 = 税后净营业利润 − 资本成本 = 税后净营业利润 − 调整后资本 × 平均资本成本率

税后净营业利润 = 净利润 +（利息支出 + 研究开发费用调整项 − 非经常性收益调整项 × 50%）×（1−25%）

调整后资本 = 平均所有者权益 + 平均负债合计 − 平均无息流动负债 − 平均在建工程

关于会计失真问题，早已有学者研究过针对此问题需要进行的调整方法。后续的研究进一步表明，加入发生调整不当的情况，非但不能解决会计失真问题，反而会严重恶化失真问题。因此，必须要遵循相应的调整原则来进行必要的会计调整。

对于平均资本成本率，《考核办法》中的相关条款规定中央企业资本成本率原则上定为 5.5%，承担国家政策性任务较重且资产通用性较差的企业，资本成本率定为 4.1%，资产负债率在 75% 以上的工业企业和 80% 以上的非工业企业，资本成本率上浮 0.5 个百分点；资本成本率确定后，3 年保持不变。其实，经济增加值在理论上的会计调整计算项有 100 多项，也正是因为其复杂性，经济增加值一直难以被企业非财务背景的管理层所理解，这也是导致其在过去的实践中难以有效运用的原因之一。鉴于此，《考核办法》中定义的经济增加值的调整项目只是有限的四项，并且每一个都有明确的政策导向，这为中央企业推行经济增加值的考核扫除了障碍。

第一，在计算税后净营业利润时，将研究开发费用调整项加回去，体现了政策鼓励中央企业以技术升级改造和产品创新为导向的研究性支出以及以战略性资源开采为目的的投入。这种鼓励性政策旨在引导中央企业重视自主创新能力的培养，着眼长期盈利能力的提升和价值创造能力的改善，这需要中央企业将研究开发活动与企业战略规划协调一致。

第二，在计算税后净营业利润时，对非经常性业务形成的收益予以剔除（50%），这就意味着中央企业需要战略性地将主要资源投入主营业务而不是进行非相关的多元化经营。该调整项旨在引导中央企业深耕主业，优化自身的产业链定位，追求更高附加值作业，并适时进行整体商业模式的创新与重构。

第三，在计算调整后资本指标时，对无息债务的扣除旨在改变中央企业对资本概念的理解。该调整项其实明确界定了企业真正的资本一定是来源于有息资本，这既包括付息的债务也包括有机会成本的权益。因此如何有效地寻求无息的资本来源，一个重要的途径可能是需要中央企业在营运管理过程中向上下游要资源，而这一模式如果要能健康运作，则必须将更多的银行产品整合进整个产业链才可以化解整个供应链的资金压力。

第四，在计算调整后资本指标时，对在建工程项目的扣除旨在鼓励中央企业以持续经营为目的的在建工程建设，而当在建工程一旦经竣工决算而转入固定资产后，该项资本支出将不再扣减资本成本。这一处理使得调整后的资本都是应该具备创造税后净营业利润能力的资本，与此同时，它也要求在建工程转入固定资产后其盈利能力必须能够覆盖其资本成本，否则对企业的经济增加值没有增值作用，这将对中央企业一味地"做大"产生强有力的约束。

第五，对于平均资本成本率，《考核办法》中直接给出了一个统一的资本成本率，只是对承担国家政策性任务较重且资产通用性较差的企业和资产负债率较高的企业有一个调整要求。这一规定大大简化了经济增加值的计量难度，使得中央企业可以将注意力更多地集中在税后净营业利润的提高和有息资本占用的减少上。

其中，国资委对其中涉及的会计调整项目进行了具体说明：

利息支出：是指企业财务报表中"财务费用"项下的"利息支出"。这个利息支出不包括用于工程、研发项目等发生的利息支出。在国资委的 EVA 计算中采用的是利息支出先予以加回然后再统一按照债务资本的 5.5% 扣除。这部分资本成本按 5.5% 计算对于部分中央企业实际利率高于 5.5% 的使得 EVA 的指标得到虚化，但对于实际债务融资利率低于 5.5% 的企业没有体现其低息融资创造的价值。利息支出：营业利润已经去除了利息支出，因此在计算时应该要加回利息支出。虽然利息支出是调整项目中比较重要的一项，但是利润表中并无这一科目，计算时通常会用财务费用科目代替利息支出，但是两者存在不同。前者包含的项目还有汇兑损益等其他科目。

研究开发费用调整项：指财务报表中"管理费用"中的研究与开发费用和当期确认的无形资产的研究开发支出。

非经常收益的调整项目包括：

(1) 卖出主业优质资产收益：减持具有实质性控制权的所属上市公司股权取得的收益，但不包括在二级市场增持后又减持取得的收益；企业集团(不含投资类企业集团)转让所属主业范围内且资产、收入或者利润占集团总体 10% 以上的非上市公式资产取得的收益。

(2) 主业优质资产以外的非流动资产转让取得的收益：企业集团(不含投资类企业集团)转让股权收益，资产(含土地)转让收益。

(3) 其他非经常性收益：包括与主业发展无关的资产置换收益、与经常活动无关的补贴收入等。

无息流动负债：是指企业财务报表中的应付票据、应付账款、预收款项、应交税费、应付利息、其他应付款和其他流动负债；对于因承担国家任务原因造成的专项应付款、特种储备基金余额较大的，可以视为无息流动负债。

平均在建工程：是指企业财务报表中符合主业的规定的在建工程。由于在建工程的投资在当期并不能给企业带来利润，国资委对在建工程的规定有助于促进企业对能够增加企业价值的新项目的投资。

商誉与各项减值准备：计提的固定资产、无形资产和商誉的减值准备，这些并没有明显的实质损耗，做减值准备处理就会低估资本成本，留下人为操纵的后门。因此，已经计提的减值要同时计算到其中，计提的长期资产的减值准备则不得再转回，这样已经计提的减值仅加回其中。研究费用：研究费用是要计入企业的当期损益的，其有两种调整方案。第一，研发费用有利于促进企业在未来的发展，属于长期投资，所以研究费用应计算到其中。第二，特殊情况下，某些开发费用符合相应条件，可以资本化处理计入无形资产，不需要调整。

递延所得税：递延所得税负债可以帮助企业推迟纳税义务，其本质是企业实际占用的资本，必须调整以保证不会低估企业占用的资本总额。所以递延所得税负债应分别加回到其中。

公允价值变动损益：营业利润在计算时已经考虑了公允价值变动损益，但是实际上该损益尚未实现，所以调整时需要从中减去。

非营业收益：非营业收益虽然属于投资收益的一种，但是收益不是通过正常生产经营获得，而只考察与正常生产经营有关的项目，所以应从中减去。同理，营业外收益，也不是应的计算对象，也要从中扣除。

少数股东损益：着重于企业整体价值的评价，因此计算会扣除少数股东损益，如需评价整体绩效再将其加回到中。

债务资本有偿性：总投入资本指的并非是通常所说的总资本，它只包含需要支付利息的项目如短期借款、非流动负债等。应付工资薪酬、应付账款、无息应付票据，应付股利等项目属于无息流动负债，则不必包含在内。

在建工程和货币资金：这两项资本没有直接的资本收益，将二者计入暂时退出经营活动的资本，因此不纳入总投入资本的计算。

13.3.3 经济增加值的计算

根据以上调整说明，EVA 的计算公式如下：

经济增加值 = 净利润 +(利息支出 + 研发投入 + 勘探费用 ×50% – 非经常性损益 ×50%)×(1– 所得税)–(平均负债 + 平均所有者权益 – 平均无息流动负债 – 平均在建工程)× 平均资本成本率具体如下：

(1) NOPAT 税后净营业利润。

NOPAT= 经营利润 ((Operating Profit)+ 利息支出 (Interest Expense)+ 商誉和减值准备 (Impairment of Assset and Goodwill)+ 研究费用 (R&D Expense)+ 递延所得税负债 (Deffered Tax Liabilities)± 公允价值变动损益 (Profit and Loss)± 非营业收益 (Unearned Income)+ 少数股东损益 (Minority Interest Incom)

(2) TC 资本总额的计算。

计算 TC 资本总额时，需要包括股权资本、债权资本、货币资本、在建工程净资本。股权资本，由于其投入到企业中进行正常的生产营运，为企业创造了价值，并获得相应的资本回报，所以需要计入 TC 中。债务资本中无息流动负债并不需要付出利息，所以不应计入。在建工程净额和货币资金，根据上述调整原则，属于暂时退出经营活动的资本，所以两者都不应计入 TC。

股权资本 = 少数股东权益 + 股东权益总和

债权资本 = 交易性金融负债 + 应付债券 + 非流动负债 (一年内到期)+ 长期应付款 + 长期借款 + 短期借款

$$TC= 股权资本 + 债权资本 – 在建工程净资本 – 货币资本$$

(3) 加权平均资本成本率。

计算时使用的资本成本由债务资本和股权资本组成，二者在风险以及期望回报率差别较大，计算时应该考虑到两者的差异。因此，一般先给出债务本率和权益资本率权重，算

出加权平均资本成本率,然后将两者复合起来计算资本成本,其公式如下:

$$WACC=D/(D+E)\times R_d(1-T)+E/(D+E)\times R_e$$

其中,D——债务资本;

E——权益资本;

R_d——债务资本成本率;

R_e——权益资本成本率。

债权资本成本率:如果企业有多种债务融资且资本成本率不同,那么计算公式中债务资本成本率时必须取不同债务融资的加权平均资本成本率。债务融资按照时间可以分为短期借款和长期借款。

股权资本成本率:股东的资本期望回报率一般是与所承担的风险呈正相关关系,在会计实务中,可以通过资本资产定价模型得到资本期望回报率,也就是股权资本回报率,其公式如下:

$$R_c=R_f+P(R_m-R_f)$$

其中:R_c——权益资本成本率;

R_f——无风险收益率;

P——市场的风险系数;

R_m——市场收益率。

无风险收益率:通过对证券市场进行分析可以得出,我国的股民倾向于投资期间较短的证券,收益来得快。因此,我们选择短期的银行存款利率作为无风险收益率是最合适不过的,其能真实而准确的反应证券市场投资者的机会成本。但是现实中,通常采用的是一年期的定期存款的利率。

市场的风险系数:这个指标反应的是单个股票对整个证券市场风险的衡量,这个数值越大,表明这只股票的风险越大。现实中,这些数据都是可以通过对证券市场的数据进行分析获得。

市场的收益率:现实中,通常以美国的市场收益率为标准来进行调整。

【例 13-1】A 公司是一家处于成长阶段的上市公司,正在对 2016 年的业绩进行计量和评价,有关资料如下:

(1) A 公司 2016 年的销售收入为 2 500 万元,营业成本为 1340 万元,销售及管理费用为 500 万元,利息费用为 236 万元。

(2) A 公司 2016 年的平均总资产为 5 200 万元,平均金融资产为 100 万元,平均经营负债为 100 万元,平均股东权益为 2 000 万元。

(3) 目前资本市场上等风险投资的权益成本为 12%,税前净负债成本为 8%;2015 年 A 公司董事会对 A 公司要求的目标权益净利率为 15%,要求的目标税前净负债成本为 8%。

(4) A 公司适用的企业所得税税率为 25%。

要求:(1) 计算 A 公司的净经营资产净利率、权益净利率。

(2) 计算 A 公司的披露的经济增加值。计算时需要调整的事项如下:为扩大市场份额,A 公司 2016 年年末发生营销支出 200 万元,全部计入销售及管理费用,计算披露的经济增加值时要求将该营销费用资本化（调整时按照复式记账原理，同时调整税后经营净利润和净经营资产）。

(3) 与传统的以盈利为基础的业绩评价相比，经济增加值基础业绩评价主要有什么优缺点？

解：

(1) 税后经营净利润 =(2 500–1 340–500)×(1–25%)=495(万元)

税后利息费用 =236×(1–25%)=177(万元)

净利润 =495–177=318(万元)

平均净经营资产 =5 200–100–100=5 000(万元)

权益净利率 =318/2 000=15.9%

(2) 市场基础的加权平均资本成本 =12%×2/5+8%×(1–25%)×3/5=8.4%

调整后的税后经营净利润 =495+200×(1–25%)=495+150=645(万元)

调整后的投资资本 =5 000+150=5 150(万元)

披露的经济增加值 =645–5 150×8.4%=212.4(万元)

(3) 经济增加值基础业绩评价的优缺点。

优点：①经济增加值最直接地与股东财富的创造联系起来。②经济增加值不仅仅是一种业绩评价指标，还是一种全面财务管理和薪金激励体制的框架。

缺点：①经济增加值是绝对指标，不具有比较不同规模公司业绩的能力。②对如何计算经济增加值缺乏统一的规范，只能在一个公司的历史分析以及内部评价中使用。

本章小结

经济增加值又称经济附加值、经济利润，是一段时间内企业的资本回报在扣除相应的资本成本后的剩余收益。是由美国的咨询公司在上世纪80年代最早提出的一种旨在进行业绩考核和价值管理的新型指标。EVA的显著特点就是在进行计算时考虑了投资者投入资本的成本。其基本的理念就是，如果一个企业所创造的收益不能覆盖或者超过为获取该收益所投入的全部资本的成本，那么就不能算是创造了价值的，只能说是价值的损毁或者浪费。同时在进行EVA的具体计算过程中，会根据实际的情况进行会计项目调整，最大程度的还原了企业的价值创造情况。其核心理念是：企业的经营成本不仅仅不表现为债务资本，还包括权益资本，所有为企业创造利润的支出都是资本成本的一部分，企业只有创造出的利润超过了投入的所有成本后仍有余额才表明为企业真正创造了价值。

关键术语

经济增加值　权益资本成本率　无风险收益率

综合练习

一、名词解释

经济增加值

二、简答题

1. 经济增加值的优势是什么?
2. 经济增加值的功能有什么?
3. 经济增加值的缺陷有什么?

拓展案例

参考文献

[1] 毛付根. 管理会计 [M]. 北京：高等教育出版社，2007.

[2] 程之奇. 管理会计 [M]. 杭州：浙江大学出版社，2000.

[3] 孙茂竹，等. 管理会计学 [M]. 北京：中国人民大学出版社，2003.

[4] 杨文安. 管理会计原理与个案 [M]. 上海：上海财经大学出版社，2002.

[5] 阎达五. 管理会计的理论思考与架构 [M]. 北京：中国人民大学出版社，2002.

[6] 赵书和. 成本与管理会计 [M]. 北京：机械工业出版社，2007.

[7] 孙忠燕，鲁盛潭. "顾客化生产"对传统管理会计的影响 [J]. 财会通讯，2006.12：77.

[8] 冯巧根. 管理会计 [M]. 北京：中国人民大学出版社，2013.

[9] 谢琨. 管理会计 [M]. 北京：清华大学出版社，北京交通大学出版社，2008.

[10] 龚光明，刘建英. 管理会计学 [M]. 长沙：湖南人民出版社，2007.

[11] 财政部会计司.《财政部关于全面推进管理会计体系建设的指导意见》发布会专辑. 北京：经济科学出版社，2015.

[12] 王少飞. 中国管理会计案例集 [M]. 北京：经济科学出版社，2015.

[13] 温兆文. 全面预算管理让企业全员奔跑 [M]. 北京：机械工业出版社，2015.

[14] 温素彬. 管理会计理论·模型·案例 [M]. 北京：机械工业出版社，2016.

[15] 孙茂竹. 管理会计学 [M]. 北京：中国人民大学出版社，2015.

[16] http://zhidao.baidu.com/question/640931.html?fr=qrl3.

[17] www.wiki.mbalib.com.

[18] http://www.chinabgao.com/forecast/info/step.html.